青花

［日］陈舜臣 著
上官倚竹 译

陕西师范大学出版总社

图书代号：WX21N0163

© Chin Shun Shin 1990 Printed in Japan
简体中文翻译版权由创译通达（北京）咨询服务有限公司独家授权代理

陕版出图字：25-2020-197

图书在版编目（CIP）数据

青花 /（日）陈舜臣著；上官倚竹译 . —西安：陕西师范大学出版总社有限公司，2021.5
　ISBN 978-7-5695-2065-1

　Ⅰ.①青⋯　Ⅱ.①陈⋯　②上⋯　Ⅲ.①长篇小说－日本－现代　Ⅳ.① I313.45

中国版本图书馆 CIP 数据核字（2021）第 006696 号

青花
QING HUA
[日] 陈舜臣　著　上官倚竹　译

出 版 人	刘东凤
责任编辑	宋媛媛
特邀编辑	海　莲　胡　杨
责任校对	高　歌
封面设计	吴黛君
出版发行	陕西师范大学出版总社
	（西安市长安南路 199 号　邮编 710062）
网　　址	http://www.snupg.com
印　　刷	涿州汇美亿浓印刷有限公司
开　　本	787mm×1092mm　　1/16
印　　张	18
字　　数	305 千
版　　次	2021 年 5 月第 1 版
印　　次	2021 年 5 月第 1 次印刷
书　　号	ISBN 978-7-5695-2065-1
定　　价	79.00 元

目 录

导读 // 001

第一章 壶与盘 // 004

第二章 鲜花市场 // 015

第三章 沉没之锚 // 022

第四章 哈利露的家 // 030

第五章 哈利街 // 043

第六章 来往信件 // 051

第七章 相思青花 // 063

第八章 迷桥图 // 073

第九章 姐妹 // 083

第十章 听浪亭 // 091

第十一章 辉子的秘密 // 100

第十二章　红瓷枕　// 116

第十三章　蝴蝶兰　// 125

第十四章　真相　// 141

第十五章　红叶时节　// 157

第十六章　将军之女　// 169

第十七章　战地日记　// 184

第十八章　旧友　// 190

第十九章　山坡之下　// 207

第二十章　秋月春风　// 219

第二十一章　浮标　// 230

第二十二章　复原图　// 240

第二十三章　兰友的厢房　// 254

第二十四章　井崎大尉　// 263

第二十五章　涟漪　// 275

导读

记得数年前,我曾去神户寻找给歌曲作词的灵感。我当年曾靠写剧本过活。大家别误会,我可不敢自称编剧,不过接了些动画剧本的编写,还有纪录片台词、少儿童话,只要文学创作的活儿,我来者不拒。

那时,有家音乐公司邀我给偶像艺人的唱片作词,我本身喜欢音乐,就欣然应承下来了。这位艺人是土生土长的神户人,我便随作曲家一同去神户熟悉了一番当地风情。

那是我第一次去神户,说是寻找灵感,不过就是在大街小巷里乱逛罢了。元町、异人馆、六甲山酒店……当地的各种景点,我们全游览了一遍。我是路痴,无论游玩,还是吃住,全由作曲家带路。作曲家年纪轻轻,同样是初访神户,却和我不同,他提前做了许多功课。

记得某天晚上,作曲家领我到一家中餐馆解决晚餐。这家餐馆很朴素,和"奢华""高级"之类的形容词完全搭不上边,作曲家却满脸骄傲地向我介绍:"你知道吗?作家陈舜臣是这家店的常客,我从他的书里知道的。"

"哇,那真了不得!"我傻乎乎地赞叹。我已经记不清那晚吃了什么菜,但说真的,确实很美味。当时的我做梦都想哪天能斩获"江户川乱步奖",作为推理作家出道。这位陈舜臣老师,不就是"乱步奖""直木奖"双料获奖者吗?能有幸在偶像常光顾的餐厅里用餐,真是三生有幸了。我还为此郑重其事地感谢了作曲家。

年轻时的我有个小癖好——只要一踏上电车,就喜欢在心里默默地和身边的乘客搭话:"记住我的名字!我迟早会在推理文学界掀起一阵波澜!我的名字会出现在大街小巷的广告牌上!"这话要真说出了口,旁人恐怕会把我当作疯子而避之不及。所以,我只能在心里过过干瘾。嘴里是美味的中华料理,心里正与仿佛在眼前的陈舜臣老师相谈甚欢:"陈老师,我俩现在是同道中人了,哪天约出来一起吃饭？"

擅自用陈舜臣老师激励自己，还真有些愧疚感，望原谅。这句"同道中人"固然不知深浅了些，不过想到自己毕竟也是"乱步奖"得主[1]，便觉得这也不算自吹自擂吧。人就是这样，一旦心存梦想，无论多么难以企及，都仿佛近在咫尺一般。

人活于世，不疯一把、痴一把、挣扎一把，还有何意义？

《青花》这本小说，仿佛一层层剥开了我心灵深处最熟悉的一点。借此机会，我要向本文的创作者陈舜臣老师表示最崇高的敬意。

唠叨了这么多，来说说这本小说。

在我眼里，《青花》描绘了一场包罗万象的恋情。知识素养、财富地位、人格品性、历史背景……缺了上述任何一样，都不可能实现文中的恋情。这样的恋情让我憧憬向往，或许以上就是神作的必要条件。

故事的开端始于土耳其的伊斯坦布尔，逐渐延伸至英国、日本、新加坡，随着舞台的切换，性格丰富的新角色相继登场，这可谓是阅读之乐趣之一。尘土飞扬的集市、五彩斑斓的南国、芬芳馥郁的兰花……各地风情，从字里行间洋溢而出。

不仅是舞台涉及之广，本文的民族、历史背景之宏大，同样让读者折服。登场角色来自世界各国，过往历史和现状相互交错、相互交融。有读者会质疑，这种创作手法岂不是太繁复了？答案是否定的。女主角千叶奈美和新加坡富豪林辉南的相知、相恋，和他们探究的相思青花之谜，这两条主线贯穿全文始终，丰富而又简明纯粹。至少，本人是一气呵成地读完了全书。

若说男女主人翁之间的恋情是文章主线，蕴藏在主线之中，那几段可歌可泣的支线情感才真正叫人动容。太平天国时期，画家莫达和妻子兰友之间的夫妇情；"二战"期间，佐藤辉子和井崎大尉之间的相互信任，以及和珠璃之间的友谊；高山少尉和将军之女朋子之间的朦胧爱意；土耳其美女哈利露和追求者们的爱恨纠缠……比起和平年代的男欢女爱，战乱时代的悔恨、无奈之恋更加熠熠生辉。

中国传统的瓷器品种青花瓷，日本称之为染付。顾名思义，就是在瓷器坯

---

[1] 山崎洋子于1986年凭借《花园迷宫》获得"江户川乱步奖"。

体上描绘纹饰，再经过烧制呈现出蓝色花纹。奈美父亲收藏了一对青花壶和青花盘，以此为线索，引出了多少历史秘密、多少爱恨情仇。

如此巧妙之开篇，不负大师陈舜臣之名。让读者品尝到第一口后，就忍不住一口吞下，再细细咀嚼。能把这样波澜壮阔的故事，严丝合缝地拼凑成一个整体，大师果然名不虚传。

说了这么多，难免有些剧透。考虑到有些读者习惯先读解说，我还是到此为止吧。千言万语总结成一句——读陈氏之作品，犹如品琼浆玉露。改日，我得登门拜访陈先生，和他小酌两杯，顺便聊一聊他创作这本小说的幕后花絮。

若要给《青花》挑选一个关键词，我希望是"缘"。在神户的中餐厅里"偶遇"陈舜臣老师，不就是"缘"使然吗？我知道，这是幻想，但谁能保证说幻想不会成真呢？

山崎洋子

第一章　壶与盘

今天不是周末，景点却也熙熙攘攘地挤满了游客，女导游不厌其烦地扯着嗓子高喊集合，搜寻着自己旅行团的成员。这条横跨土耳其伊斯坦布尔市的博斯普鲁斯海峡，其西岸地处欧洲，东岸则位于亚洲，想要观光的话，坐大巴就能欧亚"一线连"。奥斯曼帝国苏丹的宫殿托普卡帕宫现今已变成了博物馆。奈美正独自站在馆内的花园里，望着下面人头攒动的人群。

"没找到卖胶卷的店啊，这可怎么办？"

近旁一对老夫妻的对话传进奈美耳朵里，她不经意地看向声音的源头，只见老头儿一边轻轻拍了拍胸前的口袋一边说道："土耳其毕竟不是美国，胶卷还是得提前备足才行啊！"

妻子说英语时带着明显的南美腔，而听老头儿的口音像是德国人。夫妇二人都不是来自英语国家，或许机缘巧合之下，命运的红线在美国将两人牵到了一起。奈美在脑子里臆想着老夫妻的经历，可能他们的人生远比电视剧精彩。奈美的丈夫在他们的婚姻走到第十个年头时就撒手人寰了，这场悲剧使奈美的人生裂开了一道深深的口子。她尽可能地想要去抚平伤痛，有时会下意识地在心中默念：被老天捉弄的人肯定不止我一个。仿佛这样做就能让心里好受一些。

"胶卷，胶卷怎么办呀？"老头儿又轻轻拍了拍胸口。

在博物馆照相需要另外收费，虽说钱收得并不多，但他还是一脸怅然地继续轻拍着胸口口袋里的收据。

"要不先借一个？"妻子说道。

"谁会借给我们呀，互相都不认识。"

"不就借个胶卷嘛，怎么会不肯。我去借。"说着妻子走开了。

老夫妻在旅行团里确实没有熟人。妻子向一个中年男子走去，对他说了什么，男子笑着将包打开。老太太成功借到了胶卷。

"谢谢，等一下还你。"

奈美能听到的对话只有最后那句致谢。我要是遇到这种状况会怎么办呢？她这样想着，自己都觉得无趣。若是丈夫的话，必定是一个人三下五除二就全搞定了，哪里用得着自己？可惜，身边再也不会有丈夫千叶康夫这个人了。如果丈夫像眼前的老头儿一样，只会抱怨，却不想办法解决问题，生活态度如此消极，自己的人生会有不同吗？奈美无法想象。十年婚姻在心头留下的烙印太过深刻，对一个人的回忆难以抹去，自然也想象不出没有这个人的生活将会怎样。奈美突然觉得，自己莫不是在期待一个与千叶康夫的性格完全相反的人出现？

"我来这里到底是干什么的！"

奈美禁不住喊出了声，以驱散脑袋里乱七八糟的想法。

千叶在伦敦出差时，突然发病客死异乡。出发前，他曾对好友提起过身体不适，却未对奈美讲过半句。

大家都在骂我吧？他的朋友、同事，还有他们的妻子，肯定都在怪我这个做妻子的不称职，朝夕相处竟然没有发现丈夫的异样。奈美想，还真是被他给骗了！一点儿迹象都没有。丈夫什么事都往肚子里咽，无论是工作上的烦心事儿，还是身体的不适，从来都不提，也不会表现出来。对于丈夫的"独立"，奈美心里既有感谢，又夹着几丝恨意。奈美比千叶小九岁，所以千叶有点儿拿她当小孩子看，也从来不会跟她商量自己的事。千叶永远不会知道，其实奈美对此早有察觉。

听闻噩耗，奈美赶去伦敦，未能见到丈夫最后一面，便特地去拜访了千叶的主治医生阿诺鲁多·史密斯。从医生口中得知，千叶在弥留之际嘱咐他，暂时不要告诉他妻子，免得她担心。奈美抱着丈夫的骨灰回了日本，处理后事。

半年后，奈美对两个姐姐说自己准备去旅行，就走十年前度蜜月时的那条路线。

"没孩子就是一身轻，说走就走。去散散心吧！"大姐说。

"是啊，重温一下，说不定能放下呢。"二姐也表示支持。

不过，伊斯坦布尔并不是度蜜月时去的地方，奈美选择这里其实另有原因。

五个兄弟姐妹中，奈美排行老幺。娘家今川家族是踏踏实实的贸易商，从明治时代起，就一直做生药进口生意，行业里的道道也算是门儿清。奈美的祖父是个学者，做生药有自己的渠道，收入一直很稳定。奈美对家族的产业不太上心，具体怎么运作也不了解，但还是非常感谢家里一直给自己提供优渥的物质条件。

虽然说如今中产阶级在社会中已经相当普遍了，然而今川家族在日本整体经济都比较落后的时候家底就已经十分殷实了。奈美的父亲今川彰造从小就接受了良好的教育，也是战前日本鲜有的海归之一。他出国说是为了研究药学，但实际上整日痴迷于作画。回国后虽然继承了家业，却依旧热衷于艺术品收藏。对此，奈美的大哥诚造不屑道："搞什么收藏，都是些半吊子玩意儿！"诚造的意思是，就这点儿东西，又开不了美术馆，留着有什么用！

奈美的二哥纯造对艺术有着独到见解，不过也看不上父亲的收藏。"看不出主旨，没有体系，连个重点都没有，就这样随心所欲地堆在一起，毫无关联性。单件看是不错，可放在一起就形散意散了。"

奈美倒觉得这样的摆设未尝不好，父亲本身就没有强迫症，对事物也不偏执，看到能打动自己的艺术品就收藏起来，这般随性正符合他的个性。记得十岁那年，奈美看着父亲刚买的牛雕像问道："爸爸，这个东西哪儿好？"父亲只是微笑着说："它跟我有缘。"这算哪门子答案？奈美却深受感动。奈美如今三十六岁了，但回忆起此情此景，她依旧记忆犹新。

不管是画还是工艺品，但凡有缘，纵使寻遍天涯海角也值得；若是无缘，再稀罕的东西就算绝迹，也不会觉得惋惜。

奈美打心眼儿里认为，父亲用心感受美，且不拘泥于形式。兄长们的格局实在太小，对于美的理解，根本无法与父亲相比。或许是排行老五的缘故，奈美难免会有美化父亲的嫌疑。不过在所有兄弟姐妹中，奈美与父亲最为志趣相投，在审美上也最为接近。父亲留下的藏品，奈美十分珍惜。嫁到夫家后，她曾对哥哥说："爸爸留下的收藏，如果要处理的话，提前通知我一声。"

"我们家还没有没落到要变卖那些东西的程度。"诚造说。

"所有的收藏我都记得的。"

"你什么意思？信不过我吗？"哥哥的声音里带着几分怒气。

"哥，我不是这个意思，我只是想说，这些东西对我来说很重要。不过我并不是想要自己留着，哥哥好生保管着，我就安心了。"奈美解释道。

奈美对父亲的收藏品了如指掌，这话一点儿也不夸张。父亲的东西看似杂乱无章，但奈美在心里将它们一一排序，分类整理，每一件都承载着她与父亲之间无可替代的回忆。

将丈夫的骨灰带回国之前，在主治医生史密斯先生家中，奈美看到客厅里摆放了两件中国瓷器：一只壶和一个盘子，就摆在镶嵌着水晶的时钟旁边。壶高约二十厘米，盘子直径约三十厘米，均属于中等大小。在父亲的一百来件中国瓷器藏品中，有两件青花瓷略显突兀，因为它们并不符合父亲一贯的审美，所以奈美对此记忆尤深。而眼前的物件竟与记忆中那两件青花瓷一模一样！这是偶然吗？奈美想一探究竟。

父亲偏爱雅致之物，不好龙飞凤舞、个性张扬之物。奈美十来岁的时候，曾跟着父亲去参观过一次西洋名画展。父亲只是走马观花，未在任何画作前驻足。在他看来，西洋画颜料过重、线条过柔，他用一口优雅的关西腔评价道："怎么说呢，这些画看得我感觉浑身都绵软无力了。"

奈美也附和道："我也不喜欢，看着跟蛇似的。"

父亲耸了耸肩。

不过，父亲也收集了不少浓墨重彩的东西。瓷器上宝莲花和牡丹花争先恐后地盛开，波涛状和鱼鳞状的花纹层层重叠倒也不觉喧嚣。但要是二哥见了，还是会斥其"不成体系"。这些藏品中，有两件显得有些特殊——其他瓷器上，除了波涛纹，还绘有乌龟、锦鲤之类的动物，而这两件藏品上，却只有汹涌的波涛，仿佛要从中生出什么诡谲的东西来。壶上的波纹盘旋着漩涡，往那深处看，可以窥见中间横着一个长长的椭圆，里面有一个车轮状的圆形。盘子上的波涛则更加气势磅礴，惊涛骇浪里也有一个椭圆，竖长而扭曲，中间夹着几条同样扭曲的竖线。无论怎么看，这两件藏品都与父亲的审美观念不相符，奈美很疑惑，为什么父亲会把它们搬回家呢？莫不是有人用这两样东西抵债，父亲出于无奈才收下的？又或许是家族代代相传的宝贝，纵然再不喜欢，也不能转手他人？

奈美望着史密斯医生家里的两件瓷器，突然担心哥哥会不会已经把父亲的收藏都处理掉了。带着丈夫的骨灰回国后，她急忙跑去娘家确认，藏品依旧有序地摆放在储藏室里。还好只是虚惊一场。

奈美从箱子里翻出这两件"异类"，把它们放在架子上，仔细端详了一会儿。在史密斯家时，她已经把瓷器的细节深深地刻在了脑海里，回到酒店后又默画了下来。现在即使不拿出当时画的草稿来比对,她也可以确定两者惊人地相似。两只壶几乎一模一样,而两个盘子上的波涛纹和椭圆,则正好对称。如果把两个盘子贴合在一起,就像照镜子一样。是巧合吗?

奈美画过油画,也学过水墨画,但对陶瓷的了解不深。她在图书馆翻遍了相关资料,对照各式图鉴,都没有找到类似的图案。她的心头涌起了一阵难以名状的兴奋,就像掉进了那漩涡里无法自拔一般。

奈美后来找到了明代宣德年间的青花瓷,上面也印着波纹,但只有白花花的浪尖,中间的漩涡里也没有椭圆。或许寻求专业人士的帮助,很快就能得到答案,但奈美不想这样做。她心底仿佛有个声音在呐喊,一定要凭着自己的本事去找到答案!

奈美曾在书中读到过,托普卡帕宫博物馆里收藏了种类繁多、品质优良的中国瓷器。于是,在各项事宜处理妥当后,她打着"故地重游"的旗号,收拾好行装来到了伊斯坦布尔。如果在这里也找不到相似的藏品,那么或许这四件东西确是世间罕有的了。父亲和史密斯为什么会同时拥有这样罕见的壶和盘子呢?

之前去拜访史密斯医生时,由于还要处理丈夫的后事,奈美没能仔细打听瓷器的事情,此番故地重游她打算再去登门拜访,并且一定要跟史密斯医生好好聊聊这不可思议的缘分。奈美拍了几张自家瓷器的照片,冲印成相片后装进了行李箱。这件事奈美从未向任何人提起过,但她时常自问自答——

"为什么要调查这件事呢?"

"因为想了解背后的秘密,不可以吗?"

"不是不可以,只是如今生活发生了巨变,要做好相应的心理准备,好好想想怎么规划好自己的时间。"

"莫非你觉得我只是为了打发时间?"

"那倒不是,无论如何,总比成天玩乐、无所事事要好得多。"

"居然把调查跟玩乐相提并论!我总感觉这其中藏了很多重要的事儿。"

"那就随你了……就当是为活下去找个有意义的理由吧,或许这就是所谓的生存价值。"

"生存价值"这个词让奈美感到浑身不舒服。看着身旁消极的老头儿,奈美的思绪被拉回到现实。只见他笨拙地将借来的胶卷塞进了相机里。

托普卡帕宫原本是苏丹的行宫,功能分区十分全面,有召见大厅、执政大厅、礼拜堂、后宫，还有几个被用作展览的大厅。若不看整体规模，单从布局来看，与故宫倒是有几分相似之处。

奥斯曼帝国的历代君王都是珠宝的狂热爱好者，不论是皇冠、剑、腰带，还是衣服，都镶嵌着大大小小的宝石。站在橱窗前，奈美不时能听到来自游客的感叹。游览指南上说"宝石展柜区常年被围得水泄不通"，还真是一点儿都不假。跟团旅游的人都会被导游领来参观这里。老头儿因为换胶卷而耽误了些时间，在妻子的催促下，他着急地赶了过来。

奈美从老夫妻身上移开视线，低头看着游览地图，寻找陶瓷展区的位置。瓷器之美与宝石的绚丽夺目全然不同，但它们都能带给人们视觉上的愉悦，就像有魔力一般，令人为之着迷。这两种不同的美能同时俘获苏丹的心，倒也并不令人意外。但当奈美走进展厅、看到琳琅满目的瓷器藏品时，却对苏丹的品位产生了怀疑。这里的藏品数量众多，能将如此巨量的东西从外国搜罗回来，可见苏丹势力与财力之雄厚。那些献宝之人和苏丹本人未必能够欣赏瓷器之美，他们所求的不过是子民的惊叹与艳羡罢了。

宣传简介上写着"臻品满屋"四个字。奈美看着密密麻麻的瓷器，是不是"臻品"她不清楚，但她发现大件的藏品居多。父亲不怎么收藏规格过大的东西，并非出于经济原因或是没有地方放置，仅仅是与个人喜好不相符而已。不过现在可没有闲暇去比较苏丹和父亲的审美差异，她的首要任务是找一找有没有与那两件"异类"相似的瓷器。

瓷器展区中只有零零散散的几个人，过道也显得很宽敞，与宝石展区形成了鲜明的对比。奈美快步走过陈列柜，粗略地扫过青瓷和白瓷，直至走到青花瓷展区才放慢了脚步，仔细比对起来，但是一无所获。尽管这里因中国的瓷器藏品而出名，但也收集了其他国家的瓷器，其中也有很多来自日本，尤其是伊万里市[1]。

哥哥们曾用"杂乱无章"来评价父亲的收藏，如今奈美站在博物馆里，看着这些陈列在展柜里的瓷器也有同样的感受。不过稍加留心就会发现，虽然这里的藏品种类纷杂，但其实也根据流派进行了分类，而非盲目地胡乱摆放。奈美继续往前走，只在印有波涛纹的中小型青花瓷前稍作停留。

"所谓蓝海白龙波涛纹，是指白龙在碧浪间翻滚腾游的一种图案样式，

---

[1] 伊万里市：日本的港口城市，以伊万里烧（有田烧）瓷器而闻名。

除此之外还有蓝底白花的图案样式。"奈美边读着宣传册边比对着眼前的瓷器，两者技法上虽然相似，但是与她要找的东西相去甚远。父亲收藏的壶与盘上绘着气势磅礴的波涛，波涛中还带着漩涡，漩涡中则有奇异的椭圆。而这里的瓷器则只是绘着波涛和白龙，白龙独立于波涛，而父亲收藏的壶与盘上的漩涡则托生于波涛，所以两者从根本上就不同。

围着展厅绕了一圈后，奈美担心有什么遗漏。保险起见，她又以同样的速度绕了一圈。她心想，在人满为患的宝石展厅可是没这个"特权"的。

虽然在这半年里，奈美翻阅了很多瓷器图鉴，但在一天之内看这么多的瓷器还是头一回。第二圈转完后，奈美觉得很疲惫，她松了松肩膀，长长地呼出一口气。

"您很喜欢瓷器吧！"

听到背后传来熟悉的日语，奈美立马转过头。一个略高过日本人平均身高的中年男子站在她身后。他头发花白、脸颊瘦长，但是面色红润。这样看来，他或许还未到中年。面对这突如其来的搭话，奈美一时不知道如何回应，呆立在原地。

"您都参观两遍了。"男子继续说道。

"是啊。"奈美好不容易挤出两个字。

"我看了三遍了。"男子摘下银框眼镜，用拇指和中指揉了揉疲倦的双眼。

"您这是看累了吧？我倒是一直在快步浏览。"奈美心想，他知道我看了两遍，应该是一直都在观察我。看他如此疲惫，想必是每一件瓷器都细细观赏过了。

"我也是匆匆掠过的，这么庞大的数量，每一件都仔细欣赏是不可能的。先快步过一遍，看到自己喜欢的，记住它的位置，下一遍再着重看看。当然如果能多逗留几日，那就有充裕的时间细细欣赏了。"

男子穿着芥末黄色的运动衫，外搭乳白色的棉麻上衣，配上没有熨脚线、藏青色的西装长裤，看似随意，实则讲究。奈美将男子打量了一番，心想对于这样的人可不能掉以轻心。一副看起来漫不经心，甚至是有些呆板的样子，而实际上严谨到无懈可击——自己的亡夫千叶康夫就是这样的人。

在奈美过去的十年婚姻里，她的一举一动都被丈夫看在眼里。可以说，丈夫就像眼前这个男人一样，在奈美毫不察觉的情况下，一直观察着她。对于丈夫的死，奈美总觉得如释重负，仿佛终于可以从那监视一般的"观察"

中解脱了。

"我第二遍也是草草看过。"奈美索性老实交代。

"我发现您对波涛纹很感兴趣。"

"确实……如此。"奈美有些惊讶于男子竟观察得如此仔细。

"但是您并没有发现心仪的藏品。"

奈美突然觉得背脊发凉,这个人简直就是丈夫的翻版！往常在面对丈夫巨细无遗的"观察"时,奈美所能做的就是不做任何反应,把所有的事情全权交由丈夫处理。这个人这么喜欢瓷器,应该是挺懂行的,不如就把自己的疑问抛给他,问一下他对那盘子和壶有何高见。若他真能说出个一二,也不枉自己大老远跑这一趟。这样既不算违背自己的初衷,也算自己努力的结果。

"您从日本来这里有多久了？"奈美上前询问,想进一步了解情况。

"日本？我看起来很像日本人吗？"男子笑着说道。

"啊,不好意思。那您是？"奈美认真瞅了瞅男子的样貌。

"我是新加坡人。"男子戴上方才摘下的眼镜,从胸口的口袋里掏出一张名片递给奈美。

名片上印着"LIM HUEI LAM",汉字写作"林辉南"。

"您日语说得太地道了,还以为您是日本人。"奈美接过名片说道。这可不是奉承话,男子的日语发音带一点儿关西口音,身为关西人的奈美一听便知。

"确实,我出生在日本,在那里一直待到小学毕业。战后又去日本留过学,日语地道是正常的。"男子理所当然地说。

"那我称呼您为林（LIN）先生可以吗？"说着奈美将名片小心翼翼地放进了手提包里。

"我在日本读书时,大家都叫我HAYASHI[1],但是总感觉不像是在叫自己,还是叫我'林'好。"

出于礼貌,奈美也递给林辉南一张自己的名片,背面还特地标注了读音以便阅读。

林辉南把眼镜推到头顶上,眯着眼睛看着名片说道："千叶小姐,您住在东京啊。"

---

[1] HAYASHI是"林"字的日语发音。

"我近期打算搬去神户。"奈美补充似的说道。

"噢？我出生在神户。"

"难怪您的发音有些关西腔。"

"哈哈，是吧，确切地说应该是神户方言。"

"我出生在神户，成年后去的东京，一晃也是好多年过去了。"

"那我们算是老乡了，他乡遇故知，缘分哪！您是神户哪里人？"

"御影的山手县。"

"我之前住在宾库县中央区的海岸通，一个靠海，一个靠山。离得还挺远。您是打算回老家了吗？"

"是的，具体时间还没确定，回日本后应该就会着手准备了。"

"您一个人来旅游的吗？"

林辉南这话好像不光是在问奈美本人是跟团游还是自由行，也像是在打探她的情感状况。

"是的，一个人来的。"奈美不做过多解释。

亡夫千叶没什么亲戚，只有一个哥哥，大他很多，住在北海道。侄子们跟千叶的年龄相差无几，但平时不怎么来往。在千叶的葬礼上，他哥哥对奈美说过，"你可以再嫁，我们家没有意见"。千叶家还有未分配的房产，他哥哥怕弟媳妇跟他争房产。表面上说是替奈美着想，同意她再嫁，其实是不想让房产落到外人手上。更何况千叶康夫也没留下个一儿半女，奈美也没有理由要求分配财产。

奈美听后只应了句"知道了"。这趟旅游结束后，奈美就准备办理相关手续，改用娘家的姓。意外保险的赔偿金加上千叶公司给的补偿，现在就算没有娘家的经济支持，她也能生活得下去。

"我也是独自出来的，不喜欢结伴旅游，还是一个人自在。"

奈美不作声，只是觉得一个人旅游未必有他讲的那么轻松。遇到林辉南，让奈美深刻体会到这次出行意义非凡。奈美本来打算在四十天左右结束行程的，早点儿迟点儿都没关系，但最关键的是，什么时候去伦敦。其实之前奈美就因为丈夫的工作安排，随丈夫在伦敦待了两年。丈夫最后还在那里逝世，再加上史密斯医生家里有跟父亲的收藏品类似的壶和盘子，奈美跟伦敦也算是颇有渊源了。

"您是出差吗？"奈美跟着丈夫天南地北地跑，有过交集的大多是商务人士，所以有此一问。

"不是的，就是出来玩儿。"林辉南回答道。

"哦，是这样啊。"

"我现在可是无业游民啊。"林辉南一副无所谓的样子。

"不会吧！"奈美条件反射似的说道。

"无业游民听上去……唔，还是说离职了比较好。"

"我也没有工作。"跟陌生人聊天还是点到即止为妙，林辉南应该也不想再透露更多的个人信息。

"您刚才是在找什么东西吧！"林辉南继续顺着刚才瓷器的话题聊了起来。

"看起来那么明显吗？"这个林辉南真是火眼金睛，奈美感觉被看了个彻底。

"是啊，所以才想跟您聊聊，冒昧了。"

奈美摇摇头，说道："没事儿，我确实是在找东西。我父亲有两件瓷器：一只壶和一个盘子。上面的图样十分罕见，我想这里藏品多，说不定能找到相似的。"

"但是您并没有找到。"

"是的。"

"您看起来很是失望。"

"让您见笑了。"

"壶和盘子？有点儿意思，是什么样的？"

奈美不知从何说起，便反问道："您对瓷器很了解吧，一般的观光者也不会看三遍。"

林辉南自信满满地说："我现在没工作，自然有大把的时间来研究。"

"我拍了瓷器的照片，但没随身带着。"

"放在酒店了吗？"

"是的，是按原尺寸大小洗出来的，包里塞不下，况且瓷器的每一个细节我都记在脑子里了。"

"如果有机会真想看看那照片，您会在这里待多久？"

"大概再逗留三天吧。"

"但是我明天就要出发去法兰克福了，方便的话，今晚能给我看看吗？"

林辉南的热情也感染到了奈美。她对瓷器感兴趣纯粹是因为半年前在史密斯医生家与那对壶和盘的"偶遇奇缘",对瓷器本身倒未必关心。

"青花瓷吗?"林辉南几乎已经确定奈美要找的种类了。

奈美住的酒店跟林辉南下榻的酒店,相距不远。

"晚餐我事先有约了,差不多 8 点钟结束,到时我过来找您。我们留个电话吧!"

奈美点点头。

林辉南看了看表说道:"您肯定觉得怪怪的吧,我一个无业人员还这么赶时间。不好意思,我跟朋友约好了吃饭,就先走了。"说完转身离去。

同是一个人出来旅游,既不邀约一起同行,也不邀请共进晚餐。或许是不想在陌生女性面前显得太自来熟吧。奈美这样想着又绕了一圈,难得来了,索性再好好欣赏一遍。正准备出去,又碰见了门口那对美国老夫妻,后面还跟了一大票旅行团的人。

老夫人冲着耳背的老头儿大声说道:"看了璀璨的宝石,再来看这个,一点儿意思也没有!"

第二章 鲜花市场

晚上,林辉南如约来到奈美下榻的酒店的大厅休息室,奈美拿着照片走过来。盘子的照片只有一张,壶则从各个角度拍了三张。

"就是这个吗?"林辉南拿起盘子的照片问道。

"青花图案可能有些看不清楚。"

照片是奈美自己拍的,好友里有搞摄影的,还给过她一些关于如何处理灯光的建议。之前大哥也捣鼓过一段时间的摄影,拍摄道具都还留着。奈美拍了整整四卷胶卷,才选出这几张。虽然照片上青花的颜色会淡一些,但最重要的是图案是否清晰。

"这个倒是让我想起了马布鲁多·威尔[1],这是绞胎瓷。"

"我也觉得是。"

虽然奈美只是临时抱佛脚地看了半年的资料,但也认为这是绞胎瓷。所谓绞胎瓷,是指把白色跟红色的陶泥糅合在一起,相绞为条纹状,然后塑型烧制而成的瓷器。最后再涂上一层透明的釉子,使之更有光泽更加透亮。因糅合方式不同还能制作出类似树木的纹理。这项技法始于唐代,于北宋时期日趋成熟,现今留存的作品大多也出自宋朝,以磁州窑的瓷器居多。

林辉南又拿起一张壶的照片说道:"感觉上是很像,但本质上是不一样的。"

绞胎瓷整体都具有蜿蜒盘旋的纹路形态,而照片中这两件的纹路形态则是用藏青色的颜料在白瓷上描绘勾勒出来的。比起木纹这种纹理,欧美人更容易联想到大理石的纹理,所以给这种工艺取名为马布鲁多·威尔。木纹和

---

[1] 此处为日语直接音译,即大理石条纹。下文有详细介绍。

大理石纹都是浑然天成的东西。陶艺师加工这种瓷器时，因糅合手法上各有不同，纹理的走向便很难掌控。而青花瓷上的图案则是由人手工绘制而成。

"制作这个壶与盘子的人有可能是从绞胎瓷中汲取了灵感，然后采用青花瓷的制作手法绘制出类似的天然纹路。我的一个画家朋友在波士顿的博物馆里看见过一种绞胎瓷，纹理颇似竹箭。他回去后就将这种图案画成了抽象画，特意地再现天然之美，想证明天然的纹理也是可以被制作出来的。"

"我可以理解林先生的意思，搞创作的人看到这种天然之美，多少都会有些眼红。那照片中的两件瓷器，林先生可曾见过？"

林辉南轻轻摇了摇头："我自以为算是博览群瓷了，但照片中的图样还是头一次见。硬要归类的话，可以归为波涛纹。"

奈美接过照片，扫了一眼说道："那也就是说，再找下去总归是希望渺茫了？"

"未必，我也只是比一般人更通晓一些罢了，说不定在博物馆还有未陈列出来的藏品，可能与这两件瓷器相似的就摆在仓库深处，无人问津罢了。"林辉南安慰道。

奈美点点头。

"令尊还健在吗？"

"走了好多年了。"

"那这算是遗物了。"

"嗯。"奈美在犹豫要不要告诉他，史密斯医生家里还有两个一样的瓷器。不过如果聊到这个话题的话，就不可避免地会触及丈夫的死。奈美虽无意隐瞒，但觉得跟陌生人聊这么多委实不妥，当然也大可以说是自己朋友家的东西，可又总感觉是在说谎。所以话到嘴边又咽了下去。

林辉南平静地笑了笑说道："您刚才说令尊走了好些年了，但您对这两件遗物感兴趣，应该是最近的事儿吧。"

面对林辉南敏锐的洞察力，奈美显得有些手足无措。此人内心之缜密，即使笑容满面也让人难以亲近。

"您猜对了，"奈美顿了顿，"最近对瓷器是有些太着迷了。"

林辉南依旧和颜悦色："那您可要当心了，这种东西一旦迷上，就再难自拔了。您先别那么着急迷上，多看看，拓宽视野，多接触些不同种类的艺术之后，若还是喜欢瓷器，再塌下心来研究也不迟。不过还是得掌握好一个度。"

"您这话听着跟老师讲课似的。"

"啊，不好意思，又开始说教了。"

"没事儿，您的意思我明白，但我觉得自己还没到那个程度。"

距丈夫逝世已过去半年，回想这十年的婚姻生活，奈美有两年都待在国外，也算是见过世面了。现在三十过半，早已过了盲目喜欢的年纪。

林辉南另起一个话题问道："您明天打算去哪儿？"

"旅游手册上介绍的景点多不胜数，先去看看名胜古迹之类的吧！"

"苏莱曼清真寺、蓝色清真寺、索菲亚大教堂，就这几个最出名。伊斯坦布尔的寺庙不会让人感觉太严肃，倒是个不错的去处，逛完了还可以去购物。"

"我想去逛逛这边的街市。"

"想法不错，只不过还有很多地方女性一个人去不太方便。日本不是也有这种地方吗？在伊斯坦布尔，这个范围可能更大一些。"

"您的意思是说，我一个人行动的话有很多地方去不了，是吗？"

"正是。"林辉南看了看表，"怎么样，要不要随我去个地方？就占用您一个小时，去看看当地男人常去的酒吧。"

"这就是您所说的，我一个人不方便去的地方吗？"

"虽然法律上没有明文禁止，但一个女人去的话，总归会引人侧目的，何况还是外国人。不过有我作陪，大可不必担心。"

"既然盛情难却，那我就恭敬不如从命了。"只是当个观光客也没什么意思，既然有机会深入了解这个城市，何乐而不为呢？况且，奈美还挺喜欢跟林辉南待在一起的。

"其实这地方就类似于日本的居酒屋。"

"有意思。"

"还有吉卜赛人唱歌助兴，很热闹的。"

"那地方叫什么？"丈夫逝世以来，奈美头一次觉得如此兴奋，想要记下它的名字。

"Çiçek bazar，鲜花市场。"

"好名字。"

Çiçek 在土耳其语里是鲜花的意思，bazar 指的就是集市，直译过来就是鲜花市场。但这里不仅有花店，还有蔬果店、肉店、鱼摊。即便现在已经快晚上九点了，这里依旧人潮涌动。

"别走散了。"在拥挤嘈杂的人群里，林辉南在她耳边说道。奈美缓过神儿来。林辉南微微抬起胳膊，她便很自然地将手臂穿了过去，挽起他的胳膊向前走，没有丝毫的抵触。

餐馆门口挤满了人。比起店里，人们更青睐于坐在露天的街道上。只有外面实在没座位了，才会进店用餐。

"这家店我熟。"林辉南领着奈美往里走。他们一进店，老板便跑出来跟林辉南握手打招呼，林辉南拍了拍老板的肩膀，就这么站着聊了好一阵。

等找了个位置坐下后，奈美抬起头说道："林先生您会讲土耳其语啊！"

"懂点儿皮毛而已，我常来这儿，大家一来二去就成朋友了。"说着林辉南坐在了奈美对面。

"这可不只是皮毛吧，虽然我不懂土耳其语，但从你们对话的流利程度来看，您讲得很好啊！"

"真的，就只会点儿日常交流。您能喝酒吧？"

方才在来的路上林辉南问起过这个话题，奈美表示可以适当喝点儿。

"少喝点儿的话还可以。"

"那就来点儿当地的酒吧，入乡随俗嘛，而且土耳其的酒不醉人，因为……会兑水。"说着林辉南用土耳其语点了餐。

菜上来了，一盘西红柿加青菜，上面还点缀着一小块羊肉。

林辉南指了指酒杯说："这就是那不醉人的酒。"

"啊，这个是酒？"奈美看着杯子里的透明液体，她还以为那是小半杯水。

"您不喜欢喝太浓的酒，不是吗？"

"是，还是淡点儿好。"

林辉南拿起一瓶矿泉水边说边往奈美的酒杯里倒，透明的液体慢慢变成了乳白色。

"嗯？"奈美嘬了嘬嘴，"还能起这样的化学反应。"

林辉南也往自己杯里加了水，饮了一小口。

"第一次接触可能有些抵触，我最开始也不喜欢，后来慢慢习惯了这味道，也觉得好喝了。"林辉南举杯喝了一口。

店外突然热闹起来，隐约听见有歌声传来，看来是吉卜赛人来弹唱了。吉他声似胡琴，略带几丝哀愁。

奈美举起酒杯，也轻轻抿了一小口。与其说是酒，这口感更像是药。这让奈美想起了小学的时候，有一次扁桃体发炎，喝的药好像就是这个味道的。

"感觉如何？"林辉南问道。

"味道似曾相识。"奈美觉得自己回答得简直妙哉。

"那挺好的。"林辉南又把酒往嘴里送，这才三口下肚，杯子就空了，便招呼服务生，又点了一杯。

"林先生还挺能喝的嘛！"

"哪里哪里，跟以前比起来差远了。"

"这么说来您以前是千杯不倒咯！"

"不敢当。"林辉南边说边用手指拨弄着杯口。

店里的酒水食物可以外带，所以门一直是开着的，户外的热气时不时地往屋里窜，使得屋内的温度刚刚好。有两桌客人走了后，店里就只剩下奈美跟林辉南两个人了。他们面对面坐着，相视无言，静静地听着窗外的喧嚣。

先前那略带几丝愁绪的吉他伴奏，不知何时变成了欢快的旋律，几个男子踩着节奏放声歌唱。其中一人还站在了椅子上，张开双臂，扭动着身躯。

三杯酒下肚后，林辉南突然对奈美说："千叶小姐，我对您撒谎了。"

"撒谎？什么意思？"奈美看着他的眼睛问道。

林辉南的目光也不躲闪，望着奈美，嘴角轻轻上扬。

"您刚才给我看的瓷器照片，就是您父亲的那两件遗物，我说没见过是假的……不知道为什么，当您问我是否见过的时候，我顺嘴就说了没见过。"不知道是不是酒劲儿上来了的缘故，林辉南说这话中间的停顿有些长，整句话讲下来都一个调。

"这么说您见过？"

林辉南歪了歪头，苦笑着说："不好意思啊，就在前几天，我在集市的古玩商店里看到过，只不过不是壶，是瓶子。"

"伊斯坦布尔的古玩商店吗？"

"是的，不是古董店那么高级的店铺，就是卖旧钱币、装饰品之类的小店，看着破破烂烂的。"

"那……那个瓶子还在店里吧？"奈美也想一睹真容。

"应该还在的,毕竟是非卖品。"

"为什么这么说?"

"因为已经被卖出去了。哈哈,而且是我买的,钱已经付了。我准备回去时再把它寄回新加坡,现在先暂存在店里。"

"那我看一看总是可以的吧。"

"嗯,店里的老爷子应该没有单独收起来。"

"在集市的哪个位置呢?"

"我给您画张地图吧,那里面跟迷宫似的。"说着林辉南从衣服的内口袋里掏出笔记本,撕下一页,头也不抬地画了起来,看样子他对地形很熟悉。

"林先生记得这么清楚!"奈美佩服地感叹道。

"我又没工作,时间有的是,而且这里有朋友在。我很中意那个集市,也会经常去,古玩店的老板也是我朋友。"

画到店铺的位置,林辉南还特意在下面拉了几条横线,又用笔圈了几圈。他歪了下脖子说道:"真是赶巧了,我看到照片时吓了一跳,鬼使神差地就信口胡说了。"

"我能体会这种感觉。"这话不假,史密斯医生家里的瓷器,她不也一个字都没提嘛,虽然不是故意欺瞒,但毕竟还是有所顾忌的。奈美苦苦搜寻了半年无果,结果竟然在这儿碰上了。林辉南一看就是个老行家,决不放过这么一件稀罕玩意儿。

"是吗?"林辉南笑了笑说,"这感觉就像是你在路上吹着口哨,一个转角,迎面碰上了一个很像你朋友的人,定睛一看却发现他俩胡子长得不一样,然后突然就觉得不那么震惊了。"林辉南是把器皿比作胡子了吧。

"哈哈哈……"奈美听后也笑出了声。这一笑就把史密斯医生家里的瓷器的事儿给抛在了脑后。

奈美觉得面前的这个男人,像一个绅士,很想跟他倾诉。但转念一想,跟他才刚刚认识,也不了解底细,还是不要贸然讲太多。

窗外的合唱已经结束,只剩下欢畅的乐曲声还在持续。

"刚才的曲子还挺伤感的呢。"奈美换了个话题。

"吉卜赛人既写得出极富活力的曲子,亦能作多愁善感的叹调,就像人一样,都有两面。"

林辉南这话听不出具体所指,奈美也不想过于深究。

"我们慢慢走去车子那边吧。"说着林辉南把剩下半杯一饮而尽,拉开椅子准备起身。

奈美也不打算再喝了,起身看了看表。从酒店出来到现在刚好四十五分钟了:在餐厅里坐了三十分钟,车开了十分钟,穿过街市花了五分钟。按同样的路线回去的话,到酒店需要十五分钟。林辉南算得刚刚好,说带她出来一个小时,时间不多不少。

林辉南真是言出必行啊,周全得就跟教科书一样,约定的时间绝不会多一分钟。等到奈美回到房间,她既觉得心里轻松,又有些许不满。既然都出来了,多坐一会儿又何妨呢?这样想着,她坐在镜前,开始卸妆。镜子里那张三十六岁的女人的脸,仿佛在盯着自己。

"接下来怎么办?"奈美对着镜子里的自己说道。

"过一天,就去集市看看。"镜子里的自己回答道。

奈美略感酒意,脱掉了上衣往床上扔,结果上衣砸在了床沿边,直接掉在地毯上成了一团。她嘟囔了句:"果真喝醉了。"这时,洗手间里传来流水声,她便迷迷糊糊地往里面走去,浴缸里面已经放满了水。可她完全不记得回来时有开过水龙头,明明就是几分钟之前的事儿,记忆却像被抽空了似的,一点儿都不记得了。虽然奈美不好喝酒,但自认为酒量还不错。况且今天这个酒兑了水,还有一股药味儿,一整杯都还没喝完……

"怎么就醉了呢?"奈美一醉酒就喜欢自言自语,"不只是酒……"她嘴里一边念叨着,一边换下衣服。奇异的青花瓷、儒雅绅士的林辉南、吉卜赛的民歌……这些画面在她脑子里打起转来。

第三章　沉没之锚

之所以说要隔一天再去，是为了做好心理准备。

奈美坐着一辆小型面包车在伊斯坦布尔绕圈，司机会说一点儿蹩脚的英语，基本可以正常交流。

"All our owns foods, fish, fruits, vegetable, no import！"日复一日，年复一年，师傅开着观光车围着城市打转，讲着差不多的话。

车经过卸货码头时，人群中有一位十二三岁的少年，扛着大大的麻布袋子，弯着腰一步一个脚印地往前走。司机抬起下巴，指了指少年，换了个表达方式，第二次强调道："所有食材，鱼、水果、蔬菜，都是自产自销的，没有一样是舶来品！"言语中透露着自豪。他似乎坚信，世上不缺高楼林立的现代城市，但所有物资都能自给自足的地方，只有伊斯坦布尔一个城市。

虽然也可能是公司要求必须这样介绍，但师傅也绝不是敷衍了事。如果他通过电视媒体、电影之类的媒介对其他国家有些许了解的话，他应该知道，在博斯普鲁斯海峡来往的船只并不算大，而且现在大部分国家，装卸货物已经实现机械化了。

然而师傅时不时还会轻轻摇头，奈美看着他宽阔的肩膀，仿佛读出了他的心思："关键时刻，还是得靠外国支援。"人的价值观不同，想法也就不同。奈美冲着师傅的背影点点头。

"Paris！"师傅喊出了一个闻名世界的城市名。

"No！"他自顾自摇了摇头。

"New York！"他再次用力地摇头。任何有名的大城市在这位司机心目中都比不过伊斯坦布尔。

"Mosque very beautiful！"

Mosque 指的是伊斯兰教清真寺。伊斯坦布尔作为古希腊的殖民城市，旧称拜占庭。公元 324 年改建为东罗马帝国的首都，更名为君士坦丁堡。1453 年被占领后，成为奥斯曼帝国的首都。

著名景点苏莱曼清真寺和蓝色清真寺都是后来建造的，只有索菲亚大教堂，原先是基督教堂，后来变成了伊斯兰教的礼拜堂，这个教堂可谓是见证了这个国家的信仰的根本转变。

下车后，奈美走进这座高大雄伟的建筑。

第一次世界大战后，土耳其的开国总统穆斯塔法·凯末尔·阿塔图克进行了政治改革，把奥斯曼帝国变为土耳其共和国，实行了政教分离。如今的索菲亚大教堂已不再是礼拜堂，而仅仅是作为观光景点。

马赛克砖拼成的基督教壁画、祭坛以及伊斯兰教的壁龛都被完好地保存了下来。壁龛的方位朝向麦加，当时的人们都会面对着这个壁龛做礼拜。奈美站在高大的圆形屋顶下，突然懂得了司机说的那些话。那些话里不仅有对祖国的自豪，更有体现他价值观的东西，那是他的精神寄托，甚至可以说是支持他活下去的力量。奈美望了望屋顶，喃喃自语道："活下去的动力吗？"

"要想活下去，心中必须有个念想，是吗？"奈美渐渐陷入了困惑中。对于现在的她而言，找到那奇异的青花瓷背后的故事就是她活下去的动力。做重要的事之前是要有点儿仪式感的，所以在去集市的古玩店之前，奈美以"伊斯坦布尔观光一日游"作为序幕。

算上奈美，面包车里一共坐了八名游客。其他人不是跟朋友一起，就是一家人带着孩子出来旅游，唯独她一个人显得有些格格不入。去往下一个景点前，奈美对司机说："我想留在这儿多看看，就不跟你们一起了。"司机耸耸肩："OK！"随后又补了句，"beautiful the Tokyo palace！"东京有什么宫殿，司机先生想必并不了解，奈美只是笑着点点头，并不做过多解释，也不想改变他的认知，因为确实没这个必要。

游客鱼贯而入。有人望着描绘圣诞节的马赛克壁画，在胸前画着十字。导游在一旁熟练地介绍："这是在给教堂做大扫除时，无意中发现的壁画，至今依然保有神韵，现在作为重要文物被政府保护起来了，然后这座教堂也成了博物馆……"

伊斯坦布尔的集市非常大。鲜花市场的街景与别处并无二致，露天的街道两旁都是一个个紧挨着的店铺，唯一不同的只是鲜花市场的餐厅门口都会摆满桌椅。而古玩集市却是另一番风景：延伸出来的屋檐遮住了阳光，街道由拱廊连接而成，穿梭其中，给人一种地下商城的感觉。半数的通道都很狭长，而且如迷宫一般错综复杂。要是不熟悉的人到这里，少不得要迷路。好在林辉南画的线路图简明扼要，奈美一点儿冤枉路都没走，直接就找到了他口中所说的古玩商店。

店铺的名字叫"梅米特·艾明"，店铺的左边邻着一家镶嵌着镜面玻璃的商店，不知何故，集市里这样的店特别多。反光的镜面在本身不见阳光的集市里显得尤为引人注目，各家店招上也装饰得颇为华丽，林辉南在线路草图上，还特意于相应的地方画了个箭头，标明此处为"镜屋"。奈美在找到梅米特·艾明之前，最先是被这一处璀璨夺目的镜屋所吸引。奈美在那儿站着看了好一会儿，才把视线移到古玩店门前。古玩店的招牌并没有挂在外头，而是被竖挂在店里左边的墙上，又加上有橱窗挡着，人从外面经过几乎就看不见它。就跟林辉南描述的一模一样，门口的橱窗里摆放着古代钱币、时钟、手表、耳环之类的小玩意儿，尽管还没有见到瓷器，奈美已然按捺不住激动的心情了。她深吸了两口气，便朝里走去。

奈美进去的时候，满头白发、浅褐色皮肤的店主正在店里端着小巧的茶杯喝茶。老人听见门口有响动，立马抬眼瞥了一眼，然后又像没看见似的，转头继续低头喝茶。奈美像之前来过一样，径直朝左边走去。左边的墙边摆放着铜质的水壶、盘子，奈美一直在找的那件瓷器就藏在最里边的角落里。

"错不了。"奈美看着那扭曲的波涛纹，仿佛整个人都要随之扭动起来。波纹里的漩涡都与家里那两件瓷器如出一辙，只是漩涡中间留下的空白区域形状不同而已，那壶与盘子的区别也在此处。正是因为这一点，奈美才如此确信眼前的瓷器就是自己要找的青花瓷。这瓷瓶比其他两件都要高，目测高度大概三十厘米，瓶身纤细，却很稳定。在中国，人们称此形状的瓶子为梅瓶。传统梅瓶口小丰肩，到底部又逐渐收小。但这件却有所不同，瓶肩部没有向外延展，由瓶口往下逐步扩大，只有底部稍有收拢。

"这难道是锚？"漩涡里的留白空间有条线穿过，奈美端详着瓷器，就像在做解谜游戏一样辨识着其中的图样。她突然意识到这瓶子没有正面朝人，店主或许还没有细心到把每样商品都摆正吧。若是素色，就无所谓正反了,不过这件瓷瓶瓶身有一条竖直的白线,所以此面应是正面,然后这线走着走着往右横着穿了过去。奈美于是也往右挪了几步,歪着身子凑近看了看。然而这线并不清晰,其左右两边的波涛纹,互相靠拢形成了漩涡,这条白线隔在中间,使两边不交融在一起。这条竖长的白线,在靠近底部最细的位置,往左右两边斜上方分叉。换个角度看,也可以说左右两边牵下来的线连接着白线的底端。在漩涡中,有一个方向朝下的箭头形状,因为画的是海浪,奈美很自然地联想到沉入海底的船锚。船锚周围留白区域的下方,升起一团似波涛的曲线,曲线将锚的顶部缠绕包裹。此处有些隆起,比起平面的盘子,瓷瓶更容易察觉到凸起之处,跟同样是立体的壶相比,这里就像是加厚了一样。

"您是看中这物件了吗?"奈美闻声转过脸来。满头银丝的店主把茶杯放在了小桌子上,面无表情地说道。毕竟做的是跟客人讨价还价的买卖,店主的英语比起一个劲儿自说自话的司机师傅好太多了。

"是的。请问这瓷瓶卖多少钱?"

"您打哪儿来呀?"店主不作答,又向奈美抛去一个问题。

"我从日本过来的。"

"哦……日本人啊,好像日本人和中国人都对这种瓶子感兴趣啊。"

"当然,有兴趣才会问您价格。"

"不好意思,您来晚了,这瓶子已经有主了。"

"已经卖出去了吗?"

"是的。"

奈美又跑到瓶身的右面,探着头想再看看。店主起身走到奈美旁边,很自然地把瓶身往右面一转,锚状的图案就转到正前方了。

老爷子嘴里念叨着:"得像这样摆才成。"转身又回到了他的"雅座"。

"既然已经卖掉了,怎么还会摆在这里呢?"

"客人先寄放在这儿的,过后自己来取。这又不是什么稀罕事儿。"

"要是有人愿意出更高的价格买的话,您愿意卖吗?"

"您说笑呢!"

"如果真的有人非常想要,又愿意出高价呢?两倍,不,出三倍,甚至是四倍的价格,老板您也不心动吗?"奈美有些惊讶自己为什么连这样的话都能说出口。

老爷子挺了挺胸，撇嘴道："一丁点儿都不愿意。"

"您很有职业操守。"

"从商还是要守规矩的。话说回来，我记得买主打电话跟我说，把瓶子先搁店里放着，如果有人出高价买那个瓶子，他就按那个价格加钱给我。"

"这通电话是昨天打来的吧。"

老爷子又撇了撇嘴，点点头。

看来林辉南早做了准备，怕瓷器被人买走，奈美就看不到那瓷器了，于是提前打电话知会老板一声。

集市里做生意，貌似鲜少会把卖出去但还没被客人取走的商品下架，也不会在商品上老老实实地贴上已售的封条。即便堆放得杂乱点儿，也不能让店里显得空荡荡的。当然要是有更畅销的东西上架，被卖出去的东西可能就要挪位置了。

"他说至少在店里摆三天，话虽如此，也没见到有人要加价购入啊。说实在的，我一点儿都不怀疑林先生出手的阔绰程度。"店主说着又啜了一口茶。

"买家是位姓林的先生吗？"

"是啊，他是新加坡的华侨。我们之间做买卖有二十三年了，还说什么加不加价的，大家都是朋友，还专门打电话来说这事儿，怪怪的。"老爷子耸耸肩。

"二十三年？您记得这么清楚啊。"

"那是自然，我开这店也有二十三年了。"

"那他是从开店之初就开始光顾您的生意了。"

"嗯，是啊！"老爷子停顿了下，"确切地说，我们开店之前就认识了，嗯……其实最开始就是他鼓励我开店的。"

"原来如此啊！"

奈美又看向瓷瓶，沉入海底的船锚活灵活现，青花图案蓝得让人赏心悦目。父亲的藏品、史密斯医生家的瓷器，还有面前这件，想必都是出自同一人之手。奈美听到身后传来一声叹息。

"莫非您是林先生的朋友？"

奈美笑着朝老爷子点点头。

"我猜也是。他打那通电话，我就在想是不是有谁要来看，所以才故意那样说。没想到来者是位女士。"

奈美终于不再盯着瓶子，面朝老爷子说道："我跟林先生可没有像他跟您一样深的交情。"

"请坐。"老爷子指了指旁边的小凳子，"喝杯茶吧！"

"谢谢。"奈美坐下后，椅子发出吱嘎一声轻响。小小的一杯红茶，啜一口，唇齿留香。"味道很好。"奈美不假思索地称赞道。

"这是最上乘的茶叶，一天要小品几口的东西，用再贵的，也算不上奢侈。不过，贵的东西未必就是好东西，茶是如此，物件亦然。"老爷子看上去心情不错，有人懂他的茶，所以感到欣慰吧。

"您对味道、品相都非常敏感吧。"

"要是当初在这两方面多加训练的话，我现在不说有所造诣，至少也是专业的水准，不过后来荒废了，也就成了半吊子。林先生说起过我吗？"

"没有。"

"总有一天他会提的。"

"为什么？"

"因为您是他喜欢的类型。他这个人，要是迷恋上谁，就会和盘托出。"

"您别说笑了。"奈美不知如何作答，老爷子一上来就说这个，还真是让人难为情。

"我就先简单介绍一下吧，反正他讲的话，内容也是一样的。"

这期间有客人进来，老板竟直接无视。奈美觉得有些沉闷，但好奇心驱使她继续听下去。毕竟她一开始就被林辉南吸引了，那晚一别，他的身影更是在她心头挥之不去。老板讲的虽然是自己的事，但其中林辉南也有参与，对奈美来说，他才是故事的主角。从老板口中得知他的事情，也算是有个缓冲，心理上也会更好接受一些。

"其实从我们父辈开始，两家就有交集了，那时我们俩都还没出生呢！"

"是吗，那你们是在哪儿认识的呢？"

"这个地方嘛……哈哈……"老板像煞有介事地说道，"哈尔滨您听说过吗？"

"哈尔滨"三个字从他口中突然冒出来。奈美一时没反应过来，不过这个地名奈美并不陌生。

"中国东北的哈尔滨？"

"没错，就是那里。您还挺了解的。"

"在日本时常听人提起过,听说那里的日本人也不少。"

"战前,没有日本人不知道哈尔滨的。但是像您这样战后出生也有所了解的,确实不多见,值得欣慰啊!"老爷子用日语说道。

奈美一时十分吃惊,刚才还用略显磕巴的英语聊天儿的店主,立马改为一口流利的日语。语调上虽略有刻意,但比起他的英语来,真是说得好太多了。

"您会讲日语啊!"奈美也用日语交谈了。

"我平时也没什么机会讲日语。上次林先生来才有机会练了练,现在还算说得顺溜吧。"老爷子说完咧嘴笑了笑,露出一排整齐的白牙。

"真是没想到呢。"奈美耸耸肩。

"偶尔有日本的游客进店,我也没用日语跟他们交流。我在日本待过一段时间,不知道为什么,总觉得要是用日语跟他们说话了,就会破坏当时日本给我留下的好印象。"

"我明白,嗯……我觉得可以理解。"

"我就是认为您应该能懂这种感觉才对您说的。"店主眼里第一次有了笑意。

这期间进店来的顾客,见没人搭理,自觉没趣,便一声不吭地走了。

"您在日本待过多长时间?"

"好些年呢。我在哈尔滨出生,又在神户住了很长时间。"

"神户?我是神户人。"

"是吗?真巧,好怀念啊!"

"您就是在神户认识的林先生吗?"奈美觉得终于找到他们两个人的交叉点了,而且神户还是奈美的老家。

"没错。我们就是在那里相识的,父亲那辈则是在哈尔滨。"

"那您是什么时候来这里的呢?"

"1957年,换成日本的年号就是昭和三十二年,当时栃锦跟若乃花[1]风头正盛呢!"

"嗯。"

"战前就一直很红呢。记得当时神户还被空袭了,变成了废墟。后来神

---

[1] 栃锦、若乃花:两位相扑运动员的艺称。

户开始搭建临时的木板房,再后来终于可以重新修大楼了。"

"那时候我还在念小学呢。您之后有没有再来过日本?"

"没有。"老爷子摇摇头,"那之后再没去过,现在都变样了吧,毕竟都过去二十五年了。"

"一直都待在那里倒没觉得有什么感觉,不过变化应该挺大的。"

梅米特·艾明离开日本到伊斯坦布尔的时期日本经济开始腾飞。那时,出国旅游的风潮兴起,这也是经济高速发展带来的影响。若是去其他发达国家感觉没什么可自豪的,但到像土耳其这样的国家来旅游,大部分人都会抱有一种优越感。梅米特看着这些组团来旅游的日本人,心里有些敏感也属正常。不过能在这里再次听到那熟悉的日语,看到那些人,他还是倍感珍惜。但是他也不想破坏当初日本给他留下的美好印象,所以只是远远地望着。

"我其实也想去搭话的,只是心里害怕。说来也可笑,这把年纪了,还怕这怕那的。"梅米特不经意间流露出了关西口音。

第四章　哈利露的家

　　从最开始的英语交谈，变为抑扬顿挫稍显刻意的标准日语，再到自然的关西方言，老爷子的说话方式变了三次。

　　"对了，还没请教尊姓大名呢。我叫梅米特·艾明，跟店名一样。"他用自己的名字命名了这家店铺。记得林辉南说过，土耳其历史上有一位已故的著名诗人也叫梅米特·艾明。看样子老爷子早就不把她当成一般的顾客了，直接问起了名字，奈美随即递上名片。

　　"奈良的奈，美丽的美，好名字啊！"梅米特识得汉字[1]。有的人就算在日本待了多年，都不一定会认得汉字。

　　奈美想起十多岁的时候，邻居家有个同岁的美国小姑娘，日语说得跟日本人没什么差别，但汉字是一点儿都不会认。梅米特认识汉字，这让奈美很是吃惊。她对梅米特说道："您会念汉字啊！"

　　梅米特答道："必须得学啊，为了识汉字我还吃了不少苦头呢！"过了一会儿，梅米特又补充道："要做生意，不会汉字哪儿行啊！"

　　"做生意？"

　　"是啊，古董生意，说好听点儿就是古代艺术品商。"

　　"哦，原来如此。"奈美话音刚落，梅米特端起茶杯啜了一口，说道："说来，您别见笑，我们当时卖的都是仿品。"

　　"是吗？"奈美心想，在店里毫不顾忌地说这种话有些欠妥吧。这时梅米特话头一转："今天您要是没有别的安排，愿意来我家做客吗？我妻子也是在日本长大的，您去了，她肯定很开心。"

---

[1] 日语由假名和繁体汉字组成。

"哦？您夫人也在日本生活过啊。"

"是的。我在哈尔滨出生，我妻子在神户出生。她叫哈利露，日语说得比我地道。"

奈美来集市本打算就只是看看瓷器，但此行却有意想不到的收获——梅米特·艾明邀请奈美去他家做客。

奈美点头答应。她想，与其现在在心里好奇，倒不如顺势过去坐坐。

"我去打个电话通知她一下。"说着梅米特走出店门，看来这小店没有安座机。店主走后，奈美呆立在原地，这时客人源源不断地进来了，其中既有游客，也不乏本地人。奈美开始自觉地看起店来，她背对着收银台，看着来往的顾客，防止有人偷东西。虽然以她的模样和打扮，在旁人看来也不会觉得她是店掌柜，不过这里也没有别人了，所以也不能作他想。然而大部分顾客都只是在店里转一圈，便默不作声地出去了。

此时有一个四十岁上下的日本人进店了，一看就是从大城市里来的。奈美不禁打了个冷战。对方从她眼前经过，但根本没注意到她，直接朝着瓷瓶走去，在那儿站了好一会儿，回头一看，才发现柜台那边站着个像是日本人的女性。对方问道："您是日本人吗？"奈美点点头。

"店主呢？"

"有事儿出去了。"

"真是悠闲呢。把店就这样撂在一边，这样的事我们可做不出来。或许是我们日本人太认真死板了吧。"

"或许是吧，我也不太清楚。"奈美不知道这话该怎么接。对方拿起瓷瓶，歪歪脑袋说道："这青花瓷真有意思。"奈美不作声。那男子又苦笑着说道："我想问问价格呢，可惜店主不在。"奈美很想说这是非卖品，不过这瓶子牵扯的人和事太多，如果就这样斩钉截铁地说不卖了，就等于自己亲手斩断了这名男子与这件瓷器之间的联系，仿佛破坏了这一系列事情中间形成的链条。犹豫再三后，奈美回答道："店主出门办事，应该不会花太长时间。"奈美觉得就算要把这件事告诉他，也得从梅米特嘴里说出来才对。男子瞅了眼手表："可是我赶时间啊，本来五分钟前就该集合了，回去要被导游骂了。能麻烦您告诉店主一声，我傍晚自由活动的时候再来，成吗？"

"不行！"奈美自己都有些吃惊，为何用如此严肃的口吻说话。男子呆立在原地，半张着嘴，用左手把散落在额头上的几缕头发拨了上去。奈美稍微缓和了下口气："如果照您说的，我转达给店主，那人家就会抱有期待，要是您到时没有来，我岂不就成撒谎了。况且我也只是个偶然进店的顾客而已。"

"明白明白，是我考虑不周，看大家都是日本人，就想着可以让您帮忙。不好意思，确实不该提这样的要求。"男子说完，礼貌性地鞠了一躬，低头看了眼手表，便走出了店门。奈美觉得有些过意不去，毕竟自己没全说实话，她是通过林辉南的介绍知道这里的，跟老板还颇有些渊源，自己却说成是偶然路过，实属不诚实。男子离店后不到一分钟，梅米特就回来了。

"哎呀，我妻子她可高兴了，时隔这么多年还能见到老乡，重温乡音。而且听说您还是林先生的朋友，更是兴奋得不行。"梅米特说道。

"我认识林先生，这有什么值得兴奋的呢？"

"我妻子可是林先生的粉丝啊！"

"原来如此。"

"我要关门了！"说着梅米特开始收拾桌子。奈美瞄了一眼时钟，显示下午2点50分，便问道："这么早就不营业了吗？"

"她让我立马就回家去，妻命难违啊！"

"嗯，那好吧……"刚才那男子要是傍晚真过来了，就得吃闭门羹了。梅米特看向瓷瓶，说道："对了，把瓶子也带走吧。把它摆在这儿，就是为了等您来，现在我的使命也完成了，要是再有客人来买，倒不好推托了。反正有车也方便。"说完便找来几条破布塞进瓶口，再用柔软的纸张将瓶身包裹起来。奈美突然有些后悔没有告诉男子瓷瓶已经卖出去了，看他那么喜欢，今天买不着，明天肯定会再来的，到时候又得扑一个空。他既然能看上这瓶子，说明还是有点儿眼光的，至少也懂点儿门道。刚才自己那样子泼他冷水，想想确实有些过分。奈美忍不住对梅米特说道："刚才有一位客人对这瓶子颇感兴趣，有意购买呢。"

"哦，是吗？"梅米特继续着手里的活儿，粗粗的眉毛往上一扬。奈美回答："当然。"

"什么人啊？本地人，还是游客？"

"是日本来的游客。"

"日本人？哈哈，看来这物件里藏着不少秘密呢。"梅米特晃了晃肩头，一转眼工夫，瓷器已经包好了。"奈美小姐，等会儿在车上得麻烦您抱着瓶子了。"奈美点头说："好。"

梅米特把瓷器交给奈美，放下卷帘，锁上门，将奈美带到了集市的入口处。"您稍等，我去把车开过来。"说着便走开了。

在土耳其，比较富裕的人家才买得起私家车。一个不起眼儿的古玩店老板也有车，这让奈美有些意外。不一会儿，梅米特开着一辆日系车过来了，对车辆的选择或许也是跟他的成长环境有关。上车后，奈美抱着瓷瓶问："这车怎么样？"梅米特轻拍了下方向盘回答："当然是好了！奔驰之类的，我还看不上呢！"奈美回应道："好像还有挺多人开奔驰的。"梅米特把车发动后，告诉奈美："现在有很多土耳其人跑去德国打工。"

"这个我也有所听闻。"以前听千叶提起过，正处于经济成长期的西德，国内人手不足，所以雇用了大量的外籍务工人员，其中土耳其人占大多数。再加上新闻也有相关报道，奈美不会不知道。梅米特接着说："这些外出打工的人，有发了大财的，也有铩羽而归的。那些搞赌博、吃喝玩乐、不遵守戒律清规的人，赚再多，最后一个子儿都不会剩下；而那些努力赚钱又善于经营的人才能捞金凯旋。您知道他们是怎么回乡的吗？"

奈美摇摇头："您说。"

"乡下出来的人，赚了钱，都会从德国开着奔驰回家。乡下的路都没铺好，开车的话，一路都会尘土飞扬。当看到车子放慢速度，停在哪家门口后，全村子的人都会出来夹道欢迎，这让他们很有面子。从此乡下的人也梦想着有一天自己开着奔驰在家门口扬起尘土。哈哈，也是好玩儿。"

"嗯，可以理解。有个词叫'衣锦还乡'，指的就是这种情景吧。"

"西德的繁荣也有我们土耳其人一半的功劳，可是经济稍微不景气，他们就开始裁员了。真是用完就扔，而且还嫌你碍事儿，太不像话了！"梅米特有些愤愤不平。奈美也不好说什么，只能应一句："这样啊……"

"马上就到了。"梅米特把车开进一条小道，开心地说道，"去年刚搬进了个像样点儿的公寓，周围都是从德国回来的人，只有我是从日本回来的，哈哈哈。"

公寓外观都大同小异。梅米特在一处门前停下，门口的台阶上站着一位四十多岁的女性。梅米特边走边夸耀道："这里每家看起来都差不多，但我们家是最新的，家具也齐备。"末了又加一句："一共是五层，我们买了一层二层，往后儿子从德国回来也需要房间住。我们还有一个仓库。"梅米特看向门口站着的妻子，向奈美介绍："我妻子，哈利露。我去停车，你们先聊。"

说完又钻进车里。

"欢迎欢迎,好久没跟日本人聊天儿了,所以刚才都没敢吱声。"哈利露说着,友好地伸出柔软的双手,奈美连忙上前握住,以示礼貌。

"您的日语发音非常好听。"

哈利露笑着说:"我离开日本已经二十五年了,现在还时不时跟丈夫用日语聊聊天,免得两个人都忘记怎么说了。"

"这么用心,真是难得。"

"其实也没有,只是图个方便。比如我们出门,遇到要给小费时,就会用日语商量给多少,这样别人听不懂,也不会尴尬。"

"我们住在二楼。"哈利露邀奈美进屋,两人慢慢往楼上走去。奈美觉得哈利露长得英气十足,鼻梁高挺,双眸深邃,五官如果更硬朗些,就是标准的美男子长相。奈美边走边说道:"真是不好意思,突然来访,还害得老板早早地关了店门。"

"瞧您说的,他开店也不为赚钱,纯属爱好。心情不好了,关门好几天也是常事。来,这边请。"哈利露领着奈美来到会客室。房间的角落里放着一张书桌,还有一个书架,书架上摆着日本的人偶。

"啊,这不是神户吗?"奈美看着墙上的油画,一种熟悉的感觉涌上心头。不同的画家会从不同的角度描绘山里看海的神户风景。这幅画主色调为黄色,整体氛围十分明快。奈美感到亲切,不光是因为画里是家乡一景,同时那还是奈美童年时期眼中的神户。哈利露见状,问道:"奈美小姐,您是神户哪里人?"

"御影县。"

"我住在山本通。这是我在家后面的山上画的。"

"这是您亲手画的吗?"奈美又靠近看了看。画面右下角,用钴蓝色的颜料写着 HARIR。

"我以前画过不少,虽然画得不好,但就是喜欢画。"

奈美由衷地赞美道:"您画得很好,我非常喜欢这幅画!"画面里山坡上洒下来的阳光,照得人心里暖洋洋的,是那样恬静和煦。哈利露把手搭在奈美肩上,有些不敢相信地说道:"真的吗?没想到您能看得上。"

"我以前也画过一段时间,看得出来您画得很用心。尤其是现在的神户到处高楼林立,已经看不到这样的风景了。这是二丁目农田下的风景吧!"

"您眼力真好,那是我最喜欢的地方,之前经常在那儿写生。"

打仗的时候,城市里会留几亩田来种些白薯跟南瓜之类的作物。战后才过去十年,这些田就不见了踪影。北野町二丁目的一处房子被拆了,遗留下将近三百平方米的空地,空地在那儿闲置了好久,后来被人用作了菜地,这也算是城市里难得一见的奢侈景观。

奈美叹一口气道:"田野都没了。"

"是啊,我们走了以后,日本发生了翻天覆地的变化。东京奥运会、新干线、世博会,还有神户的港口,我们在新闻报纸上看到或者听别人说起,心都会跟着牵动着。"

"我结婚后就搬去东京了,偶尔也回老家看看,那变化快得惊人。期间有两年去了外国,再次回到神户,觉得很迷茫。神户完全不是记忆中的样子了。"

"迷茫?就是不知道该怎么办、很疑惑的意思吧,明白。"说着,哈利露拿来一盒糕点,打开盖子,递到奈美面前。过了会儿,又把泡好的红茶端出来给奈美品尝。盛情难却,奈美便一口饮尽。

"很好喝。"

"您刚才夸我的画,现在又夸我泡的茶,如此赞美,不敢当啊!"

"这跟我在店里喝的是同一种茶叶吧。"

"懂茶之人,才品得出好茶。"哈利露的日语果然比梅米特说得地道,而且言语间还含着藏不住的优雅。

奈美只身一人来到陌生的国度,在这里遇到了在日本长大的土耳其夫妇,现在还受邀来他们家里喝茶。夫人画里的景象,竟是儿时记忆里家乡的模样。简直太不可思议了。哈利露喝完红茶,开口道:"梅米特也喜欢画画,我们算是志趣相投。当时在神户的土耳其人,组建了一个自己的小圈子进行交流,我跟梅米特就是在那里认识的。"

"原来梅米特先生也会画画啊!"

"他画得可比我好多了,我只会画点儿这样的风景画,自己想当然地涂涂抹抹而已。他不一样,他什么都会画,不管是塞尚[1]、戈雅[2]、毕加索,还是

---

[1] 保罗·塞尚:法国著名画家,其作品由印象派发展成立体主义派,被推崇为"现代绘画之父"。

[2] 戈雅:西班牙浪漫主义画派画家,其画风奇异多变,早期巴洛克式画风,后期类似表现主义。

马蒂斯[1]那样的画,他都不在话下。"

"您丈夫真是有才华啊。"

"有才华是有才华啊……"哈利露话说一半,犹豫了片刻,继续道,"但这些才华没有用在正道上,让我很是苦恼。"奈美突然想起,之前在店里,梅米特对她半自嘲似的说过"卖的都是仿品"。

"当时处于战后,社会秩序比较混乱,很多没落的富贵人家会把家里的古董藏品拿出来卖。那些暴发户和美国的军官都是潜在的买家,而且那时候的人比较好骗。您……懂我的意思吗?"这些话对于哈利露来说,无疑是难以启齿的,她这么说,是想先交代好故事背景,这样听的人也更容易理解些。奈美回答道:"基本上能明白。"

"我丈夫有这个画画的本事,于是他就开始自己做仿品。不光是油画,在版画、陶艺方面都有涉猎。"

"光是制作吗?有拿出去卖给别人吗?"这毕竟不是什么让人愉快的事情,但奈美还是忍不住问了。

"当然有,而且自己做不了的情况下,就会承包给别人。各种各样的仿制品都有,数都数不过来。我们那时已经结婚了,但很长一段时间我都毫无察觉,也是糊涂得不行。"哈利露歪着脑袋,双手捧起脸颊,一脸的无奈。

去停车的梅米特迟迟不归,楼下也一点儿动静都没有。仿制品的事,梅米特只起了个头,是准备让夫人把来龙去脉讲个明白吧。

奈美向哈利露发问:"您为什么要对我说起此事?"夫人理所当然地答道:"因为您是林先生的朋友啊,我们自己的事儿,与其听他转述,还不如亲自告诉您。"

奈美跟林辉南不过是点头之交,往后能不能再见面还不一定呢,但这对夫妇似乎就已经认定了林辉南会把他们夫妇俩的事情告诉她。他们定是觉得她跟林辉南关系不浅。之前梅米特也说过理由,因为奈美是林辉南喜欢的类型。

哈利露用手指轻轻敲打着桌面说道:"您应该不知道我们当时的处境吧。在战前就一直待在日本,虽然是土耳其人,但没有入土耳其的国籍。在日本

---

[1] 马蒂斯:法国画家,善于运用色彩,是野兽派的代表人物,以使用鲜明、大胆的色彩而著名。

政府看来，我们就是无国籍人士，在外国人登记表上也是这样填的。"

"这是怎么回事儿？"

"祖父还有父亲那辈人以前住在俄罗斯。虽然身为土耳其人，但是是作为俄国的公民在那里生活，经商赚了点儿钱，日子过得也比较安逸，直到俄国的大革命爆发，我们才逃难出去的。"

"逃难？"

"我们是跟俄罗斯人一起逃出去的，但我们跟他们的逃难路线不一样。"哈利露开始讲述自己族人的故事了。梅米特还不见身影，怕是准备让妻子把所有的事情都交代清楚吧。哈利露从桌子底下抽出一张地图，摆在奈美面前，用手指着一处说道："这是里海，这是伏尔加河。"

每次看世界地图，奈美总觉得里海比黑海更优雅。黑海在地图上横着扩散开来，里海则是竖长的一条，再加上俄罗斯民谣《里海船歌》，里海更是让她印象深刻。奈美看向哈利露手指的方向点点头。

哈利露的手指沿着河流缓缓向上移动，突然在一处停下说道："这里是伏尔加格勒州，这名字很陌生吧。"

"是，头一次听这名字。看这上面画了两环，我想应该是个很大的城市。"

"我们的祖先在里海边建立港口贸易，让这座城市慢慢繁荣壮大。大家以前都管我们叫鞑靼，早在俄罗斯人入驻之前，土耳其民族就已经在这片土地上生活了三百多年了。"

"真是长见识了。"里海与黑海中间以南，往下走便是土耳其共和国。离得这么近，相互之间肯定不会毫无干系，但奈美一直以来都没把这两个地方联想到一起。

"您不知道也在情理之中，这里之前名为斯大林格勒[1]。"

"斯大林格勒？这我倒有所耳闻。"奈美喜欢历史，大学时期还经常去听历史讲座。她知道"二战"时斯大林格勒也是硝烟弥漫、战火纷飞之地。德军为了孤立莫斯科，率军包围了伏尔加河的港口城市斯大林格勒，不料遭到了苏联军队的激烈反抗。1943年，战败的德军总司令保罗斯带着九万士兵投降。这次战役成为"二战"中苏联命运的巨大转折点，此后苏联便全方位吹响了反击的号角。

---

[1] 斯大林格勒：现名为伏尔加格勒。

"这个地方在十月革命爆发前被称为察里津，意为皇后之城。俄罗斯帝国灭亡后，城市名也跟着被废除了。后来的斯大林格勒也好，伏尔加格勒也罢，都是苏联人起的名。斯大林逝世后，人民开始批判他的政治主张，以他名字命名的城市也得更换掉名字。"

"领导人的更替，左右着城市名字的更替。真不喜欢这种改变。"

哈利露看了看奈美，继续说道："在16世纪，伊万四世[1]占领了我们的家园，也就是再往上游走……"哈利露手指着伏尔加河往上移动，前面有一个名叫古比雪夫的水库，此处可以明显看到河流变宽，再往上就是一座有两环的大城市。"这里就是喀山了。我们的祖先从成吉思汗长子建立的钦察汗国逃离，来到喀山生活，刚巧这附近也有族人居住。这城市当时可是非常繁荣的。"

"惭愧啊，关于这些历史我一点儿都不知道。"

"这个很正常，就算是生活在那里的土耳其人也未必了解。我们的祖先在喀山定居之前，一直都过着游牧生活。在城市生活的土耳其人大多选择经商，但凡有点儿商业头脑的人，都跑到有发展前景的地方去捞金了。记得我爷爷说过，失去了国土的人民只能靠经商为生，犹太人也是如此。比起那些侵占了我们领土的俄罗斯人，土耳其人显然更会做生意。"奈美听得入了迷，一字一句都深深地刻进了脑海里。

哈利露继续娓娓道来："俄罗斯帝国向东延伸，从西伯利亚到蒙古，然后再到中国的东北部。当时通过运输中国的物资到西方而发家致富的土耳其人不在少数。之后爆发了日俄战争，听说我的曾祖父就是靠买卖、运输军需用品和食物，慢慢累积的财富。梅米特的祖辈们也是做同样生意的，还扩大了业务，在各处开店。我们鞑靼人在东方的根据地就是哈尔滨。"

看来日俄战争使得这个商业民族在生意上有了质的飞跃。听哈利露的口气，住在俄罗斯的鞑靼们，对于俄国的战败，好像并不感到惋惜。

"我们还觉得挺开心的。土耳其人认为自己的祖先是东方人，所以日本打了胜仗，就相当于是帮我们报复了俄罗斯。"

奈美本来全当是听听遥远异国的历史，可话题突然涉及日本，一时间有些不知所措。想了想便接着说道："我听说，以前有相当多的俄罗斯人住

---

[1] 伊万四世：俄罗斯历史上恶名昭著的暴君。

在哈尔滨。"

"确实如此。或许在日本人看来,我们也属于俄罗斯吧。俄罗斯大革命爆发后,住在伏尔加河周边的鞑靼大部分都逃到东方去了。本来我们也没把俄罗斯当成祖国,再说很多人在哈尔滨有亲戚朋友,搬过去也不是什么难事。"

梅米特最开始住在哈尔滨,而哈利露则住在乌拉尔山脉以东的地方,但归根结底都属于同族。生活在俄罗斯东南部的土耳其民族,全称为"田园·乌拉尔·土耳其鞑靼",简称鞑靼。

"我们被称作'移居者',在阿拉伯语里就是难民的意思。听说移居哈尔滨的鞑靼人多达三千,并且大部分人都依靠经商为生。"

哈利露生动的讲述,俨然把枯燥的历史谱写成了一首土耳其民族的叙事诗。

天生具有商业头脑的鞑靼人在逃难时也不忘发挥自己的才华。日俄战争过后,日本以哈尔滨为中心,开始了侵略扩张。"九一八"事变,就是所有事件的开端。这时,在哈尔滨做生意的土耳其人,自然少不了跟日本人接触。而后,漂洋过海去往日本的鞑靼人也渐渐增多。来日的鞑靼人多是没有在哈尔滨扎根的人,这些从俄罗斯东南部过来的土耳其人,想要在日本开创一片属于自己的新天地。哈利露的祖父就是其中之一。

"大家都是从经商起步的。在语言不通的异国他乡,扛着一匹匹西洋人的衣服布料,挨家挨户登门售卖。日子虽然辛苦,但大家都斗志昂扬。1936年,土耳其人终于在神户建起了第一座伊斯兰教寺院。"说着哈利露指了指地图上神户的位置。

"那座寺院也是我爱去的地方之一。"奈美因为有朋友住在附近,所以经常路过此处。一来二去,寺院也如老朋友般亲切了。可前不久,奈美回老家时,却发现周围变了样,那一带都成旅游景点了。奈美心中暗觉不爽。当时正值周日,寺院里围满了闹哄哄的年轻男女,一打听才知道,原来有一档颇受欢迎的电视节目曾在这里取过景,大家都是冲着这个来凑热闹的。不过说到底,这座寺院本就是向众人开放的,自己想要独享从前的那份清静,或许有些太过自私。

哈利露说:"现在我还经常梦到那里。"奈美本以为她说的是作为旅游景点之前、静静坐落于山本通的寺院,可听了下文才知,说的是更早之前的事了。

"当时遭遇空袭,周边都被夷为平地。好在上天庇佑,寺院仅受了点儿轻伤,稍加修缮便恢复了原样。看着留有烧焦痕迹的寺院,挺直腰杆儿,仰望着天空,我们的眼眶都湿润了。虽然当时年纪尚轻,但心中却充满了自豪感。"

"那时的事情我没经历过,所以不太了解。"奈美当时还未出生,她跟哈利露约莫相差十岁。年龄这种东西,对女人而言是很微妙的。奈美刻意注意了下措辞,不想把年龄差异表现得太明显。

"后来战争结束,我真是松了口气。"

"是啊。我以前也经常听父母谈论起战时的种种,谁不想过太平日子啊。"

在第一次世界大战中,土耳其因为支持德国遭受了不少损失,所以"二战"时土耳其就吸取了教训,谨慎了许多。不仅与英法签订了相互援助协议,与德国也缔结了友好条约,并在1925年,与苏联签署了互不侵犯条约。为确保万无一失,双方还曾郑重宣誓,绝不食言。1945年2月,胜负已定,此前一直保持中立的土耳其共和国,这才对德国宣战。苏联对此举十分不满,因而废除了之前签署的条约。据说,战后土耳其加入联合国是为了回击苏联的背信弃义。话虽如此,但1963年,在土耳其与塞浦路斯共和国的纷争上,美国没有给予土耳其支持,这时土耳其又显示出向苏联交好的倾向。看来,一个中小型国家夹在各个大国之间,一定会优先考虑自己国家的利益。为此,其他的恩怨都可以暂且搁置。

在俄罗斯帝国时代,鞑靼人为了奥斯曼帝国的再度崛起,即使遭受迫害也义无反顾,而且主张倡导五湖四海的土耳其族人应合为一体,为国效力。就这样,许多无国籍的鞑靼人都陆陆续续地搬去了土耳其。这片土地虽不是他们的故乡,但好歹称得上是故国。四处飘荡的浮萍,终于可以扎根了。

奈美开口问道:"刚打完仗那会儿,在日本生活有诸多不易吧?"

哈利露摇摇头,回答:"其实不然,我们活得反而更轻松。毕竟土耳其也是联合国的一员,还是有些特权的。再加上我们自己的生意做得有模有样,基本上也没有什么可犯愁的。"

梅米特也随大流取得了土耳其国籍。他以前在外籍小学教学生用阿拉伯文书写鞑靼族语言,现在改教用拉丁文书写土耳其语。两者读音基本相同,只是文字上有所差异,所以备课并不吃力。鞑靼人一直以来都注重教育,小学里也有日语课程。即使在战前,考进日本名校的鞑靼人也不在少数。战后,在欧美院校就读的鞑靼人更是稀松平常。

"当时父亲在日本定居,舅舅正好在东京,父亲就送我去了东京的女校。我的整个学生生涯都是在日本度过的。"

"难怪您日语说得这么地道。"哈利露的遣词造句如此考究,绝不像是跟着周围人随便学的,显然是经过了系统的学习。

"日本的古典文学我也有涉猎,诸如《徒然草》《枕草子》我都很喜欢,大学修的是汉文专业。"

"您可比我厉害多了。"

"过奖了……话说回来,隔了很长一段时间,在日的鞑靼人才陆续回到土耳其。日本复兴,与各国讲和,我们作为联合国公民的特权也就没有了。后来大企业开始重建。朝鲜战争过后,重建之势更是锐不可当。日本的商界一旦联合起来,土耳其的小商小贩根本就无力抗衡。即便把所有个体经营者都联合起来,我们也不是他们的对手,毕竟不是在自己的地盘上啊!重拾自信的日本对外国人就不那么宽容了,战时的怀柔政策如今也不施行了。日子变得艰难起来,鞑靼人开始考虑,回归土耳其也许是个不错的选择。"

战后十年过去了,鞑靼人渐渐消失在日本人的视线里。只有少数有门道、才华不凡的鞑靼人还留在日本。

"梅米特有本事,他就算留在日本也可以生活得很好。不过,他却把才华用在了邪门歪道上。"话题再次回到了哈利露的丈夫身上,"说他是奇才,有点儿过誉了,不过可以肯定,他确实是有天赋的……这事儿虽不光彩,但我觉得没必要跟您隐瞒。"

"这至少是二十年前的事了吧?"

"您是想说凡事都有个时效性吧。这样想来可能时效过了……梅米特这个人,想法比较奇特,他甚至觉得被骗的人自己活该,有眼无珠。好多美术馆跟博物馆都没察觉到他卖的是仿品。他还装作畏畏缩缩的样子来打趣别人,真是天不怕地不怕。"

"看来他是相当有自信啊!"

"这种自信太可怕。他还梦想着有朝一日能骗过东京博物馆。"

"梦想实现了吗?"

"有人挡了他的去路。这个人能辨别出梅米特所造仿品的真伪,梅米特从此就失去了自信,不敢再造假。因为不管怎么逼真都会被那个人识破。"

"啊！那个人就是林先生吧！"奈美猜道。梅米特被林辉南识破，在林辉南面前抬不起头来，哈利露却因此对林辉南产生了近如粉丝般的崇拜之情。这样一切都连上了。

"正是。成为手下败将的事儿，梅米特不乐意我提，我就不多讲了。当时的行为属于欺诈，他也怕林辉南揭发他。没想到，林先生却对他说：'比起造假，去寻找真迹不是更有意义吗？'然后还建议他回伊斯坦布尔，在集市开一个古玩店。当时身边的朋友都陆续回国，我们也有点儿动心了。不过，在此之前我对他做仿品的事情并不知情，后来他这么跟我一说，一时间我还有些难以接受。"

哈利露的故事讲完了，前面关于自己族人的历史倒是说得很细，自己回国之前的经历却一两句话就带过了。现在所有的事情都串联在了一起，奈美的好奇心也得到了满足。

"我们跟林先生的联系也一直没断过。"哈利露用这句话作为结尾。此时，隐约听见楼下传来口哨声。梅米特回来得正是时候。

第五章　哈利街

阿诺鲁多·史密斯医生的家在哈利街。奈美在伦敦生活过一段时间，所以对这地方还挺熟悉的。每当有日本的朋友过来造访，她便会带着他们去杜莎夫人蜡像馆参观，看完蜡像，奈美一般都会领着朋友去附近的哈利街转转。这里人流量较少，非常适合散步放松。

千叶康夫和史密斯医生本来就认识，所以千叶在身体抱恙时，特地选了个有熟人在的医院治病。

听说他们是因为喜欢园艺而相识。园艺也算是千叶康夫唯一的爱好了。在家时，千叶就总爱翻阅各种厚厚的专业书籍，还时常用显微镜观察植物。奈美觉得，这哪里是在搞园艺，分明就是在研究植物学。

奈美来到伦敦，过了三天，才去拜访史密斯医生。去之前奈美郑重其事地打了个电话，说有事请教。虽说亡夫和史密斯医生有共同的爱好，但也没有多深的交情。奈美在伦敦时，与史密斯夫妇也仅有过一面之缘。当时奈美跟着丈夫一起去给史密斯医生送一包植物的种子，可是千叶马上要去利物浦出差了，不能久留，所以就站在门口给了种子之后便匆匆离去了。奈美不免有些遗憾，如果当时进去了，就能早几年看见那对瓷器了，这样也可以很自然地打开话匣子，聊聊这藏品。后来再去，就是取骨灰的时候了，那确实不是个闲聊的好时机。此次前去，倒是可以很自然地打开话题，就怕到时候聊着聊着话题岔开了，就又找不到时机提了。奈美对这件事的重视程度可见一斑，仿佛查明了这盘子跟壶的来历，就象征着新生活的开始。奈美喃喃自语道："我的心思，谁人能懂啊。"

奈美按了门铃，报上姓名后就站在门口，等着女佣去请示主人。过了片刻,史密斯夫人便亲自出来迎接,笑容满面地张开双臂,抱了抱奈美,并在她耳旁轻声说道:"欢迎欢迎。"

"谢谢您,我也是无事不登三宝殿。"奈美礼貌地答道。这时,她突然注意到,史密斯夫人有些异样。夫人嘴角虽是上扬的,但眼里根本没有一点儿笑意,这就是所谓的皮笑肉不笑。奈美暗自臆测,史密斯夫妻俩可能正在闹矛盾,这时忽然出现一个访客,妻子出来应门,努力调节好情绪,但表情还是有点儿僵硬,这很正常。但奈美是提前预约过的,他们应该早有准备才是。

奈美随女主人来到客厅,看到置物架后就挪不开步子了。这个场景奈美虽然已经在脑海里幻想过无数次,但还是难以接受。架子上仍放着那个镶嵌着水晶的时钟,然而半年前摆在其左右的盘子跟壶,现在却不见了踪影。

史密斯夫人见状,小声问道:"怎么了?"这问题奈美正想问夫人呢,只是刚才在门口没能说出口。

"没事。"奈美觉得这样回答,显得太冷淡了,于是又补了句,"我只是有些紧张了,不用担心。"

"请坐,放松点儿。"史密斯夫人说着轻缓地拍了拍奈美的背,像在安抚一个孩子,自己坐在奈美旁边,又隔着裙子,轻抚奈美的膝盖。

"谢谢您,我好多了。"奈美一直想着要找机会问问瓷器的事儿。没想到"主角"都不在了,一时有点儿慌神了。不过,把家里的摆设换换,这没什么大惊小怪的。就算是保守的英国人,房间陈设也不可能十年如一日吧。架子上少了两样东西,反而更好开口聊到这个话题。奈美话到了嘴边,史密斯夫人突然轻轻握住她的手,先一步说道:"您上次过来的时候,我就有预感您还会再来的。您一定很难过吧。"

奈美觉得不对劲,失去丈夫,难过是理所当然的,但这跟我来这里有什么关系?史密斯夫人为什么会有这样的预感呢?真是莫名其妙。

夫人接着说道:"虽然很痛苦,但人终归是要往前看的,与其让您整日郁郁寡欢,还不如让您早儿点知道事实真相,放下心里的石头。我也曾犹豫了一段时间,但几番斟酌过后,还是决定和盘托出。"

奈美听得一头雾水,也就没作回应,只是无奈地抬头看了看没有了瓷器的置物架。

"我想起来了,那天您也一直盯着那儿看,一副冥思苦想的表情。我真是受不了了,当时直接告诉您该多好,想想都后悔。"

奈美丈二和尚——摸不着头脑，自己小声嘀咕道："告诉我什么？"

"千叶先生心脏不好，应该多注意休息，他自己是知道的。可能碍于在公司的地位，除了医生，他谁也没告诉。"

"他还想奔走于最前线吧。"

"我明白，可明明知道有危险，还那么不要命地工作……"

"我没能照顾好他，也有不可推卸的责任。"

"您别太自责，他是有意瞒着您的，想要他坦白很难啊……不过，您应该也有所察觉了吧，那个叫信子的女人。"

"这么说，果然是……"终于弄明白史密斯夫人想说什么了。奈美确实怀疑过丈夫有外遇，只是不知道对方的名字。

有天晚上，奈美正准备泡澡，忽然觉得头晕，就起身回房间。这时却发现原本开着的房门，关得紧紧的。她正纳闷儿呢，这时听见房里传来丈夫打电话的声音……

"她去洗澡了，才刚进去，不会那么快出来的……还是我先到比较好吧，我航班号是多少来着？"听到这儿，奈美悄悄走回了浴室，呆坐了好一会儿。奈美怀疑丈夫不忠不是一天两天了，这通电话正好印证了她的猜想。

第二天，丈夫飞去九州出差，下榻的酒店跟电话号码都已告知对方。这也相当于告诉了奈美。奈美曾幻想过，自己也偷偷跟去福冈，抓他们个现行，但最终没有付诸实践。似乎这件事对她的触动并没有那么大，她甚至觉得自己没那么爱她的丈夫，遇事冷静到有些冷漠的程度了。奈美既不想监视丈夫，也没有多大兴趣去调查这个第三者，仅仅是有些好奇对方是个什么样的人，不过就算不知道也无妨。所以直到史密斯夫人提起，奈美才第一次听说她的名字。

膝下无子，奈美跟丈夫的牵绊未必有多深，再加上娘家境况殷实，也不存在争夺遗产的问题。无论从物质上还是心理上，她对丈夫的依赖都不强，所以一直以来都淡然处之。奈美感觉自己作为一个人，仿佛欠缺了点儿什么。对于第三者的出现，奈美不会忧心忡忡，却可以为了两件瓷器满世界跑。

看来史密斯夫人是会错意了。半年前，奈美挂心的是那两件与父亲的收藏品几乎一致的瓷器，所以当时看着置物架冥思苦想，跟丈夫的出轨一点儿关系都没有。

"您丈夫的病情，之前我先生也都一五一十地交代了，因为怕您太受打击,所以我们没有如实告诉您当时是谁送他来医院的,其实……"

"就是那个信子送他来的吧。"

史密斯夫人点点头,说:"据信子说,当时她不是被千叶先生叫来伦敦的,是她自愿跟来的。事情已经过去半年了,婚姻里男女都难免会犯错,还请您想开点儿,不要太责怪一个已故的人。"史密斯夫人紧紧握住奈美的手,奈美也用同样的力度回握着夫人。

"您放心,我既然了解了真相,就没必要再耿耿于怀了。谢谢您告诉我这些。"

女佣敲门,送进来待客的红茶。奈美啜了一口,又把视线移向置物架,装作不经意地说道:"咦?我记得之前这里摆了一只瓷壶跟一个瓷盘子不是吗?"说完又喝了一口红茶。这样使对话显得更自然一些。

史密斯夫人以为重要的事情讲完了,现在是闲聊时间,所以放松了许多。她耸耸肩,笑着说:"您还记着那两件摆设啊。就在您到的十五分钟前,才刚刚把它们撤走。"

"是吗?"

"说起来,大概在一个月前,我先生有位朋友对中国的陶瓷特别懂行。当时他有事儿过来,无意中看见那壶跟盘子,又是摸又是瞧的,还时不时歪歪脖子,嘴里还念叨'真是奇怪啊'之类的……"

"哪里奇怪了?他是觉得设计上有古怪吗?"

"不是,他说制作方式很奇特。"

"两件都是吗?"

"是的。他说一般的瓷器都是先画好了图样,再进行烧制。但这两件倒像是烧好后,再拿去绘制的。还说有时间想拿去研究研究。今天他就过来取走了。"

"也就是说,表面的图案是用颜料描上去的?"

"光看是不能断言的,他说得经过科学的调查才能知道。您为什么会对这两件瓷器这么上心呢?"史密斯夫人终于意识到奈美的态度超乎寻常了。

"其实,我父亲的收藏品里,有两件跟它们一模一样的瓷器。"

"哦……对了,格林先生,就是我刚才提到的,我先生的朋友,他是个收藏家,什么样的藏品没见过,但他说这个纹样还是头一次见。"史密斯夫人一副难以置信的表情。

奈美想到了林辉南，便告诉夫人："我认识的专家里也有一位这样说过。"

"跟您父亲的藏品一模一样，应该只是个巧合吧。但这东西也确实罕见。"

"格林先生一看便知制作方式不寻常吗？"如果真是这样，那此人也太厉害了。林辉南和梅米特都没能一眼看出来，格林先生想必研究得更深，一定是精通此道，所以才有如此的洞察力。奈美瞬间觉得，林辉南被这个素未谋面的格林先生给比下去了。

"不是的，我刚刚也说，他在那儿端详了好一会儿，还用手滑过表面，自言自语地说着什么。蓝色的线条是有些凸起，但不能确定就是后来画上去的，一切只有等他调查过才知道。"

听夫人这么一说，奈美松了一口气。之前翻资料的时候了解到，瓷器上有颜料凸起，实属常事，九谷烧[1]就以此为特色。

"史密斯医生很喜欢中国瓷器吗？"奈美稍微转移了下话题。

"没有。他就喜欢摆弄花花草草，之前您先生不是还送过他一包日本花的种子吗？"

"是，这个我记得。"那是奈美跟史密斯夫妇第一次见面。

"第一年的时候种出来了，第二年就不行了，好像这个品种很难连续开花。我受我先生的影响，不知不觉也喜欢上园艺了，还挺有意思的。"

"那是不是史密斯医生的父亲喜欢瓷器呢？"

"不，他父亲喜欢射击和打猎。"

"那这壶跟盘子是……？"

"那是我出嫁时，我爸爸送我的结婚礼物，说是这个设计寓意百年好合。"

"原来是您父亲的收藏啊。"

"那倒不是，这也是别人送的，我爸没有收藏的习惯。他辛苦了一辈子，对谁都好，这两件瓷器就是我爸以前关照过的中国人送的。"

"中国人？"

"是啊，中国人送瓷器不是很正常吗？"

"这东西有些年头了吧。"

"这个不清楚，我爸对这方面并不讲究，主要看重的还是送礼的人有没有诚意。"

---

[1] 九谷烧：日本彩绘瓷器，发祥于九谷因而得名。

"您父亲把它们当成新婚礼物送给您，可见还是很喜欢这两件东西的。"

"那是自然。我爸以前担任过中国政府的顾问，那可以算是他人生中最辉煌的时期了，他年纪越大越爱提那段往事，我听得耳朵都快生茧子了。战时，他负责从缅甸运送物资到中国。"

"那可真是老早以前的事儿了。"对于战后出生的奈美来说，战争时代听起来远不可及。

"差不多在1940年左右吧。他把襁褓中的我留在英国，自己远赴东方。退休后，他老爱夸耀自己的丰功伟绩，说得就跟亲自改写了历史一样。我们听着只觉得滑稽，但是看他讲得这么投入，也不忍心泼他冷水……现在想想，以他当时的年龄和职位，他只不过是历史进程里一颗小小的螺丝钉罢了。"

奈美从史密斯夫人的话语间，感受得到她对父亲的孺慕之思。即使没有那些光辉事迹，她对自己的父亲也是充满敬爱的。待史密斯夫人从回忆中缓过神儿来，奈美不紧不慢地问道："那对瓷器有什么典故吗？"

"您家的那两件有什么来历吗？"

奈美摇摇头说："家父已离世，也没有留下跟瓷器有关的记录，因此具体是在哪儿买的亦无从得知了。真后悔当时没问问他这东西的由来。不过，越是疑云满布，就越想一探究竟啊。"

"十年前，我爸也走了……不过，说不定他那里有相关的记录。之前送爸爸瓷器的中国人经常与他有书信来往，可能里面会提到吧，我也说不好。"

"那信件现在还留着吗？"

"遗物基本上都在我哥那里，按他的性格应该都会保存得好好的。他现在还没下班，等晚上我打电话问一下吧。"史密斯夫人的语气明显轻松了，或许是受奈美的热情感染，她也迫不及待地想要看看那些信件，况且还可以勾起她与父亲之间的回忆。

"真是麻烦您了。"

"格林先生的调查结果，今天是看不到了。我哥那边应该没问题。我爸在寄信之前，习惯先复制一份。所以如果没被扔掉，来往的书信都能对照着看了。"

"那真是太好了，如果有线索，那查找起来就方便多了。"

"奈美，我总觉得我们之间是有着某种联系的。"对这个比自己年轻的异国女子，史密斯夫人头一次直呼其名。

"我也这么觉得。"奈美的脑海里突然闪过林辉南的笑脸。在托普卡帕博物馆,与他的相遇也称得上是种缘分了。奈美在努力思考"缘分"这一佛教用语用英语该怎么表达,这个词似乎比"命运""牵绊"一类的说法有更深远的意义。

"我想起来爸爸的一句口头禅,'人世间所有的相遇皆因有业',可能是因为他在印度和缅甸待了很长时间,思想多少会受一点儿佛家的影响。"

所谓"业",在印度语里可以理解为"宿命",即为缘。这一概念不知从何时起也被欧美人所接受,想必像史密斯夫人的父亲这样被影响的人不在少数吧。

先前去电时,已得知史密斯先生在医院脱不开身,家里只有夫人一人,奈美说没关系,所以史密斯夫人就自认为,奈美这趟过来是要找她聊千叶康夫外遇的事儿,现在重点话题都放在瓷器上,她也松了口气。

临走时,史密斯夫人送奈美到门口,边走边说:"我叫安,您以后直接叫我名字吧。"

"好的,安,再见。"

夫人打开大门,凑到奈美耳边细声说:"我听说有人在伦敦看见过那女人,好像是在一个日企还是日系的店铺里上班,不过您完全不用在意的……"

告别了史密斯夫人,奈美沿着哈利街一直走到德文郡。她觉得自己正被一条线牵引着,而线的另一头,有一个截然不同的世界在等待着她。

乘上返回酒店的出租车,奈美看向窗外。街头的男男女女,不管是游客、驻英的商务人士、他们的家属,还是留学生,都不乏日本人的身影。跟六年前相比,在英国的日本人数量明显多了起来。在面向日本游客的免税店里,通常也会有日籍女店员。这时车窗外正好就走过一个貌似在免税店工作的日本女性。奈美不禁想起了丈夫的情妇,她到底是什么样的人呢?可笑的是,丈夫会喜欢什么类型的女人,奈美一点儿都摸不着头脑。一起生活了十年,奈美对丈夫还是一无所知。现如今她也没那个自信说,自己才是千叶心仪的类型。

回到房间,奈美在床上躺了一会儿,明明事情才刚刚开始,自己却觉得如此疲倦。晚餐后,过了许久,奈美才接到了史密斯夫人的来电。

"我哥把信件都保存得好好的,只不过都放在地下室,现在不方便拿出来。等他周日整理好了,我去复印一份,正好我也好久没见过爸爸的亲笔信了。"史密斯夫人还带来了一个重要的消息:"格林先生跟我联系了,他说那上面的图样,是烧制之前用钴蓝色颜料画的,烧制之后又添上了新的,他从来没见过这样的工艺。后面画的用药水可以洗掉,但是他觉得还是不要破坏的好,所以打算制作一份绘制前的复原图。他还说烧好后添上去的线条更多,所以复原图看着会简洁许多。等他把图做出来,我带着爸爸的来往信件给您一起送过去。"

第六章　来往信件

　　三天后，史密斯夫人打来了电话。事情处理的速度比奈美预想的要快。

　　"实在是不好意思，我都忘记您是来旅游的了。您的时间如此宝贵，我还拖了这么久才回复您。我已经催促我哥把信件复印好了。至于格林先生那边，一时半会儿是拿不到复原图了。他有急事飞去美国了，他说回国后，再把图给我寄过来。总之，我先把信件给您送去吧，正好我也去那边办事儿。如果您要是有事外出的话，我就把信件寄放在前台，反正不是很大件的东西，应该没问题的。"

　　奈美并没有打算外出，所以就跟史密斯夫人约好下午5点在酒店碰面。她们在大厅聊了十分钟，史密斯夫人把一个信封交给了奈美。

　　"我也是头一次看，我爸跟那个中国人的关系，我到现在才略知一二。"

　　"信里提到瓷器的事了吗？"

　　史密斯夫人点点头说："是有提及，不过中间有些专有名词，我不是很了解，所以看不太懂。我已经按照时间顺序把信排列好了。果然，我爸是有备份的。"

　　"太谢谢您了！"

　　史密斯夫人离开后，奈美独自返回房间，拆开了信封。

　　第一封信的收信人处写着"亲爱的罗伯特·诺顿"，这是史密斯夫人父亲的名字，文末寄信人署名"WANG CHIN KUANG"。字写得还算规整，所以不难辨认。单看拼音，奈美不知道对应的汉字是什么，但可以猜出这个"WANG"应该就是"王"这个姓了，"WANG"也是一位有名的棒球选手的昵称。这位王先生的信都是用手写的，而诺顿先生的信则是用打字机打印出来的，唯独最后的署名是手写的。因为手里这份是复印件，所以看不出来是用什么纸张书写的。王先生的第一封来信，日期是 1941 年 4 月 6 日。

  我来此地赴任，已有一个月的时日。本想早日与您联系，无奈琐事缠身，迟迟未有时间动笔，还望见谅。

奈美扫了一眼最后的落款，地址显示：IN KUNMING。奈美出门在外，随身带着一张世界地图。她在索引里找到了这个地名，写作昆明，是中国云南省的省会。听说那里风景秀丽。奈美盯着地图看了好一会儿，城市的位置都画了圈，圈着昆明的那块区域下面涂成了蓝色，表示近旁有一片湖泊。看来这个地方靠近缅甸，除此之外，奈美也看不出个名堂来，于是接着看信。

  今日正值周末，难得的闲暇，所以有了写信的兴致。当地的职员们昨日就开始休假了，昨日是清明，在中国是扫墓的日子。对于我等背井离乡的人来说，清明是望乡的时节。我的故乡就在上海的近旁，如今被日本军占领，故土已无容身之处。我隔壁房间的刘教授夫妇也是远离家乡，搬到此处。一日，我打趣道，同样是望乡，您的身边还有夫人作陪，真叫人艳羡。刘教授一听，脸立马沉下来，眼眶都湿润了。我意识到自己这话不当讲，那为什么讲了呢？大抵是孤身一人久了，心生了妒忌亦未可知。家中有病重的老母亲，妻子只得留下照顾，跟随不了我这个做夫君的脚步。我的工作内容很简单，就是与被日军占领的地区进行消息互通，不过出于工作性质的原因，无法与家人相见。不过纵使我与妻子已有三年未见，但对彼此的心意是不会改变的。
  至于那件事，我在信中也从未向妻子提起，没必要让她担心。在完全处理好之前，我都会三缄其口的。多亏了您，重庆那件事才得以平息，所以在告诉妻子之前，我先写这封信告知您。

奈美再次摊开地图，找到了重庆的位置。她知道在日本侵华战争时期，国民政府将根据地迁移到重庆。相较于昆明，奈美对重庆的印象要清晰许多。

  若是说在通知妻子前，先给您写信是为了练练手，未免显得太不尊敬。但不可否认的是，我与妻子通信的内容，大部分是关于您的事情。

我太太专攻英国文学，在她心目中，您的地位堪比大侦探福尔摩斯了。总之，在这里诚心地给您报一声平安。

王先生的第一封信结束了。第二封是诺顿先生的回复，收信人处写着"王教授"。想必这位王先生是在昆明的大学里任教的老师。

收到您的来信，得知一切安好，甚是欣慰。纷乱刚刚平息，还望不要过度操劳。已拜托在上海租界的朋友，争取与尊夫人取得联系，但碍于国际形势敏感，身为英国人也不得不避嫌。日军对于机关单位还有报社，都擦亮了眼睛死死盯着，一点儿风吹草动，也可能引起轩然大波。如果贸然行动，定会给尊夫人带去不必要的麻烦。所以此时，万万不能打草惊蛇，还是多加谨慎为妙。

重庆一事，算是彼此都多了一个教训，结果被尊夫人当成福尔摩斯，真是抬举了。至于通过香港的关系与您家人取得联系，还望再三斟酌。日本的势力已逐渐向香港蔓延，信件内容切记不要出现过激的词语。您应该清楚，我的担忧不是杞人忧天。滞留在日本的英国人和美国人都陆续回国。在上海的更是收拾好了行装，准备随时撤离。看来都是预感到了暴风雨将至。

近日接到通知，我即将从仰光转移到加尔各答，本以为可以更靠近昆明，谁想是离得更远了。人生无常，只能道声彼此珍重！

6月25日书

第三封信依然是诺顿先生写给王教授的，内容只有短短两行。

此前说到去加尔各答就职一事突然提前，今日就得启程，住址已另附说明。指不定哪日会指派我去往上海出差，届时有力所能及之处，请尽管开口，乐意效劳。

6月30日书

1941年6月，距离日本向英、美宣战还有半年时间。罗伯特·诺顿先生可能原本是在英国政府供职，后被指派到中国做政府的顾问。记得史密斯夫人提起过，父亲曾负责从缅甸到中国的物资运送。奈美猜想，王教授在重庆时，应该是被卷入了什么麻烦中，最后因诺顿先生出手相救，最终化险为夷。诺顿先生就此成了救命恩人一般的存在了。把诺顿先生比作福尔摩斯，想必他一定有过人的洞察力以及推理能力。此后两人告别，一个离开重庆，去昆明开辟新天地；一个几经辗转，去往加尔各答赴任。

第四封信是从昆明寄往加尔各答的。

> 愿上苍眷顾，在您动身去上海之前，能收到此信。

王教授在信件的开头就表达了如此迫切的愿望。当时的信件邮寄自然不如现在便利，时有错过也不足为奇。奈美接着往下看。

> 在我的强烈要求下，各方已同意我与您继续保持书信来往。我已将写给妻子的信件交给了香港的熟人，只望对方能早日进入上海租界。我最为担心的还是母亲的病情，前阵子听说有好转的迹象。上海就在近旁，以此为由，前往上海的医院治病，应该不会引人怀疑。
>
> 7月8日书

那时日本在中国盘踞已久，上海在战争的泥沼中越陷越深。日军试图策划一场更大规模的战争来打破僵局。如今四十年过去，历史清晰可见，但对于当时身陷桎梏的人们来说，却只能战战兢兢地艰难度日，不知道明天还会不会到来。短短的几行书信，满溢着紧迫感。第五封信的日期是9月7日，距上一封已时隔两个月。

> 已收到罗林松转交给我的信。

看来这两个月的时间他们依然在保持联络。当时加尔各答与重庆之间定期会有航班进行信件运送，不过令人不解的是，诺顿先生为何要通过他人之手将信转交给王教授？难道说除了书面内容以外，还有口述的信息？然而在所有的复印件里，并没有找到诺顿先生交给罗姓人士的那封，不知道是忘记复印了，还是故意没有备份。

两日前，通过香港的关系，终于收到了妻子从上海寄来的家书。妻子在上海承蒙您照顾，不胜感激！中国古时一位思想家提出，人世间有五大重要关系，被称之为五德。在封建时代，君臣关系为首要；其次是父子关系，因为儒教社会里，母亲在家庭中的分量是不如父亲的；其三，是兄弟姐妹的关系；其四，是夫妇的关系；最后是朋友的情谊。

我十分钦佩一位名叫谭嗣同的爱国志士。19世纪末，他为国献身，英年早逝。他曾经说过，在这五德中，最有价值的当属友情。此番大胆的言论受到不少保守派人士的抨击，但我认为这个观点不无道理。君臣、父子都是上下级的关系，是不平等，同样是不自由的。而就现状来看，夫妇之间能够做到平等的，也是少之又少。在中国，男女平等还有很长一段路要走。唯有朋友之间，才可能真正实现平等、自由的相处模式。这样说或许有些牵强，但自从遇见您之后，我才切身体会到友谊的珍贵，能与您成为朋友，是在下的荣幸。

提笔起书，忍不住真情流露。情之所至，倒有些伦理说教的意味了，让诺顿先生见笑了。昨日是旧历的七月十五，人们都忙着祭奠先祖。传说，身在极乐世界的亲人们会在这个时候回来看望在世的家人，可以说是亡灵的假期。根据地方不同，风俗会有些许差异。不过，一般来讲都是七月初一迎进门，月末再把祖先的灵魂送回去。七月半正是月中，家人会准备好饭菜，让亡灵享用。隔壁的教授夫妇俩亦不例外，昨日也用心备好了宴席。这一次，我不再羡慕了，因为有您的帮助，我与妻子也能够互诉衷肠，由此也能一解离别之苦了。

更让我欣喜的是，妻子在上海交到了一位朋友。这位朋友虽然是侵略我国的日本籍的女子，但妻子说这位日本友人对她关照有加。您的来信又让我更加具体地了解到事情经过，您眼见为实，必定是错不了的。面对这位日本女性提供的种种帮助，家妻不知如何回报。胡乱买些礼品相赠不但显得不真诚，而且会削弱这份可贵的友情。因此妻子在信中向我提议，我俩分别时，各自都带了不少物件在身边，如遇知己，便把这些随身珍藏的物品一一送出。妻子的密友已收下了她的礼物，我已托罗林松给您送去了瓷盘与瓷壶各一只，以此作为友谊的见证，还望您笑纳。

看到这里，奈美不自觉地两眼放光。信件里终于提及她朝思暮想的壶与盘子了！她满心雀跃地拿着信纸，深吸一口气，调整好情绪，继续往下阅读。

  那壶与盘子是家传的藏品，本来各有两件。我与妻子分别时，各持一盘一壶，凑成一对，意为夫妻同心，即使天涯之隔，此情依旧。两只壶并无二致，盘子互为镜像，可视作正反两面，但纹理是相同的。

  远赴任职，所带之物本应越少越好，但这两件瓷器于我有特殊的意义，看着它们，心里也会充盈些许。尤其是在这样动乱的时代，这瓷器成了我们夫妇二人的心灵支柱。只要瓷器还在，日子就能撑得下去。

  我与妻子经受了巨大的考验，这点您再清楚不过了。当时在重庆发生的事情，您是参与者之一。现在妻子在上海的经历，您亦是亲耳所闻、亲眼所见。我虽不是基督教徒，但在此也想对造物主道一声感谢。正是上帝送了您这么一个善良而又睿智的朋友给我，所有的难题才都得以解决。不光是我，我的妻子也收获了弥足珍贵的友谊。两位贵人都是来自不同国家，如此情谊，送任何礼物都显得苍白，我夫妻二人无以为报啊！

  转念一想，那对壶与瓷盘，对于我夫妇二人意义重大，绝不是可以用金钱衡量的物品。将之送给恩人，已是一种精神上的馈赠，其中的分量不会单薄。妻子与我的想法不谋而合，果然是心有灵犀，王某不胜感动。

  这份心意，您能收到就好。我将瓷器托付给了一位英国人，他是空乘人员，可以在昆明与印度自由出入，交由他负责应该不会有差池。只期望物品能安全送达加尔各答。

  这四件藏品，虽然不能在我家继续传承下去了，但王某并不觉得遗憾，反而颇感欣慰。此举是为了报答恩情，这一切都是值得的。若是送去鉴定，恐怕鉴定家不会认为这有多大的艺术价值，不过，这壶与盘的价值本就不在瓷器本身，因此旁人是无法看见的。

  按照中国自谦的老话，送礼当说"小小意思，不成敬意"。在此，我愿摒弃这不合时宜的谦虚，真诚地说一句："唯有此物最表真情，还望您能欣然接受。"

这封信，奈美读了两遍。那盘子与壶果真原本就有两对。王教授夫妇二人为报恩，送给了各自的贵人。诺顿先生把瓷器作为结婚礼物，转赠给自己的女儿。而王教授夫人的那对，赠予了哪位贵人就不得而知了。在来往的书信中，王教授夫妇二人遭遇的事件内容并没有具体说明，毕竟双方都是当事人，没有必要再费笔墨说明事情经过了。而王教授夫人的遭遇，诺顿先生与夫人本人皆已写信告知过他，因此在王教授的回信里，更是无须赘述。从王夫人把瓷器送给了一位日本女性可以推测出，现在摆在奈美娘家的壶与盘，便是当年王夫人手里的那对。信件中未提到这位日本女性的名字，只知道她当时人在上海。那么这位女士与今川家到底有何关系呢？

奈美在家里五个孩子中排行老幺，父母均已离世，想要查清楚瓷器的由来，恐怕不是那么简单的事情。奈美的母亲礼子一辈子都没踏出过国门，她还颇引以为傲。

昭和十六年，也就是1941年的时候，奈美的母亲三十三岁。奈美的父亲当时经营着家族的生药产业。无论是在战前还是战时，都经常去中国进货。奈美小时候总听父亲说起上海的种种，比起他去英国留学时的见闻还要多。每当这时，母亲便会在一旁嘀咕："你爸走了，留我一个人看家，这样也不错啊，多好。"

王夫人的恩人是位女性，那自然就不是父亲了。况且父亲热爱艺术，收藏这对瓷器的时候，不可能对它们的来历漠不关心。奈美还曾猜想，是不是父亲去英国留学时，在伦敦的拍卖会上竞拍下了这两件藏品，而另一对瓷器原本就是在史密斯医生的府邸的。现在了解了史密斯医生家瓷器的来历后，这段猜想也就不攻自破了。父亲去英国留学，是在昭和十年之前，而诺顿先生收到礼物是在昭和十六年。但是这瓷器应该与今川家是有关系的，奈美知道这对藏品与父亲的喜好不符，所以当时还特地问过他觉得这东西好在哪儿，父亲只是笑着回答："它跟我有缘。"奈美深受感动，因此至今印象深刻。

奈美的父亲坚守这样一个信条：有缘不是我寻物，而是物自到我身边来。

这两件瓷器几经转手，最终到了父亲身边。或许这就是有缘之人赠予父亲的礼物，不存在买卖关系？又有可能是熟人遇到了经济上的困难，父亲想要助人一臂之力，才买下了这与喜好相悖的瓷器？这样一来就不是单纯的买卖关系，而是带有援助的性质，并且此人跟父亲的关系匪浅，不然父亲为什么要去做这样的慈善呢？

各种猜想萦绕在奈美的脑海里，这样猜下去什么时候是个头啊！奈美决定将此事先放一放，继续读信。这封是诺顿先生写给王教授的。

  壶与瓷盘我已经收到了。对于易碎物品，搬运人员都特别注意轻拿轻放。我一个不懂东方艺术的俗人，这么好的东西可惜我不会欣赏。但是看着这两件瓷器看久了，心中会升出一股暖意，真是不可思议。我真真切切地从这瓷器中感受到了您的心意。

  不知道我是否有殊荣受如此大礼，心里诚惶诚恐。本想将您的传家之宝送还给您，但送出去的礼哪有被退回来的道理。收到您的赠礼，我不胜荣幸，也再次向您保证会好生珍藏。这瓷器温暖了我的内心，我虽然不懂艺术，但也可以肯定此作必属珍品。

  记得我上大学时，好奇心使然去听了一堂美术史的课。当时也没怎么用心，讲的内容几乎都忘光了。唯独记得一点，教授在讲台上清了清嗓子，特别强调道："总之，杰作是能够让人为之动容的作品。如果你站在米开朗琪罗的作品前，没有被感动，那你是不能跟风说这就是杰作的。"而您的瓷器对我来说就是杰作。得此宝物，却不清楚其中的典故由来，岂不遗憾？您若是得闲，可否简短地介绍一下？不胜感激！

诺顿先生一定未曾料到，四十年后，还有一个人想要了解这瓷器的故事。这封信写于11月6日，就在12月6日，王教授写了回信，中间正好间隔一个月。奈美看了看日期，突然意识到时间正是日本向英、美宣战的两日前。当然，写信的时候，王教授不可能会预料到此事的发生。诺顿先生收到信时，各地已是硝烟弥漫了。在开战两日后的马来亚海战中，日方空军击沉了两艘英国皇家海军战列舰，分别为"威尔斯亲王号"战列舰和"反击号"战列巡洋舰。距离前线较近的加尔各答，此时恐怕也是人心惶惶。

  得知您收到了瓷器，心中不胜欢喜。就在您的信送达的那日，我正巧也收到了妻子的来信。她信上说，那位日本友人已安全回国，并寄来了问候卡。那对壶与盘终于不用再奔波，我悬着的心也算是放下了，真是感慨万千。听说有一位著名的英国收藏家收藏了不少中国古代的瓷器珍品，诸如青瓷、白瓷、彩绘瓷等，均有涉猎。那对壶与盘跟这些绝品自然是没得比的。它们本身就不是古董，最多也就有个百余年历史。听家父说，那是曾祖父的朋友差人制作的。我不清楚具体缘由，但据说只要满怀爱意地盯着这瓷器看，就能从中看见自己的心爱之人。如您所见，瓷器的纹样复杂多变，长时间观赏大抵会出现幻觉，仿佛其中会有什么端倪显现。

若是心有所思，睹物思人也不局限于这对瓷器；再者若是心有所思，即使闭上双眼，对方的音容笑貌亦是历历在目。诺顿先生大可不必当真。

要说那瓷器，在我儿时的记忆里，它们一直被装在一个巨大的箱子里，家里人都管它们叫"相思青花"。说来也奇怪，有人想要那箱子，父母就卖给他了。我还鲜明地记得当时母亲摩挲着我的脑袋，对我说："这都是为了让你上学。箱子里面的东西都还好好留着，我们不会做愧对列祖列宗的事情。"

当年祖父事业失败，家里面临着巨大的经济危机。但即便如此，家里人还是尽可能地留着祖辈传下来的东西。在我的印象里那箱子非常大，大到可以容下一个人，不过当时我尚且年幼，所以感知和实际大抵是有出入的。那箱子是什么材质的我不清楚，但总之卖了可以换些钱。父母说这箱子里面的东西才是传家宝，箱子本身并无关紧要。可是后来我听亲戚说，箱子里面的一部分东西被卖给了某个富豪。从家里的老用人口中得知，除了那壶与盘子，原本还有花瓶、陶枕之类的物件。

不过，家道中落的状况所幸仅持续了短短数年。我父亲费尽心力，终于重振了家业。不然那对壶与盘子也早就被转手于人了。

在此，我想说我丝毫不后悔将瓷器赠予您。在这动乱的时代，国难当前，家庭摇摇欲坠，这藏品也算是为了一家人的安危挺身而出了。有灵性的杰作是能超越国界的，个人或家族不应长久独占，是时候把它们送到该去的地方了。而现在您那里就是它们的归属，我的心中只有满足感，又怎会后悔呢。况且妻子与我也是同样的想法。

这对瓷器饱含了我的诚意，您若是装饰在家里，王某将倍感欣慰！

下一封信写于次年的 3 月 28 日。

不得不告诉您，我又将启程赴任了。这是作为政府工作者的义务，一切都是为了国家。战火越烧越旺，不过换个角度看，为了早日结束战争,这个过程是必然的。

我的下一个工作地点在澳大利亚,想必这次也不会滞留太长时间。新闻上已有报道,麦克阿瑟将军从菲律宾撤退后,迁移到澳大利亚。因为要建立联合军的事务所,我被任命提前到此做好准备。上头说等他们安置妥当后,便立刻返回加尔各答。我的宿舍依旧会保留原样,所以瓷器我就不带着一同奔波了。抵达澳大利亚后,再告知您具体地址。

继这封信之后,有一年的空白期。在这一年内,或许他们是没有互通书信,又或许只是那些信件没有被保留下来。真相如何,亦未可知。在这之后的几封信都十分简短。

诺顿先生出发前,在加尔各答写下了一封信。时间为1943年8月30日。但此后没有一封从澳大利亚寄出的信件,至少奈美并没有发现相关的复印件。信的末尾写道:

这是在加尔各答的最后一晚。

信中只说了要离开,却并未说明具体去往何处。大概即使是联合国之间进行通信,也不宜透露过多的个人信息。然而,诺顿先生接下来的言论就显得颇为大胆了。

我想,印度受英国支配的时间不会持续太久了。我在印度就任期间,发生了一件特别戏剧化的事情:圣雄甘地入狱。甘地因这次被捕事件,由他发起的反英运动在民众中获得了更多的支持。印度人民渴望独立的呼声怕是要压制不住了。

在此之后,又有数封信件互道珍重。这期间,诺顿先生从开罗转移到了伦敦。王教授在寄往伦敦的信中写道:

代王某向尊夫人与令郎令爱问好。

而从伦敦寄出的第一封信上说:

那对壶与盘,终于可以安心地放在家中的书房里了。

诺顿先生从开罗寄出的信中说道:

正巧遇见了您昔日的同事李氏,便聊了聊您的事情。

1943 年 11 月的开罗会谈中,中国也有代表出席。王教授的昔日同事可能就是出席人之一。

在这一叠复印件里,王教授的最后一封信写于 1946 年 1 月 9 日。而就在前一年的 8 月 15 日,战争便已经结束了,寄信人地址也由昆明变为重庆。

战争终于结束了!香港被日本占领后,虽然能够找到途径与妻子取得联系,但一直没机会见面。如今时隔六年,总算是盼到了再会的一天。听闻母亲的病情好转,我恨不得立马赶回去陪在她身边。但无奈还有公务在身,在返回上海之前,还得去一趟重庆。

一到重庆,脑海里就浮现出当年您出手相救的情景,着实感慨万千!妻子在信中说,在上海生活绝非易事。但是看着那些即将前往上海的重庆人,幸福得就跟要去天堂似的。如果他们觉得在重庆吃了太多苦、去到上海就能够补偿回来的话,那这想法错得也太离谱了。

前路未必是一片光明的,但我愿意着眼于好的一面。在我最乐观的设想里,在不远的将来,我就能去往英国拜访您以及您的家人。我相信总有一天这个设想会变为现实。

最后附上我在上海的住址。

诺顿先生的最后一封回信是寄往上海的。

此刻,我正望着书架上的瓷器给您写信。它们作为我们友谊的见证,一直安静地陪伴着我。不知何故,我那还不谙世事的小女儿,看到那对瓷器也甚是喜欢,时常进到书房,细细端详。一问才知,原来是我某日饮了太多威士忌,迷迷糊糊地对小女说,倘若一直盯着这瓷器看,就能看到你未来夫君的模样。事后,还因此被妻子狠狠斥责了一顿。

您此前提到的来访英国一事，不管能不能兑现，我怕是先要去一趟中国。虽还没板上钉钉，但外交部已有这个意向了。此次前去是为了替日后两国能够和平共处打下基础，为此我也须尽绵薄之力。

　　伦敦的严冬已去，周围开始展露出春景，就如同我们的内心，终于迎来了生机。

　　期待与您再会！

来往的书信，到此结束。至于王教授与诺顿先生有没有再会，谁也不知道。瓷器的由来在信中并未说得十分明确，大概王教授自己也不是很清楚。这位制作瓷器的友人是个什么样的人呢？他当时是抱以怎样的心情制作的呢？不过奈美觉得，自己能看到这堆书信，暂时也可以心满意足了。

第七章 相思青花

奈美在伦敦继续逗留了五日，便启程回了日本。因为那位调查瓷器的格林先生突然告知，他这次前往美国的短期出差要变为常驻了，所以奈美只能选择提前回国。

回到东京，奈美先去墓地看望了亡夫。墓碑是新盖的，上面的大理石光洁得能照出人影。奈美对着墓碑说道："你不在了，我也会好好活下去。你有外遇这件事儿，我一点儿也不生气。"

奈美这个妻子当得中规中矩，既不恶毒，也不算为丈夫倾心尽力。她觉得婚姻生活本该不咸不淡，但内心深处又无比羡慕那些有激情的夫妻。尤其在千叶逝世后，这种羡慕有愈演愈烈的倾向。

扫墓回来后，奈美写了两封信。第一封是写给史密斯夫人的感谢函，顺带让夫人替她向格林先生问好。这样一提，既得体，又提醒了史密斯夫人不要忘了复原图一事。第二封是写给林辉南的。在伊斯坦布尔时，听林辉南说起过他的行程计划，如果没有意外的话，他现在应该是在新加坡。

奈美把诺顿先生与王教授来往书信的复印件又拷贝了一份，准备给林辉南寄去。信封上的地址她已经用打字机打好了，但信的内容她提起笔却又不知该从何说起。若是写英文书信，自然是再方便不过的，书信开头有固定的句式，能让人有个缓冲。但林辉南的日语水平几乎接近母语，没有理由专门写英文的。

其实，我得跟您说一声抱歉。

奈美总算写下了一行字，但又立马把信纸揉作一团。她本想横着书写，可是又觉得竖着写比较妥帖。信的内容，奈美已经在脑袋里构想了无数遍，但迟迟无法落笔。最终她抛开原先想好的字句，又摊开一张信纸，就这样拿着笔，盯着白纸看了好一会儿，终于落笔起书。

这才是给林辉南写信应有的姿态。把预先想好的东西丢弃，想说的话就这样一泻而出，就算有糟粕掺杂其中也无所谓。奈美用竖排字写道：

自那日一别，我时常扪心自问，为何要向您隐瞒那件事，明明没有必要那么做。当时给您看我家瓷器的照片时，您不假思索就说没见过同类的，不过后来您承认当时言不属实。我还记得您说过，"那感觉就像是你在路上吹着口哨，一个转角，迎面碰上了一个很像你朋友的人"。我听后还点头表示赞同。那感觉大概就是因为太过出乎意料，所以震惊得一时间说不出话来。当时您正好引出来这个话题，而我却鬼使神差地选择了继续保持缄默。

在博物馆时，我告诉您我没见过相同纹样的瓷器，实则不然。因为如果我和盘托出瓷器的事情，那势必会牵扯很私人的话题，而我当时并没有准备好向您开诚布公。但现在我愿意让您知道事情的经过。

八个月前，我的丈夫在去伦敦出差时因病离世。我得知后，立马赶往伦敦，去拜访了丈夫生前的主治医生史密斯先生。在史密斯医生家的客厅里，就摆放着跟家父的藏品一模一样的瓷器。但当时我正在服丧，也不可能闲聊瓷器的事儿。并且当时我觉得瓷器的纹样很普通，别人家有同样的也并不稀奇。回到日本后我特地去图书馆以及博物馆查阅了许多相关资料，可是都没有找到类似的。于是我猜测，史密斯医生家的瓷器与家父的藏品之间可能有什么联系。

丈夫去世后，我想找个事情来分散注意力，于是决定好好调查一番这瓷器的背景。为此我再次去往伦敦，想向史密斯夫妇了解瓷器的来历。谨慎起见，去伦敦之前，我先去了托普卡帕博物馆，在琳琅满目的瓷器藏品中，确认有没有相似的纹样。那天正好就与您遇见了。

此前您说会再次折返伊斯坦布尔，或许后来的事情您已有所耳闻，但还是容我做一个简单的汇报吧。梅米特先生邀请我去他家里做客，他的夫人哈利露与我聊了许多，包括您与梅米特先生的友谊，不禁让人感叹世界之小。我在伊斯坦布尔停留了四日，便乘途经巴黎的航班飞到了伦敦。说来也巧，就在我到达史密斯医生家的十五分钟之前，有一位名叫格林的先生对那壶与盘十分感兴趣，并将之带回去进行调查。据史密斯夫人说，那对瓷器是她父亲罗伯特·诺顿送给她的新婚礼物。

诺顿先生已离世，不过他生前做事认真谨慎。战时，在中国担任顾问期间，他与中国友人王教授的书信往来都拷贝存留了下来。书信中提及瓷器之事，所以我拜托史密斯夫人复印了一份，附在信封里。里面清楚地记载了瓷器赠送的具体缘由，但关于瓷器的来历，现在只知道这是王教授的曾祖父的朋友托人制作的。信上说，这些瓷器最多百余年历史，不过可以肯定的是，当初制作它们必有深意。我对瓷器的了解也仅限于书信上提供的信息。作为战后出生的一代，对于只能用书信来往的年代无法生出代入感。无论如何推想，也难有进一步发现。相比之下，您更有阅历，书信寄给您，您细细揣度或许能发现新的线索。请您务必阅读来往书函，并将想法告知于我，感激不尽！

另外那位精通中国瓷器的格林先生，由于要常驻美国，所以他近期没有时间深入调查瓷器之事。但他在带走瓷器的第二天，曾致电给史密斯夫人说，怀疑那瓷器上的纹样中一部分线条是在烧制之前绘上的，其余多数线条是在烧制之后，用钴蓝色颜料再次加工的。并且，他与史密斯夫人约好，会制作一份绘制前后的对比图。现在只能等格林先生的消息了。

想必您已结束旅程，安全回国了。听闻新加坡四季如夏，日本也终于结束了梅雨季节，开始正式步入炎夏。

谨祝安好！

奈美写完信，觉得意犹未尽。她边写边告诫自己，不要在字里行间流露太多感情，但最终成品她又觉得太过平淡生硬了。本想着介绍一些王教授夫妇与瓷器之间令人动容的小插曲，但考虑到那一叠复印件里记载得清楚明了，再做赘述就显得画蛇添足了。

奈美歪躺在沙发上，觉得有些疲乏，如同刚刚完成了一项大工程。不过是给林辉南写封信，至于这么费心伤神吗？奈美自嘲似的扬了扬嘴角。

房间里堆满了大大小小的箱子，下周奈美就要搬出这间公寓了。千叶的上司从纽约回来，需要一个房子落脚。既然千叶已经不在了，奈美也没有理由继续留在公司提供的住所里。这一段旅程已经结束，接下来的人生，她得早做打算。

在学生时代，奈美记得当时读过的文章里有这么一句话：所谓爱，就是把对方放在首位。奈美认为这话不假。在经历了丈夫猝然离世之后，她重新审视这句话，觉得自己对丈夫虽说不上漠不关心，但也绝不是把他放在首位的。就连知道丈夫出轨，她心里也生不出一丁点儿的恨意。爱的反面不是恨，是无情。奈美思忖着，自己的人生莫不是在哪里走错了路？与过去告别、离开东京、搬回神户是她步入新生活的第一步。奈美将调查瓷器作为现阶段的头等大事，此举也可以理解为她是在找寻一个全新的未来。

奈美的兄长们已经为她找好了一处房子，位于神户市内不错的地段，也是三室一厅。即使付全款，奈美父亲留给她的那份遗产仍有剩余，况且是一个人生活，也没那么大开销。人身保险公司支付的保险金，奈美打算一分都不用。千叶留下的房产，租给他人使用，租金她也会一分不少地存着。

奈美从沙发上坐起身，准备出门给林辉南寄信。她把信封封上口，在封面上用拼音写上林辉南的名字，贴上邮票放进了手提包。站到门口穿好鞋，手刚放在门把手上，电话铃响了。

"您好，这里是千叶家。"奈美拿起听筒自然而然地说道。作为商贸公司职员的妻子，不论打接电话，必须要先自报家门。千叶康夫不算是个刻板之人，不过这点基本的礼仪他要求奈美务必遵守。

"您是奈美小姐吧。"

奈美听后差点儿叫出声。这声音分明就是林辉南！

"您是哪位？"奈美的声音僵硬得就跟个机器人似的。

"我是林辉南，我们在伊斯坦布尔见过。"

"哦……林先生，您现在在哪里？"

"我来神户了，现在在酒店里。"

奈美扑哧一下笑出了声，笑得如此开怀，让人完全认不出这是平日里那个端庄的淑女。

"怎么了？"林辉南十分不解地问道。

"我还以为林先生已经回新加坡了，刚给您写好信，正准备去寄呢，这时候正巧接到您的电话。"

"啊，原来如此，确实巧了！那封信您要不还是给我寄过来吧，您记下地址……"说着，林辉南顺便留下了房间号以及电话号码。

奈美松了口气，不知为何，一想到林辉南来了日本就感到莫名的安心。

"我下周要搬去神户了。您会在日本逗留多久呢？"

"这个不好说。我之前告诉过您，我是无业游民，想待多久全看心情。反正不可能就滞留几天，两个星期或者一个月都有可能。"

"那直到我下周搬家，您都会待在神户吗？"

"嗯，我要去九州见一个朋友。既然您下周来神户，我这几日就先去九州，下周在神户等您。"

"好的，下周见。我搬回神户的理由，以及我没有对您讲的一些事情都写在信里面了。"

"哦？那麻烦您给寄加急件吧，我想在去九州之前读到信。"

"可以啊，我现在就换个信封重写地址。"

奈美挂了电话，情不自禁地吹起了口哨。她誊抄着地址，心里乐开了花，仿佛从来没有如此开心过。

第二天晚上，林辉南再次打来了电话。

"我刚看完您的信，还有一起寄来的书函复印件，真是太令人兴奋了！看了那些复印件，我终于能把已知的大量信息联系起来了，缘分这种东西真是太不可思议！关于那瓷器，我还有些东西没告诉您，一两句话说不清楚，还是见了面再详谈。提前透露一点，那瓷器名叫'相思青花'，相思相爱的'相思'，青花瓷的'青花'。"

"相思青花……"

"是的，越发期待与您见面了！对了，我明天要去九州了，一共待三天。那就先这样，再见！"

林辉南听起来情绪很激动，跟昨天比起来判若两人。他给人的感觉一向是镇定自若的，情绪不会轻易外露，但这会儿隔着听筒都能感受到他的兴奋劲儿。看来林辉南知道不少关于相思青花的信息。这半年来，奈美查阅过相关资料，只知道，青花是中国陶瓷的一种烧制工艺。而"相思"这个词不免让人有些心跳加速。

大概，王教授也知道那瓷器名为"相思青花"，对瓷器的由来应该也是略知一二。不然也不会在与妻子分别之际，用有相思之名的瓷器互做信物。

奈美的行李收拾得差不多了。她闲来无事，又重看了几遍书函的复印件，有些地方她甚至都能背下来了。

一晃眼就到了下一周。奈美把随身物品装进一个小手提箱里，登上了去往神户的列车。大件的行李提前寄到了神户，奈美的嫂子来电说东西已基本收拾妥当。

哥哥诚造招待奈美回家吃晚饭。踏上久违的故土，奈美觉得自己倒像是个客人。哥哥生活的房子是奈美的老家，她结婚之前一直住这里。哥哥继承房产后，进行了两次改建和扩建。

诚造看着餐桌上吃剩的晚宴，喝着啤酒，对奈美说道："对了，你之前不是去旅游了吗，你前脚刚走，姐姐就带了个美国女人过来看老爸的收藏。"

奈美听后笑着回道："一定是姐姐硬拉着人家来的。"

今川家五个兄弟姐妹，他们口中的姐姐排行老大，名叫久美。诚造是老二，纯造是老三，然后是四姐芙美，奈美排老幺。大姐久美是个要强的女人，事事争第一，从不让人骑在她头上。后来她嫁到京都的铃木家，她老公性子弱，在她面前大气都不敢出，家里完全是久美说了算。

"绝对是，不然人家一个外国人怎么会来这里看什么收藏。"

"爸爸的藏品确实值得称道，不过姐姐会不会为了拉人家来看而夸大其词啊？比如说这是日本一流的藏品啊之类……"

"哈哈，完全有可能。不过听说那美国女人很有眼光，还看中了几件东西呢！"

"有没有眼光不都是姐姐吹出来的嘛！"

"话是这么说没错。"

"那这个可信度就要大打折扣了。"

"但是看那样子她真的很喜欢，还问我们能不能分给她呢。"

"什么东西啊？画吗？"

"不是，是瓷器。就是那两件有波涛纹的青花瓷，一只壶跟一个盘子。"

奈美听后心情复杂，努力掩饰内心的慌乱，装作若无其事地问道："那……你们分给她了吗？"

"姐姐给的，可不关我的事儿。"

"有点儿过分了吧，就这样随随便便把东西送人。"

"对啊，我也是这么跟她说的。我告诉她，你特地叮嘱我，要处理老爸的藏品得先问下你的意见。"

"亏你还记得。"

"结果,她立马不高兴了,直接回一句,我也是爸爸的女儿,我想要还不能拿了吗?"

"我从没说过她不能拿啊,只是希望爸爸的藏品保存完好,不想随便送给一个不知道哪儿冒出来的阿猫阿狗罢了。"

"那个美国女人是个正经人。"

"可是……"

即便奈美刻意隐藏自己的情绪,诚造还是从她的神情里读出了"失望"二字。诚造把玩着餐具说道:"我跟大姐说了,这个东西都不知道值多少,先别急着送人,还是等奈美回来了再做定夺吧。"

"姐姐怎么说?"

"她说……奈美就知道看重价钱,她该不会是想乘机高价出售吧。"

"她怎么能这样说!"奈美一股怒气涌上心头,放在餐桌上的左手不自觉地握紧了。

诚造见状又慌忙解释道:"不对,她是这样说的……奈美肯定不是那种乘人之危的人。"

"没区别吧。那现在壶跟盘子在哪儿?"奈美说着慢慢放松了紧握的拳头。

"她先拿走了。"

"哪个她?"

"就是那个美国女人。"

"想要拿回来,可不是那么容易的事儿了。"

"是吧。"诚造耸耸肩。

"我去把它们要回来!"奈美说得如此坚定,连她自己都有些意外。

"你确定?我发现你跟姐姐性子还挺像,就一个字,倔!到时候撕破脸皮可就不好看了。"

"你放心,我有分寸。"

"姐姐可不是那么好说话的主儿,你哥哥我已经亲身体验了。如果那瓷器不是那么值钱的玩意儿,估计你也不会这么执着非要拿回来吧。"

"不仅是值不值钱的问题。那对瓷器其实是残次品,她要是知道真相,应该就不会想要了。"

"不是吧！老爸可什么都没说啊。"

"那上面的图案，大部分是在烧制好之后绘制上去的，用化学药品清洗，就会被洗掉的。"

"真的假的？"

"我为什么要骗你，自己试一下就知道了。"

"那确实得跟人讲清楚了。"

"对啊，所以这件事儿就交给我办吧。"

诚造用手肘抵着桌子，长叹了一口气。

从哥哥家回到自己的新住处，奈美望着空荡荡的房子，觉得自己变成了一个十分固执的人。她想给林辉南打个电话，刚走到电话机旁，电话铃就响了。奈美很是奇怪，明明还没把号码告诉任何人，究竟是谁呢？她拿起听筒的那一刻，就明白了。电话那头传来三哥纯造的声音……

"怎么样，房子住得还舒心吗？"

"有劳哥哥费心了，房子很好。"

奈美寄过来的行李都是纯造帮忙打点送到新家的。本来按理说，应该是奈美先致电道声谢谢的。

"我听二哥说了，你这是要宣战啊！你现在守寡，可不能对人这么刻薄，知道吗？"

"房子的事谢谢哥哥帮忙，也谢谢你给我提的建议。"

"房子那都是小事儿，我刚给你说的，你可要听进去啊。"

"知道了。"说着奈美朝着空无一人的房间点点头。

比起大哥诚造，二哥纯造显然更懂得生活，因此奈美也十分敬重她的二哥。纯造是个敏锐之人，想必他已察觉到，奈美经历了丧夫一事，似乎变得有些不近人情了。

"我觉得你最好还是去谈场恋爱，我可不是说笑啊……"

"放心吧，我会给自己找个伴儿的。"

"要找就找个优质的。我可能也是多虑了，你这么有眼光，那些歪瓜裂枣也入不了你的眼。"

"不急，我得擦亮眼睛，慢慢选啊。"

奈美挂掉电话，回想起纯造的提议，嘴里不自觉地蹦出"男朋友"三个字。她又拿起听筒，准备给林辉南拨电话。

回到神户的第一晚，出于礼节，奈美先去了长兄诚造家里。第二天晚上，哥哥嫂嫂们又备好了酒席，准备给奈美接风。但是白天，奈美的时间是可以空出来的。

"吃午饭？可以啊，我也想早点儿见到您。"林辉南在电话那头说道。

"我也是。"现在也只有林辉南能给奈美带去些许慰藉，自伊斯坦布尔一别之后，林辉南的影子就一直在奈美心头挥之不去。那壶与盘子，还有林辉南手上那只花瓶，最初应该都是在一起的。奈美想了想，决定直接发问。

"林先生，您想早点儿见我，就只是为了瓷器一事吗？"

电话那头没了回音。

"我想见您，并非仅仅为此。"既然话都说出去了，奈美也不再矜持，自己先挑明了。

"我也是。真抱歉，这话应该由我先说的。"

"听您这么说，我就放心了。"

"能麻烦您明天到芦屋[1]这边来吗，我有个朋友在这里开了一家中餐厅，里面有间朝庭院的包厢，环境很清静。"林辉南嗓音低沉、吐字清晰，每个字都说得那么笃定沉稳，没有半点犹豫。

"好的，您说地址。"奈美的心怦怦直跳，怕是电话那头的林辉南都要听见了。

林辉南告诉了她去餐厅的路线，却偏偏没说餐厅的名字。于是奈美再次询问，林辉南回答道："您知道去的路线了吧？按照我说的走就能看见餐厅的名字，这名字您也听说过。我想到时您来了，会有恍然大悟的感觉。您记下餐厅的电话，您给餐厅致电只需要报上我的名字，就知道我在不在了。"

"您这是要卖关子呀！餐厅电话您告诉我吧。"奈美有些俏皮地说道。

梅雨季节过去，炎夏正式来临。

早上被阳光唤醒，奈美睁开双眼。一想到林辉南，恍惚间有种身在伊斯坦布尔的错觉。

奈美出门乘坐地铁，后换乘出租，告知了地址后，司机说道："啊，那里呀！我听说那儿要开一家店，这就开业了吗？你不知道店名啊？如果真的开

---

[1] 芦屋：日本地名。

业了,我们这些跑出租的得把名字记着才行。"

地铁站前的出租车,跑的范围都比较有限。十分钟以内车程的店铺,名字都要记着,这样乘客一说就能知道确切位置。司机师傅这话说得像在发牢骚似的。

到了目的地,首先映入眼帘的是一堵白墙,四周一片郁郁葱葱。墙上的油漆未干,明显是新刷的。乍一看,就是一栋普通的西式洋房,但不禁就让人觉得这房子历经了沧桑。

铁质的拱形大门敞开着,奈美在这里下了车。

"是这儿吧?看着不像餐厅,感觉很高档啊。"司机从奈美手中接过车费,也下车走到门口往里瞅了瞅。或许是出于职业习惯,司机特意看了看店招。

"哎呀,这里写着名字呢。"司机说这话之前,奈美就发现了入口处右面挂着的招牌。

狭长的椭圆形店招上,蓝底金字印着:相思青花。奈美故作镇定,登上石砌的台阶,一共有五级。刚走到门口,两扇红木的大门便自动向左右两边打开。林辉南身着一身洁白的西服,已经站在此处恭候了。

第八章　迷桥图

"这里是餐厅吗？"奈美向林辉南发问。自伊斯坦布尔一别之后，这是两人第一次见面。奈美用这句话作为开场白，想尽可能自然一点儿，也是为了让自己放松下来。

"当然了。不过还没有正式营业。"林辉南答道。

走进大门，宽敞的过道向前延伸，过道两侧皆有房间，整体风格像是19世纪的酒店。走廊尽头的墙上，镶着一面彩色玻璃，在此处向右前行，就能看见庭院。院子里草地的前方是一排树丛，再往前视线就穿不过去了。风景于此断开，也饶有一番趣味。

面朝庭院的房间有两扇玻璃窗大大敞开着，即便开着窗，室内的冷气依然令人倍感凉爽。两人围着一张小圆桌，相对而坐。

"难怪当地的出租车司机都不知道这个地方。"

"老板都还没决定好，到底要不要把这里做成中餐厅。"

"那个店招是怎么回事儿？"

"昨天请人加急做出来的。"

"真是吓我一跳。"

"正好老板让我帮他想个名字，我觉得'相思青花'就正合适。"

"这可一点儿都不像中餐厅的名字。"

"老板就是不想走寻常路。"

奈美看向窗外，想起玄关处听到的蝉鸣。虽然开着窗，但从这里却听不到一点儿声音。

"好安静啊——应该说是寂静。这地方一点儿人烟都看不到。"奈美说道。

"怎么会没人呢，从香港来的厨师正在厨房忙碌呢。我想着您晚上还有宴席，就点了些清淡的食物。"

"您想得真周到。"

奈美注意到墙上挂着一幅巨大的山水画。此作并非传统的水墨画，运笔十分大胆，线条气势磅礴，并且看上去像是个半成品。粗粗的线条一笔拉过，运笔的人丝毫不理会颜色是否已经变得浅淡。

"您喜欢这画吗？"林辉南问道。

"是啊，这画挺不错的，正合我的品位。"奈美毫不犹豫地回答道。

在这幅长两米、宽一米五的巨作上，画家尽情挥洒着笔墨。画面中石山临水而生，石山里的小道上架着一座小桥，桥的两侧分别站着一男一女，两人皆只有侧面。男的挑着扁担，女的身着一件粉色衣裳。两个小人儿估计也就十厘米大小。

"嗯？怎么回事儿？"奈美说着，起身走到画作面前。凑近看才发现，画的挂轴向墙里凹陷进去，整幅画都是用玻璃装裱的。因为玻璃会反光，所以离得稍远，就看不清楚画的细节。画中身着粉色衣裳的女人穿的是裤子而非裙子。奈美仔细观察着她手上拿的东西，女人左手持一只细长的条状物，略微向前探出。奈美最开始以为那是笛子，不过又意识到笛子远不及此物的长度。

"啊……是剑！"奈美恍然大悟。这幅画作粗看笔墨挥洒得豪迈不羁，但其实细节描绘得相当精致。剑鞘为蓝色，剑柄则是深黄色。剑锷上垂下来一条朱红色的流苏。

"您觉得画中男子挑的是什么东西？"林辉南问道。

奈美看向男子，他身穿蓝色上衣，下着白色裤子，裤腿挽到了膝盖上方。这回，奈美一眼就看出了扁担里挑的是何物。

"那扁担里是书吧。"奈美答道。

"没错，这两人明显位置对调了。男人持剑，女人拿书才更合乎常理。"

"这其中莫不是另有深意？"奈美细声问道，声音轻得像是在喃喃自语。林辉南在一旁默不作声。

画中的男女隔桥相望，若是以相同的速度前行，两人定会在桥上擦肩而过。山脚下有三处建筑，其中有一座凉亭，四周绿水环绕。水面的上方有题词，以及作者署名和盖印。

"莫达。"奈美尝试着念出来。题词与署名都写得既工整又有力，十分易于辨认。不过奈美虽能识得其形,却不明其意。

"这幅画名为《迷桥图》,这座桥也称为迷惑之桥。"林辉南解释道。

"什么意思?"奈美歪着脑袋,一脸不解。

"据说隋炀帝杨广在扬州建了一座楼,里面汇聚了各类宫殿,身处其中,常常会让人迷失方向,故名为迷楼。而这幅画取名为迷桥,并非流于表面,实则寓意深远。"

奈美坐回原位,问道:"这幅画是在暗喻什么东西吧?"

林辉南点点头。

奈美继续问道:"这个莫达是作者的名字吗?"

"这是画家的雅号,意为无所成就,也没有出人头地。嗯……不对,应该解释为淡泊名利。除此之外,他还有好几个雅号。此人不单在绘画上有所建树,也写得一手好诗。这幅山水画上的题词就出自他本人之手。"

"看样子是个隐士啊。"

"对,可以这么说。这位文人本想归隐山林,远离世俗,但无奈他的夫人是位个性张扬的女子,所以使得他的隐居生活反而更为引人注目。"

"那么这画上手持利剑的女子,是否就是此人的夫人呢?"

"哈哈,奈美小姐果然好眼力。"

"所以这挑着两摞书的男子就是莫达先生了吧。"

"据说他钟爱阅读,家中藏书万卷。"

"这位莫达先生是什么年代的人啊?"

"嗯……百余年前吧。"

林辉南这么一说,奈美条件反射似的想起了诺顿先生与王教授的来往书函。信中说那壶与盘也就近百年的历史。信件上的日期距今差不多四十余年,四十年前的信上说近百年,那换作现在来看,就是百余年历史啊。

"那这画跟那两件瓷器,基本上是同一时期的产物吧。"

"我真是不得不说一声,佩服!瓷器的创作者正是这位莫达先生。"

"什么!"奈美惊讶得合不拢嘴。

其实奈美远没有看上去那样震惊。当她看到《迷桥图》时,就已猜想到这画与相思青花之间应该存在某种联系。要说惊讶,看到店招的那一刻,她受到的冲击更大。听林辉南说那是临时赶工做出来的,才稍微平复了心情。在踏进洋房时,奈美也预感到接下来会有事儿发生。感叹完后,奈美又小声嘀咕道:"果然啊……"

既然要调查相思青花的来历,怎么能少了家里的那对呢?无奈瓷器已经被那美国女人拿走了,要想拿回来,怕是得用点儿手段了,具体怎么做奈美还没想好。今晚,大姐久美也会从京都过来,必须早些拿定主意才行。

"既然如此,这幅画与相思青花之间必然存在着某种联系吧?"奈美问道。

林辉南重重地点点头,答道:"说起这件事,就不得不提莫达先生的故事了。先生是上海人,原籍浙江。当时上海的海外贸易初见规模,他便移居去了这座繁华初现的城市。旧时,扬州因盐发家,人民富埒陶白,五湖四海的画家们都齐聚于此。"

"这不奇怪,在扬州的艺术家都有人养着嘛。"

"正是如此,用现在的话来说就是有人赞助。在那个印刷还不发达的年代,传播书画的途径只能是现画现买,为了收藏真迹,富豪们都不惜一掷千金。故而上乘的作品都会集中在上海富裕人家的宅邸里,自然也有不少画家慕名而来。而莫达先生的父亲是其中之一。"

"看来莫达先生是出生在艺术世家啊。"

"据说先生在当时小有名气是沾了他父亲的光。关于他父亲,我知之甚少,也就不胡诌了。单是知道这画是出自一百余年前的画家之手,就已经让人觉得先生这人甚是特别了。"

"确实,我对这幅作品可是一见倾心啊。"

"不过,莫达先生在中国的美术史上,好像并未占有一席之地。其作品太少,可能是原因之一,或许更多是由于他刻意低调,不想被人熟知。因为我的家族与莫达先生的家族有联姻,所以两家也算是亲戚了。儿时,经常听父亲跟祖父提起先生的事儿,先生那为数不多的作品,大部分都在我家收藏着。"

奈美指着墙上的山水画问道:"那这幅画也是您从家里带过来的吗?"

"正是。"

奈美思忖着,林辉南肯把莫达先生的真迹挂在这家餐厅的墙面上,可见他与店主的关系不一般。说不定林辉南自己就是这里的店主。

"我知道莫达先生,不光是因为家里人常常提起。我的曾祖父还记录过一些关于莫达先生的事迹,我成年后也时有翻阅。这次我把原稿的复印件带过来了。"说着，林辉南拿起放在一旁的文件袋，从里面抽出一叠装订成册的复印件。

封面上印着："莫达和尚事略"。不是传统的印刷字体，字体整体有些靠右上提。那册子只有薄薄的十几页，林辉南将其翻开，正文的字体也同封面一样，大而醒目。

"您一直都随身带着吗？"

"怎么会，我去伊斯坦布尔时，可没想过带着这东西。"

"那这次为何会带在身边呢？"

"一来，我带着莫达先生的作品过来，这本小册子算是个解说资料。二来，想着此次若是有机会见到您，也可以与您讲讲相思青花的来历。"

"劳您费心了。"

"那日，在伊斯坦布尔的集市，见到瓷瓶的一刹那，我就觉得此物莫不是相思青花里的一员？后来又偶遇您，您在给我看过盘与壶的照片后，我才切身体会到何为缘分。"

"确实是很奇妙的体验，就像冥冥之中有人牵线搭桥一般。"

"我觉得我们应该珍惜这不可思议的缘分。在用餐之前，我想先为您翻译下这册子上的内容，如封面所示的那样，内容十分简洁。"说着林辉南翻开了第一页。他一面用手轻轻摩挲着文字，仿佛在抚平老人额上的皱纹，一面解说道："莫达先生晚年丧偶，后出家修行。所以封面上才会用到'和尚'二字。莫达先生的夫人名为兰友，在十五岁时嫁给了先生。在当时，婚姻都是父母之命，恐怕他们在成婚之前，连面都没见过。结婚于双方而言，都像是在抽签，所幸他们抽到的都是上上签。两人琴瑟相和，旁人见了都要说句'只羡鸳鸯不羡仙'。两人能情投意合，也是多亏了两人性格互补，若是性格相像，日后必多生矛盾。"

"是吗？"奈美听后，想起了自己与千叶康夫的那段婚姻。自己与千叶的性格称得上是互补，因此能够相处融洽，也从未有过冲突，但全无伉俪情深之感，就这样不痛不痒地过了十年。

"当然了！"林辉南自信十足地说道，"天下太平的时候，察觉不出性格不同有何不妥。然而19世纪50年代后期，太平天国占领南京，逐渐将势力向江南一带扩散。夫妇二人也在这乱世中被迫分开。对于时局的思考，夫妇二人的想法也各不相同。这也难怪，毕竟是不同性格的两个人。"

奈美对中国历史比较陌生，林辉南特地为她做了讲解。

太平天国运动是一场兴起于广西边陲的农民起义。1850年，农民军领导人率兵从广西到湖南，再由湖北打到长江，顺着长江往东前行，占领南京为都，在此建立了政权。这场农民起义的领导人名叫洪秀全，他本是广西偏远山区的一介书生。太平天国的另一位重要领导人名叫杨秀清，他出生于贫农家庭，以耕山烧炭为生。在清政府看来，这些人都是乱臣贼子。清政府的势力早在十年前的鸦片战争中就一蹶不振了。香港受英国殖民统治，包括上海在内的五大重要港口被迫开始对外通商。政治腐败、行贿受贿、税收高筑，国家内忧外患、动荡不安。

莫达先生认为此时唯有静观其变，他相信黑夜终会过去，黎明定会到来。诚然，改革势在必行，可是单凭一己之力难以激起巨浪。而先生的妻子兰友则持相反的态度。古训"天下兴亡，匹夫有责"，个人力量虽然微薄，但集腋成裘、聚沙成塔，且现在已有一支反抗清廷的队伍。兰友对丈夫的消极态度感到焦急万分，同样也对自己身处一个无法参与革命的环境而深感无奈。

若是普通的夫妻，多半会就此作罢。但知妻者非先生莫属也。莫达先生觉得应该支持妻子，让她做自己想做的事，现今膝下无子嗣拖累，而且在革命打响伊始，莫达先生的双亲也都相继去世。一日，莫达先生对他的夫人说："你去南京完成你的信念，但我不会与你同行。我也有我要坚守的信念。我并非畏惧死亡，只是认为一个民族的活力在于坚守传统，并将之发扬光大。想必这话都快让你耳朵听得起茧子了。你可以毫无顾虑地离开，我会一直在这里等你。等到暴风雨结束，你再安然无恙地踏进这个家门。"兰友听后非常感动。虽然两人在此分道扬镳，但有丈夫的这份理解，相信两条道路终会有相交的一天。据说兰友离开上海时，莫达先生含泪目送。与此同时，景德镇的官窑惨遭破坏，一名陶艺师前来求助。莫达先生自己出资建了窑厂，又搬来陶泥，为这位师傅重新提供了工作环境。莫达先生身为画师，给陶瓷彩绘自然也不在话下。

"相思青花就是在那时被制作出来的，这名字还是先生自己起的。一整套相思青花，除了壶与盘，还有瓷瓶和瓷枕等。据说每当夜幕降临，先生都会对着屋子里的相思青花，思念自己的妻子。这间满载着思念的屋子，永远紧锁着，除先生之外，谁都不许靠近。"

奈美叹了叹气："这听上去一点儿实感都没有，就像是一个19世纪的童话。"

"我所言句句属实。"林辉南解释道。

"相思青花一套共有几件？现在知道的已经有五件了。"

"应该还有。瓷枕我们是没见过的，也没有相关模样的描述。莫达先生生前都不曾把瓷器示于人前，除了那个陶艺师，或许没人见过整套相思青花的样子。"

"话说回来，莫达先生夫妇二人重逢了吧。王教授信上也写道，这瓷器会给人带来好运。"

"对，二人再会了。约莫两年后，兰友回来了，在太平天国被清军瓦解之前就回来了。兰友当初斗志昂扬，却没能陪着这场起义走到最后。"林辉南一面翻看着《莫达和尚事略》，一面继续说道："这册子上，关于这个记载就只是点到即止。我从父亲那儿听到了更详细的版本，关于这事儿，家里已是不厌其烦地谈论过多次了。

"兰友是位才貌双全的女性，在诗文上颇有建树。这么说可能有些夸张的成分，据父亲讲述，太平天国内讧的诱因之一可能就与绝世美女兰友有关。"

"自古红颜是非多。不过兰友最终得以与丈夫团聚，也是幸事。"

"莫达先生笑盈盈地看着兰友回到家中，并领着她去那间放置着相思青花的屋子。至于两人在房间里说了什么，我们不得而知，不过据当日路过的人所说，从外面可以听见兰友在号啕大哭。总之，这册子上就这么记载的。"林辉南指着《莫达和尚事略》里的一行字说道。奈美看向他手指的位置，里面的文字就像天书，奈美看得一头雾水。

林辉南把手指移到下一行，继续解说："兰友大哭后，央求莫达先生毁掉这组作品，因为这些瓷器里饱含了说不尽的悲伤。莫达先生不想让陶艺师的一番心血就这样被毁掉，于是就用自己精湛的画技掩盖了原貌。以前，我读到这里总是不明所以，直到看到您的来信，我才明白。原来是在烧制好的瓷器上，又添上新的线条。那位格林先生真是火眼金睛，居然能发现这点。林某好生佩服啊！"

"那漩涡就是为了掩盖某种图案而生的，真想知道这里面到底藏着怎样的悲伤。"

"据说因为原本想要表达的情感太过伤感,漩涡还特地被减少了线条。但如今看来,应该是增添了一些才对。中国的一则神话里说,有一种大型乐器名叫瑟,本来有五十根弦,由于弹奏起来太过哀伤,黄帝就下令将琴弦减半,因此瑟变为二十五弦。而同为中国弦乐器的琴,原本只有五根琴弦,后来增加为七根。这与兰友和莫达先生的想法多么相近啊!"

"多亏了您,我才知道了相思青花的来历。通过父辈们的来往书函,我们已经了解了史密斯医生家里那对瓷器的由来,现在就差弄明白自己家里的那对是个什么来头了。"奈美一面说着,一面在心里盘算要怎样才能说服长姐,要回瓷器。直接说那瓷器是残次品,不好意思拿来送人,是不是就可以轻而易举地拿回来了呢?万一对方不介意,又该怎样应对呢?不管是史密斯医生家的瓷器也好,还是林辉南的故事也罢,这中间都与奈美有关联。无论如何,这瓷器是不能拱手于人的!奈美心中升起了强烈的使命感。

这时,一个身着浅蓝色上衣、白色裤子的男侍者,端着小碟,拿着筷子和汤勺走了过来。

"正值盛夏,午餐我们就吃清淡些。我自作主张点了份凉汤,不知道合不合您口味。"

"这样很好,您想得太周到了。"说着,奈美又看向墙上的山水画。

"看来这幅画真是深得您心啊。"林辉南说道。

奈美字斟句酌地描述起画作带给自己的感受:"这画,运笔的力度十分令人着迷,线条之间不带一丝踌躇。"

林辉南不禁夸奖道:"您的用词真考究。"

"考究?"

"是啊。不带一丝踌躇的线条。您说得如此确定,也是不带一丝犹豫的。听父亲说,这画是莫达在兰友出发去南京之前画的。"

"也就是说在分别之前?"

"是的。可以看出,莫达先生十分确信自己与妻子还会重逢。"

画中的两人隔桥对视,就预示着他们会朝着同一个方向前行,而不是分道扬镳。

"父亲说,莫达先生摊开画纸,在画山川河流之前,先在空白的纸上画了一座桥。他说这话时的神情,就跟亲眼所见一样。"

奈美又重新审视了一遍画作。从整体上看，确实如林辉南所说，位于画面正中间的小桥是最先画上去的。

"父亲时常指着这画教导我说，漫长的人生路上，时而有迷茫的时刻。画上的这座桥就象征着人生中的烦恼与困惑，故名为《迷桥图》。在感到迷茫时，切记不要意志消沉，应努力尽早走出困境。"

"对了，画中的女性将剑举于胸前，是准备归还给对面的丈夫吗？"奈美问道。

"我是这样想的。父亲也认为剑属男子之物，兰友持剑是为了交还于丈夫。另一头莫达先生挑着两筐书籍，而书籍男女皆可读，莫达先生在暗示今后以书为伴，远离纷扰。这样一来，故事就圆满了。不过太过完美圆满的故事，有可能只是一个美好的梦境……"林辉南说到这儿，男侍者端来了凉汤。

奈美看着碗里问道："这是什么？"

"这是银耳汤，夏日里的消暑佳品。"

"正好我最近有些上火，喝这汤再合适不过。"

下一道菜是鱼翅，再接着端上来的是口感清爽的春卷。每样都装在小碟里，量非常少。

从香港过来的厨师手艺十分了得。奈美从来没吃过如此合自己口味的中餐，一句"好吃"完全不足以表达美食在味蕾上绽放的愉悦感。奈美一面享受着美食，一面又看向《迷桥图》里持剑的兰友，并展开了自己丰富的想象。

奈美对于太平天国那段历史的印象，仅限于世界史教科书上的插图。但不知为何，她对那幅插图却记忆极其深刻。画中一位白胡子老人的身后，站着一位扛着旗帜的年轻男子，长长的旗帜上白纸黑字地印着：天父天兄天王太平天国。因为这插图对奈美的视觉冲击力太大，所以接下来的历史讲解，她都聚精会神地听着，就算这样，她也就只记住了个大概。

太平天国在南京立都、建立了政权体系后，内乱越发严重了，最后没落而被清军所灭。就像一个公司创立初期，大家都会奔着同一个目标努力，等到公司初具规模，人们就会盘算着怎么稳固自己的地位。昨天的朋友，也许就是今天的敌人。教世界史的老师以前是商业公司的职员，这句话算是他的亲身经历。地位代表着相应的权力，在权力的争夺战中，必然会有牺牲者。即使是像科长或者部长这样的小官，也无法从权力的旋涡里全身而退。

奈美看着《迷桥图》说："兰友真是幸运，能在争夺战打响之前逃出来。"

"兰友是位要强的女性,出逃也是被逼无奈。我家里人都说,当时太平天国里的大当家跟二当家,明知道兰友已为人妻……要是兰友继续留在南京,说不定这场血雨腥风来得会更早。"

"大当家?就是那个老爷子?"

"洪秀全可不是什么老爷子。他死时不过五十岁左右。兰友在南京时,他正值壮年。"

"哦,是吗?"教科书插图上的洪秀全,怎么看也是古稀之年了,所以奈美才有了这样先入为主的观点。

"太平天国怀抱着信念,与腐朽的体制做抗争,但兰友这样一位红颜的出现,使局面发生了微妙的变化。红颜不是祸水,但男人却会把所有的罪都推到女人身上。背弃理想的不是兰友,反而正是这些被权力美色冲昏头脑的男人。这样的南京——在当时称天京——不留也罢,兰友决然地选择了离开。"

"确实,一腔热血就这样结成了冰。"

最后一道菜是鲍鱼,奈美默不作声地吞下一个。

"怎么样?"林辉南问道。

"很好吃。吃着这样的美食,听兰友的故事,总觉得有些失敬。"

"那都是一百三十余年前的事情了。"

"我记得您说过您家族里有人与莫达先生家联过姻?"

"对,莫达先生的妹妹是我的曾祖母。兰友也有一个妹妹,后来嫁进了一户王姓的人家。那位写信的王教授,他的家族或许与此有关联。"

第九章　姐妹

　　神户有家老店名叫山摄津，今川家族从战前开始就经常光顾这里。接风晚宴选在这里进行，奈美倍感亲切。许多年过去了，虽然店里的伙计走的走散的散，但区区十几人的饭菜还是能准备妥当的，庭院里的座席亦有人服务，用餐不会有任何问题。

　　奈美有两个哥哥和两个姐姐，称呼时以大小区分。

　　奈美看向久美问："大姐，听说有个美国人把爸爸的瓷器拿走了，是吗？"她不想一开始就把气氛弄僵，所以尽可能地避重就轻。

　　"这事儿我也很为难，她一副非要不可的样子。我都跟她说了，这是父亲的遗物，要怎么处理，我这个嫁出去的女儿说了不算。但她说是借，拿回酒店鉴赏两天，借条都用英文写好了。"久美努力把责任往外推。

　　大哥诚造苦笑道："不好办啊……借钱的话还好，凭借条就能还，可东西就不那么好办了。不过有照片留底，应该没问题吧？"

　　久美的解释虽然暂时把矛头从遗物转让上移开了，可是又引来一个新的问题。

　　"虽然拍照留底了，但是想要偷梁换柱也不是什么难事儿，现在的复刻技术这么发达，光凭一张照片，能分得清真假吗？"

　　纯造的这番话，让久美有些下不了台。她尴尬地说道："至于吗？这东西有那么贵重吗，还要大费周章地调包？"

　　"肯定不是便宜货，不过也不至于动辄几百万日元。"

　　奈美刻意不让人看出自己的动机，故作轻松地说："不是价格的问题，是喜好。我就挺喜欢那两件瓷器的。"

　　久美道："因为铃木工作上的关系，确实不好拒绝对方。事关我娘家，我本来也不想介入的，可铃木一直求我……"

铃木是久美的丈夫，战前与今川家是同行，都做生药批发，现在经营着成药超市。今川家的人都说，他看起来老实，其实精明得很。

"倒不是说非要拿回来，只是想到再也见不到爸爸的遗物了，心里空落落的。"奈美没把话挑明，但听的人都知道她是什么意思。久美性格强势，如果一味逼问，肯定会适得其反。硬的不行，就来软的，兴许会奏效。

五个兄弟姐妹的家庭聚会，两个哥哥先到了，嫂嫂们稍晚点过来，两个姐姐都没有丈夫陪同。久美穿了和服，最近她喜欢穿着和服出门。

二姐芙美打趣道："大姐嫁到京都，经过二十五年的熏陶，终于有点儿京都人的样子了。"

"最近身材有些走样，穿和服才好遮肉。"久美经常把这句话挂在嘴边。她表面上是在说身材，实则是为自己拥有许多昂贵的和服而沾沾自喜。

姐妹之情是很微妙的东西。芙美比久美小十岁有余，不管怎么说还是要给大姐留面子的，所以她即使看穿了大姐在炫耀，也不会拆穿。芙美把话题又转到瓷器上来："奈美刚才说瓷器没了，心里空落落。这瓷器于我而言，却有更重大的意义。"

"你什么意思？"久美反问道。

"这瓷器可是已逝的妈妈与佐藤的母亲之间友谊的见证啊。"

纯造接着芙美的话说道："这事儿我听说过。这瓷器本来是别人送给佐藤阿姨的，后来她又转送给老妈，留作纪念。"

"这……我可是头一次听说！"久美开口道。当然，第一次听说的不止久美一个人，还有对瓷器心心念念的奈美。

佐藤是芙美的夫家。芙美的丈夫是医生，在一所大医院就职。她的公公是个药理学家，因为研究药物而与芙美的父亲相识，两人成了无话不谈的好友，后来芙美嫁到佐藤家，两人更是亲上加亲了。就这样今川与佐藤两个人的友谊，变成了两个家族之间的来往。自打奈美记事以来，两个家族就走得非常近。比起两位父亲，两位母亲之间的友谊好像更为深厚，两家联姻仿佛是必然的。如果佐藤家的儿子与奈美年纪相仿，那嫁过去的就应该是奈美了。

芙美的婆婆与母亲是密友，平时互换个礼物没什么稀奇。只是奈美没想到，佐藤阿姨给的竟然是那壶与盘。

诚造歪着头说："还有这回事……？"

知道瓷器来历的只有芙美与纯造二人。芙美是因为与佐藤家联姻，理应知晓。而关于收藏品，父亲过世之前与纯造说得最多。

"话说妈妈待佐藤夫人可真如亲人一般。"久美说道。

今川家与佐藤家的家族经济实力是基本相当的。不过在战后的混乱期，芙美的公公大病了一场，家里的顶梁柱倒了，经济状况急剧下降。虽然两家都是跟医药打交道，但毕竟今川家有实业，而佐藤只是一个学者，这中间的经济实力差距自然就显现出来了。此时，奈美的母亲在不伤害对方自尊的前提下，尽可能地帮助佐藤家。在医院也帮忙照料，还给准备饭食，细致入微地打点着生活上的琐事。当时年幼的奈美在一旁看着，她还依稀记得母亲说过，佐藤的前同事走私赚了不少钱，便想着分些货给佐藤家，以解燃眉之急。佐藤觉得不妥，硬塞了些货款给对方，不过就那点儿钱，跟没给也差不多。

从奈美记事起，佐藤家就已经东山再起了，此前的事情大多是从哥哥姐姐们口中得知的。原来根本没有走私暴富一事，那个前同事为了帮他们，都是把东西高价购入，再低价卖给佐藤的。事情的原委，佐藤家应该也是只知道个大概罢了。

奈美母亲这么帮衬着，佐藤家自然心存感激，想要回报亲家的好意，给钱未免太俗，那就送一个无价之宝吧，那壶与盘就不失为一份好礼。奈美可算是弄明白了，为何父亲的藏品里有一对不符合他审美的瓷器，人家真心诚意送的，出于礼节也得好生保管才是。

"那瓷器对于佐藤家来说可是珍宝啊！"芙美说道。

"甭管珍宝不珍宝吧，既然送给我们了，就是我们今川家的东西了。"久美的话里带着刺。

"话是这么说没错，但也不能把这瓷器此前的历史给全然抹去，视而不见吧。"芙美本想着委婉地指正姐姐久美的观点，和和气气地说话。这话一出口，大家都听得出两姐妹言语间有些许火药味儿了。

大家都默不作声，奈美也觉得颇为尴尬。这时，诚造打破僵局，有些不耐烦地引开话题："干什么！今天不是来给奈美接风的吗？你们别扫兴啊！"

奈美自结婚起就离开了神户，现在算算，离家已有十年了。之前奈美听哥哥纯造说过，两位姐姐之间关系紧张，常有摩擦冲突，但亲眼所见还是头一回。

"既然是今川家的东西，那就应该是大哥负责保管吧！"芙美略微激动地说道。芙美这个人平时都少言寡语的，今天破天荒地巧言善辩起来。

久美辩解道："我又没自作主张卖出去，人家只是借去看看。"

纯造扯开啤酒瓶盖，说："那就好办了。大姐去和那美国女人说清楚，东西要看尽管拿去看好了，不过这是父亲的遗物，绝不出售。谁听了也会理解的，对吧？"

诚造拍拍膝盖附和："对啊，这么说就可以了！"

大姐给每个人都斟上酒，像是表示这个话题就到此结束。

这下，那盘与壶就能物归原主了，奈美悬着的心总算是放下了。大姐面露不悦之色，想必是对外把话说得太死，到时叫人家归还，都不好意思开这个口吧。

席间气氛沉闷，两位姐姐偶尔开口化解尴尬，也只是聊聊菜品，生怕说多了又得罪人。奈美觉得有些过意不去，心想不能光让二姐一个人受埋怨，于是坦言道："我之前去伊斯坦布尔跟伦敦时，见到了同样纹样的瓷器，反正我闲着也是闲着，就去调查了下那瓷器背后的历史。"说完这话，奈美偷偷瞅了瞅二姐，只见芙美嘴角微微上扬。二姐知道有人跟她站在同一战线，心里稍微舒坦了些。

这场家庭聚会早早地就收场了。气氛尴尬是其一，还因为大姐先前就打过招呼，她要回京都，不能弄得太晚。

送完大姐，纯造在奈美耳边小声嘀咕道："你没提东西是残次品的事儿啊！"

"时机不对，再说二姐不是说了那原本是佐藤家的宝物吗，我怎么可能去提这茬儿。"

"确实啊，这不，说曹操曹操到。"

方才芙美要拨电话，就留在了座席上。这会儿讲完电话，从门厅里走了出来。芙美提议说，去奈美的新住处看看。奈美用家乡话一口答应了。

离家十年，跟家里人一说话，乡音又一点点地回来了。奈美苦笑，觉得自己到底是个神户人。

"你刚搬回来，行李都没整好吧？我正好有空可以帮忙。"芙美对长姐久美说话，会刻意注意下措辞，跟小自己三岁的奈美交谈，就显得随意多了。

"姐姐的好意，我心领了。纯造哥已经帮我收拾得差不多了，所以用不着再怎么整理了。"

"纯造哥果然是我方战友啊!"

这时,纯造的妻子半开玩笑道:"你可别给他戴高帽,他这个人,给点儿颜色就开染坊了。帮妹妹做事倒好,只怕是都快成妇女之友咯。"

芙美听了有些无语:"嫂子您真担心这个?我向您保证,我哥绝不会做对不起您的事儿!"

"谁知道呢。"纯造的妻子话音刚落,好几辆出租车就停到了饭店门口。

"我们上车吧。"芙美说着把奈美往车里推,自己随后也上了车。

一路上芙美就说了一句话:"大姐会不会恨我啊。"

刚进门,芙美突然讲:"真不容易啊。"

"是啊,这里就是寡妇的避风港了。"奈美装作轻松地回应道。

芙美啜了一口奈美端来的咖啡。"真好喝。好像把肚子都给清洗了一遍似的。刚才对大姐那么讲话,总感觉这一片都变浑浊了。"芙美指了指从胸腔到腹部的这一块。

"都怪我,这话题是我开的头。"

"怎么会怪你,你只是单纯地喜欢那瓷器罢了。其实……"芙美迟疑了一会儿。

"怎么了?"

"这瓷器对佐藤家来说,十分珍贵……我就直说了吧,他们家想把瓷器给要回去。"

"怎么回事儿?"

"他们让我好生跟家里人说说。今川家不是还没分遗产吗,婆婆让我到时把瓷器分走。"

"婆婆……"

芙美口中的这个婆婆,也就是她丈夫的母亲。奈美嘴上也跟着芙美叫婆婆,心里觉得应该称对方为佐藤夫人。

"人老了,就容易念旧。东西搬来搬去,现如今身边也没个可以勾起回忆的旧物了。所以啊,才想着把瓷器给要回去。"

佐藤家族从上一代起就居于上海。身为药理学者的佐藤老爷,听说是别人家的养子,而佐藤夫人的父亲当时在上海经商。

那壶与盘是王教授的夫人在上海时,赠予恩人的谢礼。这个恩人就算不是佐藤夫人，也必定是与她有关联的人。因为今川家有恩于佐藤家，所以瓷器被再次送出。这瓷器见证了人间的温情，也饱含了报恩的诚意。对于这背后的故事了解得越多，奈美想要一探究竟的心情便越发强烈。对这瓷器，奈美没有一丝占有欲，她甚至认为归还给佐藤夫人更为妥帖。奈美想要的不过是挖出一段尘封的人情往事。

佐藤夫人是在上海长大的。当时时局混乱，返回日本，随身能带的东西有限，许多充满回忆的旧物带不走，这辈子也就无缘再见了。奈美认为要想拼凑起来整个故事，"上海"是不可或缺的一块。

"佐藤家常年往返于日本跟上海，当然主要还是定居在上海的。那时战争还没结束，不知何故，佐藤夫人的父亲把那两只瓷器带回了日本。"

"这么做有些反常吧？"

"相当反常！带点儿特产回去倒可以理解，但那瓷器又不是拿来送人的。听说我婆婆当时坚持要带回去。"

"肯定有什么理由吧？"

"不清楚，不过到现在还念着那瓷器，想必是很重要的东西吧。我老公听了都愣了，当时他还是个孩子，瓷器的事情他一概不知。婆婆想要瓷器，大家都很为难啊，又不能直接叫人还回来。所以想出个法子，说当成遗产分给我，我也很被动啊。"

"哎……确实不好说。"

"偏偏这时，大姐又把那瓷器给了别人，真是伤脑筋。"

"姐姐不用担心，看今天这情形，大姐也不敢擅自卖出去了。"

"那倒好了。"

奈美想起几年前，大家还聚在一起庆祝佐藤夫人六十大寿，于是便随口问了句："婆婆近来身体可好？"

"还算硬朗。只不过以前也没见她对什么东西那么执着，这回还真有点儿奇怪。"芙美歪着头，一副思忖的样子。

在奈美的印象中，佐藤夫人是个大方爽朗之人。父母让芙美嫁到佐藤家，有很大一部分原因是佐藤夫人性格好，今后不会委屈了自己女儿。

"婆婆想要瓷器，是有什么特殊的缘由吧？"

"我也不晓得，婆婆从来没向我提过过分的要求，要不是什么大事儿，估计她都不会开这个口。我肯定得答应啊，不曾想大姐又弄出这一档子事儿，哎……"芙美晃了晃身子，端起咖啡往嘴里送。

"我找个时间去见婆婆一面吧。有人跟她聊聊在上海时的往事，她应该也会开心的。"

"你要真肯来，婆婆肯定开心。"芙美瞬间觉着身上担子轻了些。

芙美的丈夫有三个姐姐，他在家里排老幺，又是唯一的儿子，婆婆一直跟着小两口生活。丈夫去上班了，家里就只剩下年迈的婆婆与芙美二人四目相对。婆婆性格再好，毕竟不是亲娘，这样朝夕相处，芙美也有些吃不消。

"还是趁早去好，我都回来了，还不去打个招呼，不要让人觉得失了礼数。"

"要不明天？"

"可以啊，几点去拜访比较合适？"

"但论辈分，不先去大姐那边，说不过去吧？"

"有这么讲究吗？"

"妹妹你是常年在外，不清楚这些人情啊。今天跟大姐不欢而散，立马去拜访，也不太合适。京都那地方的人思想都很传统，你若要来，还是瞒着大姐吧。"

"姐姐那里离得近，先去看看不很正常吗？"

"话是这么说没错……"芙美的语气里满是犹豫。

明明都是一家人，何必如此见外呢。奈美觉得这样的姐妹关系既可笑又可悲，蓦然笑出了声。

"能一笑释然真好。"

"老绷着个脸，还怎么活啊。"

"真羡慕你。"

"羡慕我什么，早年丧夫？"

芙美终于笑了。

奈美看着姐姐，觉得有些心疼。奈美本不打算聊瓷器的事儿，见姐姐郁郁寡欢的，聊点儿别的或许会让她开心些。但是这瓷器又跟佐藤家有关，若聊这个的话，她亦不会兴味索然。

"我去伦敦拜访千叶临终前的主治医生时，在他家看见了一模一样的瓷器。"

"真的吗?"

"然后我还了解到了瓷器的由来,医生的妻子还给了我相关的信件资料。"奈美把来龙去脉同姐姐讲了,还让芙美看了信件。与林辉南的邂逅也一并说了,莫达先生与其妻兰友的故事,也说给了姐姐听。但并未谈及上午去了相思青花用餐一事,奈美认为这样比较妥帖。

芙美的眼里恢复了神采:"原来这中间还大有文章啊。这回说什么也得让大姐把东西要回来了!"

第十章 听浪亭

佐藤家原本在须磨[1]有一栋大宅，因长期居住在上海，宅子只作为回日本时歇脚的地方，后来遭到空袭，一时间变为废墟。战后，佐藤家日子过得清苦，一方面是因为家里的顶梁柱病倒了；另一方面，大宅遭毁，也是损失惨重。

佐藤家的大宅名为听浪亭，宅如其名，推开窗户，便能听见阵阵涛声。奈美儿时常听大姐久美与大哥诚造提起，虽无缘目睹，但大宅的一草一木，仿佛都深深地印在她的脑海里。久美与诚造曾去听浪亭游玩，亲身感受过大宅的风采。三哥纯造那时还是个不谙世事的孩童，而奈美以及后来嫁到佐藤家的芙美，都是大宅不复存在后出生的。

听浪亭周边还有一些更气派的宅邸。"一战"时，许多人靠船运暴富，其中不少人选择在须磨购置房产。奈美儿时曾听人说，有一处豪宅，窗上全装了护窗板，由于房间数量众多，还专门雇了一个伙计来开关。那伙计早早起床，打开所有护窗板后，紧接着又要一一关上，这一开一关就到晚上了。奈美自然是当真了，认为这虽夸张了些，但并非捏造，这等阔气的人家必定是有的。相比之下，佐藤家就显得低调多了，但即便如此，根据长姐跟长兄的描述，佐藤府也比今川家大了一圈儿。奈美自小就对听浪亭充满了遐想，倒不是仰慕这宅子的大气华美。对于从小看惯了大山的孩子，大海颇令人向往，更不用说站在房子里就能听见涛声。那是何等惬意！

据说佐藤家得以重振家业，不是因为佐藤少爷开始做医生，而是因为把听浪亭的地产攥在了手中。被烧毁的房子占地面积并不大，但前面有一个宽

---

[1] 须磨：日本地名，位于神户。

敞的庭院，这样的房子在当时根本就卖不出去，所以再烫手也只能自己揣着。好在后来土地升值，房子自然也水涨船高。芙美结婚那会儿，说不定佐藤家比今川家还富裕呢。

战后，佐藤家几次搬家，却从未离开过须磨。约莫五年前，一家人搬进了须磨一处高级公寓，听说这是芙美婆婆的意思。那公寓奈美也只去过两次，玄关很大，门口挂着一块匾额，上面写着"听浪亭"三个大字。

"咦？这是什么时候挂的？之前一点儿没注意。"奈美边脱鞋边讲道。

"之前你来的时候还没有，最近才向佐藤他姐姐讨回来的。"芙美解释说。

"这是原先大宅里的？"

"当然不是，那儿不早被烧干净了吗！"

"那这是哪儿来的？"

"在须磨的大宅，玄关处也挂着这样一块匾额吧。佐藤的父亲貌似不太喜欢这字体，应该是他爷爷的喜好。"

"那里被烧了，难道这是照着做的第二版？"

芙美摇摇头："不是的。佐藤的父亲想着某天得把这匾额换新，在上海时拜托相熟的中国人特地题的字。一张纸携带也方便。没想到字是带回来了，却没了挂它的家。后来佐藤老爷过世了，家人在整理遗物时，把匾额分给了佐藤的二姐。二姐也未必想要的，估计就是抓阄抓到了。"

"这么说，当时还没刻成匾额？"

"对，就是一张纸而已。佐藤老爷下定决心，以后能住上配得起这三个字的房子时，再做成匾额挂在门厅。不过他直到去世，也没能将匾额挂起来。"

"看来佐藤老爷是相当中意这字啊。"奈美盯着匾额仔细看了看，发现左下角有署名，字迹娟秀，但因是书法体，奈美辨认不来。"听浪亭"三个字运笔工整而又舒展，着实令人赏心悦目。

"来这儿已经第五个年头了，佐藤的母亲对这房子还是怎么看怎么中意，还说老爷子要是在啊，一定也会把匾额挂在门厅的，所以才让儿子赶紧把字给讨回来。"

"都是一家人好说话。"

"那是自然，他二姐二话没说就答应了。不过，这字不知被她放哪儿了，让我们好找。最后翻箱倒柜的，拿出来一看，脏兮兮的都没法儿见人了……"

后面这话，芙美刻意压低了声音。

奈美随姐姐来到客厅，芙美跑进去叫婆婆。过了好一会儿，芙美出来道："婆婆让你进房间去呢，说里面风景更好，能看到海。"

这家里客厅看不到海景，芙美之前还说是设计上的失误。但较为亲近的友人都会被请进里屋坐坐，在客厅接待的多是来拜访的病人家属，或是工作上有往来的人。奈美虽不是外人，但要进里屋还是得婆婆首肯才行。出于礼节，芙美让奈美先在客厅候着。

芙美的婆婆名叫佐藤辉子，她的先生青木是作为养子入赘到佐藤家的，并更名为辉夫。"物是人非了呀！"奈美被请进里屋后，佐藤夫人和蔼地微笑着请奈美坐下。

佐藤家与今川家乃世交，如今奈美的父母已不在世，奈美这代就得代替父母让两家关系继续维持下去。

佐藤夫人满头银丝，但依旧容光焕发。据说战前，她在上海的日本社交圈里是出了名的美女，还被称作上海小姐。久美常说："佐藤夫人确实貌美，唯一缺憾就是眼睛太大了。"不过芙美认为，正是因为有了那双大眼睛，佐藤夫人才能美得不落俗套，那双眼睛非但不是缺憾，反而是让她脱颖而出的标志。尤其上了年纪后，那对眸子更是为脸上平添了生气，使整个人都显得年轻了。

"婆婆的风采不减当年啊。"奈美开口道。

"就数你嘴甜。"佐藤夫人因是自幼生活在上海，所以不带关西口音，清晰的吐字，也让人觉不出有老年人的腔调。

"您真的一点儿没变呢！"

"哈哈，老了老了……"美人再是迟暮，一颦一笑都是动人的。"奈美小姐来找我，是想打听一些旧事吧。老年人才有陈年旧事可聊啊……"

"不光是这样，这事儿对我来说很重要……我……"奈美有些语无伦次。想必佐藤夫人也从芙美那儿听说了，关于那瓷器，奈美已然知道了一二。

"其实这事儿，我还是想要澄清一下的，不然大家都觉得是我这老婆子耍性子，平白无故想把那对瓷器给要回来。说来也确实是任性了些，唉……"

奈美把自己调查瓷器的来龙去脉，都大致讲给了芙美听，但对佐藤夫人却是尽可能保留大部分细节。这样做既能使佐藤夫人的描述更为详尽，又避免了冲突。不过，奈美在史密斯医生家见过一模一样的瓷器，这件事早已由芙美之口告诉佐藤夫人了。芙美觉着婆婆心态年轻，新鲜怪趣的事儿或许更对她胃口,这茬儿是故意提的。果然佐藤夫人听后颇为惊讶,立马来了兴致,并表示:"对瓷器,我也算是见多识广了,在各个美术馆可都没见过重样的。"之后,又对芙美普及了新石器时代彩陶的历史。

所谓彩陶,即在陶坯上用颜料绘制图案,然后入窑烧制的瓷器。图样有写实的花鸟鱼虫,但更多的是几何主题的彩绘,其中不乏漩涡纹样的图案,可与青花瓷还是有着本质的区别。

芙美从未想过,婆婆竟会对瓷器了解得如此深入。

"听说那对瓷器是谁送的礼物?"芙美把话题往这方向上引。

佐藤夫人未置可否,只是伸手推开了窗。房子在七楼,对于观海景是绝佳的高度。佐藤夫人站在窗前俏皮地问:"可以隐约听见海浪声吧?"

奈美点了点头:"确实。"

"大海如此浩瀚……在海的那头,就是我出生的地方,每每听着海浪声,我都会回忆起在上海的时光。"

"您一定很怀念那段日子吧。"奈美说着这话,似乎意识到这不是在闲聊,而是已经进入正题了。

"那是自然。"佐藤夫人闭起双目,过了一会儿,又睁开双眼,道:"到底是年轻啊。记得那时二十五岁有余了,想着自己快要三十岁了,慌得不得了……可看看现在,我还有两年就步入古稀了,心里倒是从容不迫。不过,'怀念'二字可不敢乱说,毕竟当时可是战乱年间,有心之人听了去,我保不齐会落下骂名。"

对于奔四的奈美来说,二十五岁可是令人艳羡的年纪啊!奈美望着满头白发,却依旧魅力不减的佐藤夫人,不由得出了神。她想象着佐藤辉子二十五岁时的面庞,现今的佐藤辉子虽是六十八岁的年纪,但光芒丝毫没有黯淡。

奈美忽然想起1941年,约莫四十多年前,王教授与诺顿先生开始书信往来的那年。

佐藤夫人接着讲道:"话虽如此,但我怀念的不过是我的青春年少,只是凑巧生在那个年代,身不由己啊!当时日本因为战时的种种体制而格外谨慎,所有人都绷着一根弦。相较之下,上海倒显得放松许多。当然,这繁荣与祥和也仅是表面,其实暗地里早已满城血雨腥风了。血雨腥风啊……"

佐藤夫人把"血雨腥风"说了两遍,这个词与她现在的状态着实不搭调。

佐藤夫人面带笑容，平静地讲述起当年之事："因为表面上安稳，所以眼前若是没人流血，是嗅不到血腥味的……那时家大业大，房子又在交通便利之处，自然有不少人登门造访。而我正当适龄，父母为了物色一位好女婿，也希望我结识更多人，所以家里经常有年轻男子进出。就在那时，我后来的丈夫，因工作被派到上海来了，也经常到我家拜访。他以前经常辩解说，是我爸硬邀请他来的，不来就太不给面子了。我父母经常对我说，结婚还是要趁早，不然变成老姑娘就没人要了。"

"怎么会，您年轻时肯定有很多倾慕者！"奈美自己都觉得，自己这般斩钉截铁的样子有些滑稽。佐藤夫人现在的容貌都是可以令人看得出神的，更何况二十五岁时年轻貌美的样子，怎么可能没人要？奈美回想起大姐久美，对佐藤夫人的美颇有异议，或许是源于嫉妒吧。不足五十的长姐嫉妒古稀老人，说来也并不稀奇。即便是现在走在街上，佐藤夫人依然是引人注目的焦点，别说男人，就是女性看到如此优雅的老奶奶，也忍不住回头多看几眼。

"才没有呢，我父母可担心了，毕竟条件摆在那儿呢。我们家就我一个独生女，要招一个入赘女婿，谈何容易。所以父母觉得稍微降低点儿标准也无妨，尽可能召集适龄的年轻男子来家中，甚至一些华而不实的吹牛大王也在候选之列。形形色色的人来了一屋子，其中也不乏军官，这些适龄的军人多是军校毕业的中尉或者大尉。那时有个陆军学校毕业的大尉甚合我父亲的心意。但是母亲介怀于他的军人身份，说要是他有朝一日战死沙场，女儿可怎么办。父亲听后，一笑置之，解释说，井崎大尉做的是参谋，不会冲锋陷阵的。父亲看着井崎大尉的参谋的徽章觉得威武得不行，说了句'天保通宝'[1]。"

"天保通宝是什么？"奈美不解地问。

"听说当时陆军学校毕业的军官，会将徽章挂在上衣腹部处，因为其形状恰似椭圆的天保通宝，故得此名。陆军军校是一般军校中的精英学校，而从专门的陆军学校毕业的军人们更是百里挑一的人才。这徽章是陆军的标配，就是为了让人对他们的身份一目了然，不过后来也被废弃了。说来也是，能上陆军学校的，只有那一小撮人，这样明目张胆地炫耀，肯定会招人不满的。比起佩戴了天保通宝的大尉或少佐，普通的大佐是要低他

---

[1] 天保通宝：古代日本的一种流通货币，亦称"天保钱"或"当百"。

们一等的。我父亲也定是被井崎大尉身上天保通宝的威力给震慑到了吧。"

"那位大尉，肯定在您父亲挑选女婿的候选名单中吧？"

"是啊，父亲就是想撮合我们。而且，井崎大尉在家中排行老三，想要他入赘进来也并非难事。"

"那您母亲怎么看呢？"这回芙美开口了。芙美嫁到佐藤家已有十五年了，还从未听过婆婆的往事。

"既没有表现出很赞成，也说不上反对吧……"说到这儿，佐藤夫人竟面露羞赧之色，真是惹人怜爱。

"对那个大尉，您是怎么想的？"芙美似乎很感兴趣。

"其实……我也觉得这人不错。"佐藤夫人摘下眼镜，看向窗外。

放眼望去，须磨海对面的岛屿清晰可见。看这反应，佐藤夫人的这段往事要暂且歇歇再讲了。

奈美也随着佐藤夫人的视线看向窗外，并轻声低语："真美。"

"要想知道天气有多晴朗，看看对面的淡路岛便清楚了。对面岛屿的能见度，我都会在日记里打分的，最清晰的是十分，今天这样就算八分吧。"佐藤夫人调整了下坐姿，重新戴上眼镜，看来这是要言归正传了。

"当时年纪尚轻，结婚对象都任由我挑，却总也挑不见心仪的。要不就是父母不满意，要不我自己都看不过去。要是过了二十五岁还没选得如意郎君，可就误了嫁人的最佳年纪了。当时就想着，那位井崎大尉是无可挑剔的人选了。"

"当时几乎确定大尉会进自家门了吧？"奈美插嘴道。

佐藤夫人像是等着这一问似的："其实我心里还是有顾虑，因为涉及军事机密，我们都不知道他在部队里具体是干什么的。我父亲因为这事儿还斥责我说，既然人家能参与国家保密工作，说明他的人品是过硬的，不然国家怎么能信任他呢？既然是国家都委以重任的人才，你还不放心吗？"

"这种思想觉悟，一般人还真没有呢！"芙美满心佩服地说道。

"我当时听了，也有种恍然大悟的感觉，心想国家选的人总是没错吧。结果呢，战后才发现，在终身大事上，信国家不如信自己。"

"然后呢，婚事成了吗？"芙美显得有些心急。

"要是成了，哪里还有你公公什么事儿啊。"

"啊……是这个理。"

"本来是谈得差不多了，井崎大尉准备把他父母从冈山[1]接来上海见面，父亲都在托大阪的熟人买船票了，就在这时，事情突然发生了转折。"

"突发状况？"奈美不禁喊出了声。芙美似乎也张嘴说了什么，但被奈美的声音盖住，没有听清。

"是啊，就是事出突然。"佐藤夫人依旧波澜不惊，"那天晚上，大尉要来家里一同吃晚餐，已经提前打过招呼，说会晚点儿过来，可那天我们怎么等都不见他人。父亲也觉得奇怪。不过，井崎大尉毕竟身居要职，突然有个急事也不稀奇。我记得父亲那晚还说，你们结婚了以后，这种情况肯定时有发生，你要做好心理准备。我们本以为，最多八点就会到，谁知等到十点还是没有音信。井崎大尉之前有事儿来不了，都会拨电话告知的。父亲念叨着，怕是时局又紧张了吧。因为大尉的工作性质，我们也不能致电去询问，父亲就托了一个朋友去电。晚上部队里也没人接电话了，所以第二天才拨通。那晚我们等到半夜十二点才睡下。"

佐藤夫人小啜了一口红茶，继续讲："第二日早上九点半左右，我父亲的朋友给我父亲回了电话。结果部队里的人竟然说，井崎大尉失踪。像这样一位参与军事机密的年轻大尉突然消失了，可是国家大事啊！后来军方来家里调查，我们才从中了解到一些事。而我因为在和大尉约会，自然也是军方盘问的对象。对了，当时还没有'约会'这么洋气的词呢，都说是'会面'。那种盘问真是难受极了，我对大尉知之甚少，能说的都说了，也没有什么有用的信息。"

大概因为是四十年前的旧事了，佐藤夫人才能说得如此淡然吧。奈美听着这些话，只觉得无从想象。对于没经历过战争的一代，"军队"这样的字眼既遥远又陌生，至多只能从文献与影像中找到模糊的影子。

据部队里的军官透露，井崎大尉在出宿舍时，明说了要去佐藤家做客，但没有讲具体时间跟所谓何事。由此可以判断大尉是在来的路上失踪的。也有猜测说，大尉是故意失联的，但这种可能性极低。首先大尉没有当逃兵的理由，他本身出类拔萃，工作中也顺风顺水。再说在部队里，好好干不怕没前途，哪儿还有更好的差事呢？没有债务，交友关系也清白。毕竟是在保密机构工作，井崎大尉的底细，当局肯定是调查清楚的。因为得提防着那些想

---

[1] 冈山：日本地名，位于日本东南部。

要窃取军事机密的人近身，井崎大尉平时在交友方面都格外留心。还有推测是绑架，最坏的可能是人已经被撕票了。

"那日，又有军队里的人来家里谈话。我在端茶水经过客厅时，碰巧听见了父亲与那位宪兵的谈话内容。我在门口听见那宪兵说，或许大尉已经被杀害了。惊得我一步也挪不动了，就那样在门口傻站着。我本来无意偷听的，但无奈脚上像绑了铅石般沉重。父亲听后一开始自然是不信的，结果对方突然降低了音量，从嘴里挤出一句'可不是吓唬您，我看十有八九就是'。之后，我还听见他说，'想要井崎大尉性命的人，不知道有多少呢'。我听得浑身发软，努力保持镇定才没让手里的茶水掉在地上。"说着佐藤夫人把双手放于胸前，做出端盘子的样子。

"那年代的上海其实可乱了，我只是在温室里待着，所以什么也不知道罢了。四面八方来的人拥入上海，日本军只占其中一部分。那个时候，太平洋战争还没开始，别国租界上发生的事儿，日本军是管不了的。"

当时，国民政府迁至重庆，共产党在延安建立了根据地，双方都组织了不少地下工作者秘密潜入上海的租界。所以如井崎大尉般手握军事机密的军官，自然是要想尽办法阻碍地下工作者的活动。据说，井崎大尉在重庆就任初期就已战功赫赫，调查找出了相当数量的地下工作者，因此也树敌无数，怀疑其已遭到暗杀并不是谣言。

佐藤夫人在门外听得心惊肉跳，不敢进客厅，于是原路返回厨房，灌下一杯水，稍稍平复了会儿心情。当她再次端起茶水进入客厅时，只见桌上多了一张地图，宪兵正指着某处说："我从这里以正常的速度走到您府上，正好用去二十五分钟。井崎 7 点 15 分从宿舍出发，就算走得再慢，8 点也应该到了，并且来您府上只有这一条路线。问题是 L 家大院的围墙隔出来的小道延伸得看不到头，那里就算是白天都不见有人走动。再加上还有两条分叉的胡同，胡同对面又长着一棵枝繁叶茂的法国梧桐，这树背后要是藏个人，这样正对着走过去是不易被发觉的。若是来个拳法好的，一拳把人打晕了，立马被接应的人给拖走了，也不是不可能。"宪兵完全无视端来茶水的佐藤夫人，还时不时敲敲桌上的地图继续讲话。

"L 家院墙那条路确实走的人少，我平常都告诫小女，天黑了就不要从那儿走了。"佐藤夫人的父亲说道。

"很明智的做法。"宪兵重重地点了点头。

"请用茶。"佐藤夫人终于找到机会,把茶水放下了。

由于生意上的往来,佐藤家与日军保持着良好的关系,部队里的人登门拜访也是常事。井崎大尉更是作为维持关系的其中一员,被引荐到佐藤家,差点儿就做了上门女婿。

与现在的丈夫结婚后,佐藤夫人曾听父亲讲:"井崎大尉与你的婚事,其实是他上司有意促成的。因为上司担心他个人问题不解决,老是安定不下来,所以才安排他来佐藤家的。"

佐藤夫人补充道:"军人结婚是需要部队里批准的,特别是情报工作人员的配偶,军队里更是要调查其底细的。而佐藤家日军是知根知底的,于是就找到我父亲来商量婚事了。"

"那井崎大尉呢?后来如何了?"芙美迫不及待地想要知道下文。

"不了了之了。"

"不是吧……"芙美露出些许失望的神情,毕竟现实不如戏里那般跌宕起伏。

"事实如此,不过听说日军还是展开了大范围的搜救行动。"

"没找到吗?"芙美言下之意是是否找到了尸体。

"井崎大尉在工作中精明能干,发现了不少地下工作者,他对抓到的地下工作者进行拷问,甚至还使其中一部分被处以极刑。那些人见同伴被杀,自然是不肯善罢甘休的。日军也考虑到了这一点,于是对地下工作者的关系网进行彻查,尤其是那些被处了刑的人。通过梳理亲友关系,逐渐锁定了嫌疑人目标。当然,这些我也是之后才听来的。"

"战乱年代真不容易啊。"奈美接话道。

"我可不想再经历一次那样的日子了。亲历者表示反对战争!"

奈美对于"亲历者"三个字有些不解,本以为是指未婚夫失踪带来的影响,结果并非如此。

这时佐藤夫人开口道:"其实我有个天大的秘密……"

"什么秘密?"奈美不假思索地问道。

第十一章　辉子的秘密

或许是由于方才一直在谈论年轻时的旧事，恍惚间竟让人觉得佐藤夫人的面容也散发出青春的活力。夫人津津有味地喝着第二杯红茶，意味深长地说："我这个秘密可不得了，是辉子的独家秘闻哦。在中国的时候，我们跟左邻右舍相处得都很融洽。从我家二楼的阳台上，能看到一户人家的厨房一角，还有一个小院子，旁边是狭窄的石阶。有时眼神对上了，对方会向我们招手，并笑眯眯地问：'吃饭没啊？'他们家住的是靠里的小楼，也有两层，但比起佐藤府是要小多了。朝里的房子有两栋，背靠着背修建，分别住着张家和白家。这样的人家在上海属于中产阶级，不过在那个年代大部分人经济条件都很落后，所以那时的中产跟现在完全不是一个概念。"

佐藤家的前院十分宽敞，后院的一排围墙紧挨着旁边的建筑，围墙外就是其他人家房子的后部。站在二楼外阳台上用正常音量讲话，对面人家可以听得一清二楚。

"这两家人家庭成员非常多，大部分人的脸我都认不熟。当时的中国提倡人丁兴旺，几世同堂，但听父亲说这两家是形势所迫才选择一大家子住一起的。"

"形势所迫？是为了要躲避战乱吗？"奈美问道。

佐藤辉子点点头："不错，有这方面的原因。还有就是，农闲时不少人从乡下来大都市谋个营生。再加上像祖先的忌日或者过冬至之类的节庆的时候，大家会从各处赶来，回到由长子继承的祖宅来团聚，所以上海的人口流动性很大。张家跟白家的当家都碰巧身为长子，逢年过节家中自然热闹。记得白家的亲戚里有位姑娘跟我年纪一般大，日语说得可厉害了。我们就在那阳台上聊了不少，一问才知道她跟自家哥哥一同去日本留过学，难怪日语说得这么好。她说家住得不远，明天回去了，随时可以再过来。"

这话题扯远了，芙美有些捺不住性子，便催促似的问："您跟她关系很好吧？"

"是啊，和她很聊得来。倒不全是因为交流起来没有障碍，就觉得这姑娘心眼儿好。只是没想到她已为人妇了，并且先生还比她大五岁，这让我有些吃惊。"

佐藤辉子说这话时，想必还没意识到那时的自己也早已到了适婚年龄，跟她年纪相仿的女性大多步入了婚姻。况且在旧时的中国，女孩子更是早早就被许配出去。

对面那姑娘名叫白珠璃，佐藤辉子平日里都用中文的发音唤她珠璃。

"井崎大尉失踪快一个月时，我有一天偶然碰见了珠璃……"其实那次邂逅并非偶然。佐藤辉子从家里出来，白珠璃就一直偷偷跟在她身后，直到走了好一段距离，才装作偶遇的样子，上前去打招呼。

辉子惊讶地问："真巧，你怎么会在这儿？"

"我在跟踪你。"白珠璃倒也坦然。

"为什么？"辉子凝视着白珠璃的脸，发现她的双眼里闪着泪花。

"你怎么了？"辉子轻轻抱了抱她。

白珠璃用一口标准的日语小声回答道："我哥哥被抓了。"

"什么？怎么会呢？抓哪儿去了？"佐藤辉子有些慌乱无措，完全搞不清状况。

"被日本军抓走了。"

"为什么要抓他呢？"

"因为井崎大尉。"

"井崎大尉？"佐藤辉子感到颇为意外，一个邻家亲戚怎么会知道井崎大尉的名字。虽然军队里展开了大范围搜查行动，但都是秘密进行的，并且宪兵也要求知情人三缄其口的。"你别慌，慢慢说。"辉子说着，放在白珠璃肩头上的手也不由得握紧了些。

"其实当时我才更慌张呢，"辉子笑笑说，"人家来找我，肯定是都做好了准备的，要说什么心里有数，我劝人家别慌，不是说反了嘛。当我从她嘴里听到井崎大尉的名字时，早就六神无主了。"辉子优雅地饮尽了杯子里最后一口红茶。

"我再去沏一壶吧？"芙美问。

"那麻烦你了，我这故事才刚起头呢。"佐藤夫人趁芙美泡茶的这会儿工夫，歇了口气。见芙美回来了，佐藤夫人又开启了话匣子："想来也蠢，我居然问珠璃怎么知道井崎大尉的。她哥哥被日本军抓了，井崎大尉不就是抓地下工作者的吗，原因不是显而易见吗？珠璃跟在我后面，一直走到人少的林荫道才把我叫住，为的就是掩人耳目。她提议说假装我们在散步，这样讲话更方便。我们尽可能地保持平静，缓步向前，只是说到伤心处，她还是忍不住抽泣起来。在林荫道漫步时，珠璃给我讲了她哥哥的故事……"

"珠璃第一句话就说自己哥哥是个爱国主义者。"佐藤夫人接着说，"对于爱国主义者，我的理解是当祖国遭遇入侵时，那些竭尽全力将外敌赶出属于我们的疆土的人。话是这么说没错，但我怎么也无法将这个事情与珠璃的哥哥联系到一起。所以听她讲完，我在那儿愣了好一会儿。珠璃看我没反应，继而又表示她自己以及她的丈夫都是爱国人士，所以认识井崎大尉并不稀奇。我当时条件反射似的问了句为什么。"

奈美觉得她能够体会辉子的心情，毕竟井崎大尉差点儿就成了自己的丈夫，现下从站在对立面的爱国人士口中听到他的名字，一时间无言以对也实属自然。

"她问我知不知道井崎大尉是做什么的。这个问题让我很犯难，我只能告诉她，我知道井崎大尉是在军队里做事，因为工作内容对外保密，我也就没多问。然后她说，既然如此，那便由我来告诉你吧。说完还笑着耸了耸肩，可眼里却写满了悲伤。珠璃解释之前，还铺垫了一句，'对于日本人来说，可能只是奉命行事而已'。不行啊，珠璃对我说的话，我不能透露给你们。我只能告诉你们一点，在那个特殊时期，日本军对抓到的地下工作者的确实施了惨绝人寰的暴行。"

奈美点点头，虽说自己的想象力谈不上多丰富，但想想"人间地狱"大抵可以用来形容那些狰狞的画面了吧。

"珠璃的哥哥作为杀害大尉的犯罪嫌疑人，被抓进了'地狱'。她哥哥叫黄亮，是不是本名，珠璃不肯透露。在中国，女性结婚不用从夫姓，既然是珠璃的亲哥哥，也应姓白才是，可见这'黄亮'是化名。想必是为了家人不受其牵连，才隐姓埋名的。"

"既然是隐姓埋名，那珠璃为什么会知道她哥哥的事儿？就算知道哥哥被宪兵抓走了，那她怎么知道这事儿跟井崎大尉有关？"奈美问。

"你这孩子心倒是细，我那会儿都还没意识到呢。后来想想大概因为珠璃也是地下组织的成员之一，再不然就是听哥哥的同伴讲的。但是地下组织的情报是不能外泄的，即便是家人也要严格保密，所以可以断定她也是其中一员了。这女孩子可不一般啊！这之后她丈夫去了重庆……"

说到重庆，奈美自然而然地联想到了王教授。因为日军入侵，战区与租界被划分开来。为保周全，家人分离的例子不在少数。信中的壶与盘就差不多是在此时登场的，奈美预感终于要讲到正题了。

"听说珠璃的婆婆有病在身，不宜远行，所以珠璃才留在上海照顾的。"

奈美一听这话，就知道故事对上了。珠璃肯定就是王教授的妻子！王教授就是在重庆得诺顿先生相助的。

"我们在林荫道继续漫步前行。珠璃说到哥哥会受刑，眼里满是痛苦，她时而哽咽的样子让我揪心。我环顾了下四周，觉得一切已然天翻地覆，世界再不像从前那般多姿多彩，转而化成凝重的黑与白……"佐藤夫人看向大海，对岸的淡路岛逐渐模糊了起来。她把眼睛眯成一条线，好似沐浴在强烈的阳光下。"珠璃讲得那样真切，让我置身其中，仿佛是我在严刑拷打她的哥哥。我心里难受极了，竟下意识地对她说了声对不起。说完，珠璃抱了抱我。"

伴着佐藤夫人的口述，奈美闭上双眼，想象着四十多年前，上海的那条林荫道。奈美从未去过上海，但那种着法国梧桐的林荫道，如同黑白电影般清晰地映入眼帘。树下相拥的两位女性正在窃窃私语。

佐藤夫人用珠璃的口吻讲道："日本军营里也不全是黑心肠。他们来到中国，虽说只是按上级指示做事，但逐渐有一部分人看清真相，对自己的工作产生了疑问，可是仍不得不服从命令。他们思考怎样才是真正的正义，面对当下的形势，应该采取什么样的措施。我们称这样的军人为'军中良心'，而井崎大尉就是其中之一，再加上他拥有过人的才智，所以我们是断断不会伤害他的。"

佐藤夫人讲述时用了"我们"这个字眼，想是已经默认珠璃为地下组织的成员了。

林荫道很快就走到了尽头，前方被一栋豪宅挡住了去路，二人只好原路返回。

"日本的宪兵挺有本事的,能查出我哥哥与井崎大尉有过接触。"

"什么接触?能说明白点儿吗?"辉子问。

听到这儿,奈美的脑内小剧场正将画面调成慢速播放。

"井崎大尉身处机密部门,才能出众。作为参谋,他制定的作战计划让无数地下工作者栽了跟头。随着被抓捕入狱的中国爱国主义者日益增多,井崎大尉内心的煎熬与矛盾也越发强烈,良知也正经受着莫大的考验。这时我哥哥觉察出了端倪,进而想方设法与大尉进行了接触。"珠璃把声音压得很低,不过依旧能感受到她的满腔热血。

"为什么你哥哥会觉出端倪呢?"辉子有疑问实属自然。

"哥哥有两个同伴渗透进了井崎大尉的工作地点。一个是中国人,一个是日本人。中国人在基地里负责打扫以及收拾餐具。为了防止有人毒害大尉,给他送餐的都是日本兵。虽然不能直接接触大尉,但就算是收拾残羹剩饭,也可从中了解到大尉的精神状况。那位日本的同伴则负责整理图书室,图书室里有一大堆关于社会主义思想的书籍,他就借着这些书,跟大尉聊起了时下的局势。大尉也是从这位同伴口中得知,如果他脱离军队,会有愿意吸纳他的组织,这便给了他离开的信心。其实日本军方也在暗中派人监视大尉,不过在他去你家时,会稍稍有所松懈。"

"为什么?"

"你们不就差办婚礼了吗?"

"还没说到那份儿上呢。"辉子否认了。

"可大家都是这么传的。有谁会拒绝陆军大学的优等生呢?毕竟这世道,军人才是人上人。"

"随他们怎么想吧。"

"去佐藤府对井崎大尉来说是个难得的机会,终日被人盯梢,要是笑眯眯地说去未婚妻那里,也能让那些眼线稍稍放松警惕。"

"你的意思是说,井崎大尉已经脱离日本军方了?"

"没错,可以说是舍名弃利了。"

辉子惊讶得一时间说不出话来。即便珠璃言之凿凿,辉子对她的说辞也未必全然相信。

"井崎大尉没有死,我哥哥作为杀人的犯罪嫌疑人被逮捕,根本就是无稽之谈。"

"那你哥哥直接这样讲不就能出来了吗？"

"当然不行，如果被人知道我哥与大尉暗中接触，并把他送进了反战联盟，那他肯定就死在狱中了。只有让日本宪兵相信井崎大尉是自愿脱离军队，无人帮衬，我哥哥才有可能逃得出来。在此之前，万万不能提跟井崎大尉的关系，否则我哥哥定人头不保。"

"嗯。"辉子觉得真相的迷雾似乎被一层层拨开，可还是有些令人费解的点。

"我们得救哥哥性命！"

"那是自然。"辉子想也没想就应了这话。这个名叫黄亮的人，于辉子而言只是个素未谋面的陌生人。就是逢年过节，在白家也没见着有这号人物。且不说这，救人性命肯定是当务之急。

珠璃停住脚步，双手合十，对辉子说："请帮帮我！"

"可我能做什么呢？"

"要井崎大尉用电话向日军坦白是自愿脱队，这根本不太现实。说是为了和平离队，但日军肯定会把他当成叛徒处置，再说现在大尉身边也不可能有电话。所以还得麻烦佐藤姐姐你了。"

"我没听明白。"

"也就是说，我想请姐姐告诉日军，井崎大尉给你来过电话，坦白了真相。"

"什么？为什么他会给我打电话？"

"因为你是他的未婚妻啊！给爱人留下最后的信息，不是很自然吗？这样做是最稳妥的。"

"听完珠璃的话，我沉默了。据她描述，井崎大尉厌倦了战争的血雨腥风，不想再做杀人的指挥官，于是投身和平事业，放弃了军衔。井崎大尉活着，而她的哥哥却被冠上了杀人犯的罪名，经受着严刑拷打。珠璃现在一心只为救哥哥出狱。"

奈美应道："这不就是捏造事实吗？"

芙美也表示："这不摆明了让您撒谎吗？"

佐藤夫人辩解说："不过听珠璃的口气，井崎大尉心中确有此意，只是无奈无法跟外界联系，才出此下策。"

"那您最后按珠璃的意思去做了吗？"芙美问。

"我就站在那儿，一直盯着珠璃的眼睛。那双明眸圆溜溜的，还不时闪着光。那时，我倒觉得自己的眼眶湿润了。但可不能让泪水模糊了双眼，不然怎么能看得清她的真心呢！我就这样凝视了她好久，珠璃丝毫不闪躲，自觉自愿地敞开心扉与我对视。"

芙美与奈美面面相觑，似乎都明白这气氛是容不得两姐妹插嘴的。两人尽可能地想象当时的场景，但无论如何脑袋里都出不来那画面。因为实在难以把平日里温和柔美的佐藤夫人，与"目光凌厉"这个词联系到一块儿。

佐藤夫人补充道："我当时必是眼神犀利，让人浑身难受吧。那样死死盯着她看，估计让人感觉我面目狰狞、形同夜叉。"说完，她放下茶杯，将双手置于膝盖上。

两姐妹未置可否。过了半晌，奈美才开口："我觉得可以理解。"

珠璃拜托佐藤辉子撒谎，以救哥哥性命，辉子是在考量其中的轻重利害。若是瞒过了日军，或许珠璃她哥哥就能无罪释放。可如果珠璃关于大尉的那套说辞是全然虚构的，那辉子决不能贸然答应此事。要是在辉子联系了日军以后，井崎大尉的遗体就被找到了，那该如何是好？最糟糕的是，井崎大尉的遗体在辉子去电之前就已被发现，那谎言不就不攻自破了？事关军队里的最高机密，辉子很可能因此被捕，一番严厉审讯肯定也是免不了的。再者，即便辉子的父亲在日军心中地位不低，此事也不是一两句话就能轻饶的。佐藤辉子虽是温室里的花朵，但起码的防范意识还是有的。平日家里也请了老师教授辉子英文，所以除了日本的新闻之外，辉子也会读读英文的报刊。较之普通的日本滞留者，她对于时局的认识要深刻得多。

日本正把全部精力放在应对时局变故上，与英美的关系亦日趋恶化，这些情况辉子心里都有数。辉子心想自己要是被捕，要如何交代此事呢？把白珠璃给供出来？那岂不是会牵连无辜的白家一家老小？若真如辉子猜测，白珠璃是地下组织成员，那在当局介入之前，珠璃定当跑得无影无踪。她这样做不仅是为了自保，也同样是为了保全家人。不过于辉子而言，便是四面楚歌了。即便珠璃没走，被抓去经受住了严刑拷问，也难保在意识迷糊间不会吐露出同伴的名字。起初，这样的例子辉子曾在茶余饭后听朋友闲聊过，却不曾想自己有朝一日竟可能会走进这个令人闻之色变的世界。

"亏得珠璃眼神坚定。倘若我在她目光中看出一丝一毫的犹豫，我必然不会为她冒这个险。"

芙美附和道："那是自然。"

佐藤辉子接着讲："结果，还是我不敢再直视她的眼睛了。"

"是吗？"说着奈美看向佐藤辉子的眸子，大概辉子是察觉到了奈美投来的目光，索性闭起了双眼。

"在这场对峙中，我输给了珠璃，先笑出了声。"佐藤夫人微笑着睁开双眼，一双大眼睛明亮动人。

奈美把视线移向了别处。

四十多年前面临的抉择，就算是换成现在，佐藤夫人也会做同样的决定吧。

"我对珠璃说了，跟你一起不管是上天堂，还是下地狱，我都奉陪到底！"佐藤夫人两眼放空，思绪像是已飘到旁人到不了的远方。

奈美脑海里不禁浮现出林辉南的模样，试问自己能否为了这个人，出生入死都不怕呢。奈美觉得故事的主角仿佛变为自己，在台下听戏的她，此刻站在了聚光灯下。辉子的经历里本应该没有奈美这号人物，但这两段看似平行的故事线，似乎迟早会有相交的那一天。

芙美在一旁问："听您这么说，珠璃肯定很高兴吧？"

"我记得那时候，梧桐树叶的影子刚好洒在珠璃的脸上，所以她的表情我看不真切。我想与其说是高兴，倒不如说她一开始就料到了我会答应。珠璃回答我说：'我要带你去的地方既不是天堂也不是地狱，就是真实存在的人间。而我也是一个真真实实的人，努力想要活得有个人样。'"

芙美有些吃惊地问："珠璃真这么说的？"

"当然。"佐藤夫人自说自话似的应道，"虽然事情过去这么多年了，但她说的一字一句我都牢牢地记在了心里，那场景恍如昨日。珠璃最后那句'人样'还是用英语讲的，human being。这个发音我到现在还清晰地记着，仿佛依旧在耳畔回响。毕竟那是我一生中唯一的秘密，记忆如此深刻也不足为奇了。现在想来，那段日子是我漫漫人生路上最为闪光的时候了。"佐藤辉子说这话时的语气，就像是一个正值芳华的女学生。

"撒个要命的谎，还成了最闪光的回忆？"芙美这话问得倒也有趣。

佐藤辉子捂着嘴，咯咯地笑起来："你以为撒谎容易啊？没有切实的把握，怎么敢胡诌呢。我跟井崎大尉要不是恋爱关系，也办不了这事儿。再者，你还得有点儿演技吧，不然人家怎么可能会买你的账。要说演，姑娘家或多或少都会的，平日里吹个牛满足下虚荣心总是有的吧，太老实的姑娘就显得太呆板无趣了。不过这件事可不只是添油加醋么简单。我一遍遍地告诉自己：'你必须融入角色中去，让人真的以为你深爱着大尉，最好是把自己都骗到。'"

芙美傻傻地问："那您告诉自己的话念出声过吗？"

听得一旁的奈美都忍不住扶额了。不过，佐藤夫人还就是喜欢儿媳妇那股子傻劲儿。

辉子微笑着摇摇头："那倒不至于。或许我嘴里也时不时碎碎念叨两句吧。我当时拼命地想把这个角色塑造好，到了近乎狂热的地步。可是，我越是强迫自己演，越是力不从心，在一些细节上老是感觉别扭，然后就越发不自信起来。我刚才说没有把话念出来，可能不太准确。我记得好像那会儿，对自己一个劲儿地讲'喜欢他'之类的话，想象小鹿乱撞的感觉，调动起自己的情绪。这是最开始的准备阶段，第二步是想好拨电话时要怎么说。因为这是大尉对自己爱人的留言，我还得假想自己是大尉，站在他的角度去遣词造句。"

"真是不容易，演员、编剧都让您一个人承包了。不过，妈这么有才华，肯定没问题的。"芙美说道。

奈美一直默默地听着，任由芙美问傻问题，这样辉子还能讲得更详细些。

"不是有没有才华的事儿，我觉得既然答应了，就得尽可能把事情办好。在跟军队联系之前，我必须先告知父亲。这事儿才更让我为难，毕竟是父亲举荐的人，他知道了心里肯定不好受。"

芙美轻轻晃了晃脑袋，嘚嘚嘴说："我跟奈美虽都是战后出生的，但可以想象军人擅自离开部队这种事儿肯定是要命的。"

"你们知道'非国民'这个词吗？不承认你是一国之民，就意味着不把你当人看，直接贬为畜生，或许更甚，连畜生都不如。我要是告诉父亲，您给女儿选的好女婿是个非国民，他会怎么想，是伤心还是震怒？我猜都不敢猜。面对父亲，我多有不忍，本来有好多次提起的机会，都让我白白放走了。可是一想到珠璃的哥哥还在牢狱中受苦，我这一耽误，或许会让他性命难保。最终还是鼓起勇气，告诉了父亲。就在我与珠璃一同漫步林荫道的两日后，也就是珠璃来电的第二天。"佐藤辉子说到此处停下了。

事情要做就全套，不能露出破绽。珠璃的来电便是为了让戏更加真实可信。白天，辉子的父亲会外出工作，但家里还留有几个帮佣，不煞有介事地打个电话，怎么能糊弄过去呢？珠璃早就想好了要用这一招，在林荫道漫步时，就吩咐辉子第二天早上守在电话旁，铃声一响立马就接起来。本来珠璃想当天就拨的，不过时间已近傍晚，辉子的父亲在家定会率先拿起听筒，只好作罢。父亲身为一家之主，但凡在家都不会让旁人接电话的。某一日，辉子的母亲接听了电话，却忘了将别人委托的事转达给父亲，因此父亲破天荒地责骂了母亲。从那以后，母亲就十分排斥电话，若非不得已，绝不会拿起听筒。珠璃与辉子约好上午联系，此刻母亲大多会在厨房，用正常音量讲话是不大可能听见的。

电话铃在上午10点响起。熟人都知道主人白天不在家，所以一般不会上午来电。挑这个时间段拨过来，辉子的母亲也多少会留有印象。挂了电话后，辉子还得表现出异常的情绪，让母亲觉察出她的烦恼。

辉子来到母亲面前，捂着脸摆出一副郁郁寡欢的模样，母亲果然注意到了，并关切地问："你怎么了？"

"有点儿头疼。"

母亲见状眉头一紧："是不是感冒了？"

辉子条件反射似的补充道："不是感冒，就是有点儿头疼而已。"

母亲似乎松了口气。身为人母，子女身体抱恙，不可能不担心的。没什么大毛病，单是头疼的话，过段时间就会缓解，年近五十的母亲也犯不着操心了。到这里铺垫得差不多了，辉子也稍稍放松了些。

佐藤夫人用手指敲了敲窗户玻璃，接着说道："我告诉父亲后，他并没有惊慌失措，当然惊讶还是有的，随后只是一脸凝重地轻声低语着'无奈啊'。"

佐藤夫人把关键的地方一笔带过，惹得儿媳妇有些不满："妈，您到底怎么跟外公说的啊？"

佐藤辉子苦笑道："你就这么想知道啊……我这辈子就编了这么一个剧本，讲讲也罢。内容大致是井崎大尉突然来电说：'佐藤小姐，请原谅我的不辞而别。我想要坚守自己的底线，因而毅然决定离队。我与你两情相悦，可现如今已是逃兵身份,我断不能将你置于水深火热之中,此前共度人生的约定,就当我从没提起过。从表面上看,我背弃了国家,可我实则是在救国啊!为此我不惜选择了最为艰难的一条路。若是旁人不懂也罢,但我希望你可以理解我的用心良苦。我本想默默地离开,又怕你为我牵挂。最后容我道一句,各自珍重,后会无期。'我这样说着说着,就红了眼眶,泪珠大颗大颗地往下掉。那时候可真没在演戏,想来,我是被自己塑造出来的井崎大尉给感动了吧。"

"然后外公就说了句无奈?"芙美显然是要刨根问底了。

佐藤夫人再次苦笑着回道:"都过了这么多年了,哪儿还能记那么确切啊!反正我能回忆起的都说了,不能保证每句话都对,但大致是没错的。当时,你外公说完,沉默了一会儿,然后又透露了些自己的看法,他说得断断续续的,所以我也只记得些片段而已。"

"他说了什么?把您记得的都告诉我们吧!"芙美不依不饶地催促辉子往下讲。

佐藤夫人看向窗边,又开始用指尖轻轻敲击玻璃,似乎在逃避儿媳妇与奈美的目光,但其实她真正不想面对的是与亡父的那段回忆。

"他说,可以理解井崎先生的心情。其实父亲在平日里的言语中也时常流露出对日本现状的担忧。父亲说,我与井崎先生的关系竟如此亲密,这让他很意外。他平时忙工作没留意,也没听母亲提过此事。若不是母亲太不敏感,就是我藏得太深了。"

"这可真是冤枉外婆了。"芙美道。

"是啊,怪可怜的。该讲的话都已告知父亲,我心中的石头也算落下一点儿了。更让我安心的是,父亲提出要替我转达给军方。现在想想,理应如此,可当时我傻傻地以为得自己去说,把自己吓得够呛。"

"这样最好了。"奈美自然而然地应道。

"是啊!"辉子接着讲,"父亲还鼓励我不要怕,叮嘱我说,军方来盘问时,一定要镇定自若,人家问什么,就老实交代。你问心无愧,堂堂正正地面对就是。"

"然后宪兵队的人就跑来做各种烦人的调查了吧?"芙美催着辉子往下说。

"来是来了,倒没我想象的那么难缠。可能是因为父亲早就提醒过我,所以我已经做好心理准备了。其实我感觉他们有意在规避一些问题，问来问去也就那几句。我就按写好的剧本说，一句多余的话也不讲。我本无过错，或许在宪兵的眼里，我只是个被心爱之人逃婚的可怜人罢了。平日里都知根知底的，反而会同情我的遭遇吧。现在想来，他们的问题也确实没有刁难之意。"

宪兵问辉子："井崎的语气跟平时有什么不同吗？"

"不知道他是在哪儿拨的电话，感觉信号不太好。为了让我能听清，他特意提高了音量讲话，所以听上去比平时声音更洪亮。"

"哦？会不会是有人假扮井崎，模仿他的声音说话，但音量没控制好？"

"不会，我很肯定是他本人。他说话结尾那语气我很熟悉，况且他还谈到了只有我们两人才知道的秘密。"

"什么秘密？"

"我们两人约好相伴终老。"辉子听了父亲的话，答什么问题都坦坦荡荡的。

"电话那头有没有杂音？"

"时不时会传来哗啦一声。"

"您说时不时，是指有规律的间隔，还是杂乱无章的？"

"这我倒没怎么注意。不过，仔细一想，好像还真是规律的。"

"还有其他的杂音吗？比如说机械的噪声？"

"没有了，就只有哗啦哗啦的响动。出现这个声音时，井崎大尉会偶尔停顿下来，我以为是信号不好，也没多想。"

"冒昧地问一句，您与井崎大尉私订终身，是什么时候的事儿？"

"正好是三周前的星期四。"

"从那之后，你们见过几次面？"

"三次。"辉子写的剧本果然周密，还好涉及这些问题，问答起来底气十足。

"具体时间呢？"

"这我不可能记得那么清楚，再说我平时也没有记日记的习惯。我记得其中有一次是在家里见的，一次是一起看了午夜场的电影，还有一次是出去喝茶了。"

"井崎当时穿了什么衣服？"

"三次都是穿的便服。"

"看的什么电影？"

"卓别林的《摩登时代》。"

"你们见面都聊些什么？"

"都是些私人的事儿，聊聊家人的性格之类的。"

辉子与井崎大尉刚认识那会儿，井崎就表示可以入赘。辉子的母亲便问了问井崎的家庭情况，辉子本不关心，但还好当时听进去了，心里对井崎的家人有个大概的印象。辉子心想要是被宪兵问及此事，自己也不会乱了阵脚。不过，宪兵并没有深究。

"还有呢？是否聊到时局问题？"

"他提到日本与美国关系恶化，未来的时局会更加动荡。"

"关于此事，他有什么见解？"

"没详细说，只是言语间流露出要做好心理准备的意思。"

"您听他这么讲，做何感想？"

"我也说不好，只是迷迷糊糊地觉得，今后跟他成家了，每天都得听他这么念叨吧。"

宪兵听着辉子的话，苦笑着歪了歪脑袋。辉子成功地把自己塑造成了一个待嫁的少女，满怀心思地憧憬着婚后的生活。

宪兵问："您是不是觉得有些不耐烦？"

"倒也没有，就是觉着怎么不聊点儿轻松的话题呢？"

宪兵突然严肃起来："现今形势紧迫，他身为大尉，身上的担子很重，哪儿有闲工夫跟你聊风花雪月。"说完又恢复了平静。

宪兵之后反复问了两遍，井崎大尉有没有在电话中透露准备去何处、做什么。辉子一一否认，对方也不再追究。可见这宪兵也不是胡搅蛮缠的人。

"井崎既然下决心离开，那对自己的行踪自然是会缄口不语的。"

辉子感觉宪兵说这话，就是根本没指望能从自己口中套出什么有用的信息，只是例行公事问问而已。

佐藤夫人回忆道："宪兵说还要再审讯我一次。当时总共就审了两次。"

芙美细细地问："那第二次是传到机关里去审的吗？"

"没有，还是来的家里。之前来的人第二次也跟来了，还带了位年纪稍长的人。那个人穿着一身西装，但他肯定也是军人，因为他的额头上方没有被阳光晒过的痕迹。虽然常戴帽子的不只是军人，不过他的言行举止很明显就是军官的做派。"说着，佐藤夫人把放在额头上的手缓缓放下。

"军官的做派？就是说他很傲慢自大吗？"芙美问道。

辉子轻轻摇摇头："正相反，他表现得彬彬有礼。他两鬓斑白，虽然有些秃头，但给人感觉高雅而又威严。我父亲尊称他为阁下，想必是个大人物。"

"应该是军官的头儿吧。"芙美信口一说。战后出生的女孩子，哪里懂军队的阶层头衔。

"在当时将官以上级别的才能称阁下，少将也可称阁下，但未必是指将官的头目。能当上少将就已经很了不起了。"

"第二次审讯肯定比上次更严吧？"

"并没有。"

芙美天真地问："不是说来了大人物吗？"

"正因为这样，才更不会严刑逼供了。现在也是如此，官衔越高的人做起事来越是稳重。"

"第二次审问，出什么新招了吗？"

"依旧老调重弹，只不过相比第一次，这回显得更轻松了。"

"那为什么还跑一趟，带个大人物来装腔作势？"

"肯定是上面的人不放心，想亲自过来确认才妥当。他看着一副和蔼平静的样子，目光可锐利呢！我说没说谎，仿佛都逃不过他那双眼睛。"

"笑里藏刀的人，想想都心里后怕。"芙美耸耸肩。

"我后来还时不时回想起当年的场景，但是那位阁下的名字却怎么也记不起来了。或许是大脑自动过滤掉了不好的回忆。说实话，我隐隐觉得，那人似乎已经觉察到了我在撒谎。"

"此话怎讲？"

"我只是猜测，直觉如此。也许是我做贼心虚吧。"

奈美插话道："怎么会呢？就算婆婆是在捏造事实，但井崎逃走是确有其事啊，那位阁下真的能辨清孰真孰假吗？"奈美这会儿终于从自己的世界缓过神来，乖乖当起了辉子的听众。

"话虽如此。那时毕竟年轻，沉不住气。撒了谎，心里总是七上八下的。"

芙美接过话头："我觉得未必都是假的。井崎逃走是事实，他心里有您，肯定也想过要联系您的。"

"你何出此言呢？"

"您看，您现在都这么标致，二十多岁的时候，还不美得跟个仙女似的！井崎大尉一定被您迷得不行，自己不方便拨电话才让那姑娘来代为转告的，就那个叫白什么圣诞来着……"芙美记不起白小姐的名字，还冷不丁冒出一句"圣诞"。

奈美小声提醒道："人家叫珠璃。"

"其实，我还真这么想过。是不是太自恋了？"辉子倒也不否认。

"没有的事儿。"芙美急忙摇摇头。

"我有时会觉得我同宪兵讲述的情况就是事实。但是还有另一种可能，那就是他真的已被人杀害。面对宪兵的审问，我太过镇定。若是某一天，井崎的尸体被发现了，我肯定会因为做伪证而被打入大牢。想想还是很可怕的。而且，那段时间珠璃没有与我联系，想必是知道我周围戒备森严，她不敢轻举妄动。否则要是最终没有救出她的哥哥，那我这场苦情戏不是白演了。"

"那最后救出来了吗？"芙美迫切想要知道下文。

"过了很久，我才得知她哥哥已经出狱。珠璃坦言，没有与我联系，一来是碍于戒备，二来她对我充分信任。"

"过了很久，到底是多久啊？"芙美在有些问题上还真是斤斤计较。

"差不多一个多月吧。我整日惴惴不安，心里感觉像是过了半年。事情都过去四十年了，当时的心境我到现在都能体会。反而是最近发生了什么事儿，我倒记不清了。"佐藤夫人神情落寞地歪了歪头。

"这段往事是发生在1941年的春天吧。"奈美对这年份很是上心。

"是啊。那时候大概是早春时节，空气中还有些寒意。我记得上海比这边更冷一些。那时年轻火气足，倒也不觉得冷，也许是顾不上添衣加袄，挨了冻而不自知。"佐藤夫人半眯着眼，像是陷入了回忆。

芙美不合时宜地插嘴道："那珠璃是用电话联系您的吗？"

佐藤夫人和蔼地说："不是的。我记得那天穿了外套出门。本来还犹豫要不要穿呢，但似乎有些感冒的症状，为了保险起见，还是套上了。在参加完聚会回来的路上，觉得外套有些沉，准备找个没人的地方脱掉。我扭着身子，正要脱掉一边袖子，结果外套自己就滑下来了。我纳闷儿地转过头一看，原来是珠璃站在身后搭了把手。珠璃笑盈盈地看着我,我问她黄亮放出来了吗,她点点头,随后笑着的脸上挂满了泪珠。阳光照在她脸上,泪珠晶莹剔透的。我受珠璃情绪的感染,也不禁流下眼泪。我一边给她道喜,一边吸了吸鼻子,还傻傻地辩解说,我没哭,就是感冒了。珠璃一听,立马就要把外套给我重新穿上,我说不用。两个人就在路边说来劝去的。真是奇怪,这些小细节我都记得很清楚,但后来到底有没有穿上外套,我又记不得了。"

按照这个时间节点,应该是珠璃为表感谢,赠予了辉子那对壶与盘。本以为辉子的秘密就要告一段落了,没想到佐藤夫人还补充了一段内幕。

那时珠璃作为犯罪嫌疑人的妹妹,在哥哥出狱后,赠予辉子礼物,难免会使人觉得奇怪。宪兵队或许已经从别的途径,查出了井崎大尉生死与否,但也可能全盘接受了辉子的说辞。并且,宪兵是否知道白珠璃就是黄亮的亲妹妹还有待查证,所以万不能冒这个险。

恰好两年前,佐藤家有个中国籍的保姆辞职返乡了。她名叫亚灿,来家里做事都十六年了。她辞职时,辉子的家人都对她很关照。听说,亚灿因故离婚,在家乡待不下去了,才跑到上海来工作的。她家境殷实,人也耿直。这些背景,父亲在雇人之初就调查清楚了。亚灿称,出来这么多年,从前的事也没人去提了。家里的弟弟需要照顾,索性就辞职回浙江老家了。辉子小的时候,亚灿就一直跟在她身边,所以两人特别亲。离别之际,二人都泪眼婆娑。

"与珠璃相遇的五日后,我收到了亚灿的来信。信上说:小姐的婚期将近,特赠您吉祥之物聊表心意。正巧近日有亲戚要去上海,便托他代为转交。但其实那是珠璃送的东西。珠璃那日交代了,会用这种方式避嫌。邻居家时常来往的亲戚,亚灿自然也是认识的,况且二人还是同乡。想是珠璃跑去浙江求亚灿,给我写这样一封信。亚灿上过学,信还是会写的。之后过了一星期,一位面善的大叔给我送来了包裹,正是那对瓷器。大叔说,这是祝愿新人幸福美满的结婚贺礼,还用浓重的浙江口音解释了这瓷器的由来。我父亲中文虽好,也架不住方言的攻势,有一半内容都没听明白,但大体意思就是讲这瓷器饱含了丈夫对妻子的爱。这话我也听珠璃讲过,她希望我将来的丈夫也能像瓷器的主人那般疼爱妻子。这么美好的祝愿,我自然心存感激地收下了。"

第十二章 红瓷枕

奈美听了佐藤夫人的故事,基本上弄明白了今川家那对壶与盘的来历,再加上林辉南关于《迷桥图》的解说,相思青花的制作过程亦是一览无遗。当务之急是把大姐久美借给美国女人的瓷器要回来。奈美就此事拨电话与姐姐商议,谁知久美当即就把这个烫手山芋扔给了奈美。

"这事儿我可不干。我把照片跟借条寄给你,你自己去说。你英文那么流利,肯定不在话下。"久美这话听着像是在闹别扭。

芙美在一旁分析道:"做这种费力不讨好的事儿,大姐肯定觉得伤自尊了,索性就撂挑子给你。但她也不能仗着自己是老大就任性妄为啊!新民法上规定,兄弟姐妹都应地位平等,她还讲长幼尊卑这一套!"

最后当然是拧不过大姐的,收拾残局的任务就落到了奈美身上,芙美不放心也决定跟来。这天两人结伴来到大阪,在酒店的大厅里,见到了大姐口中的施密特夫人,她身边还站着一位身材高挑的绅士,已是满头银丝。奈美本以为这是施密特夫人的丈夫,夫人却介绍说:"这位是格林先生。"

奈美脑袋里一下子闪过史密斯夫人提到的格林先生。不过,格林是很常见的姓氏,有重姓并不稀奇。奈美这段时间正好在读格雷米·格林的小说,所以对这个姓氏的印象很深。

施密特夫人开口道:"听铃木夫人说,此物因故不能转让。先前是她欠考虑了,'对不起'三个字都写在她脸上了。其实不用那么在意,我不会强人所难的。"施密特夫人根据日本人的习惯,把装有瓷器的桐木箱子用布包着,一同带到了大厅,看样子是打算爽快归还了。

奈美忙解释:"真是不好意思,确实事出有因,这瓷器也是家里老人的一个念想。而且,东西也并非上品,家姐有所不知,所以当时没告诉您。瓷器上有一部分图案是在烧制之后，用画笔绘制上去的，实在算不上正宗的青花瓷。"

"这我清楚。"

"是吗？"奈美十分意外。

施密特夫人回答说："起初观赏瓷器时，我并未察觉。之后，我拿到酒店，交予格林先生鉴别，他一眼就看出这瓷器上的部分纹样是烧制完成后手绘添加的。"

"格林先生一眼就看出端倪了？"奈美觉得不可思议，听闻专家都得通过周密的检查才能得出结果，而格林先生不过一眨眼的工夫，哪里来的自信如此肯定。

格林先生接过话头："我此前见过与这一模一样的一对瓷器，当时就已做过详细的调查，所以一见此物便知晓其工艺。"

"这么说，您就是那日从史密斯医生府上借走瓷器的人？"奈美终于把整件事给联系起来了。眼前的这位就是因急事飞去美国出差的格林先生。

"您认识史密斯医生啊？"这回轮到格林先生吃惊了。当日奈美拜访史密斯夫人时，他已经取走瓷器回去研究了。

全靠格林先生敏锐的洞察力，才得以识破真相。史密斯夫人把鉴定结果转告奈美，但并没有向格林先生提及此事，所以格林先生自然不知道还有奈美这一号人物。

按史密斯夫人的话说，奈美要是早来十五分钟，两人就能见上面了。格林先生答应史密斯夫人，会制作一张去掉手绘后的瓷器复原图，不过在此之前格林先生就已经离开了英国。事情一拖再拖，史密斯夫人通过电话，委婉地催促了几次，当然都没有提到奈美的名字。

瓷器爱好者施密特夫人，从铃木久美老家的藏品中挑中的这两件瓷器，碰巧是那壶与盘。她与格林先生是在旅行中认识的，下榻于同一酒店，正好格林先生又是位瓷器专家。施密特夫人本打算购入这两件瓷器，于是就想让格林先生给估下价。没想到格林先生一见此物，惊愕得合不拢嘴，并跟施密特夫人说："此物也就约莫百余年历史，却是个宝贝，就算对方要价高点儿，也请您务必买下。您若是觉得不值，可转手于我。"现在这对瓷器的艺术价值如何，对格林先生来讲不是最重要的，他关心的是这瓷器是否真跟史密斯府上的那对别无二致。

奈美解释道:"这四件瓷器本是成套的。早年因为战乱,拥有瓷器的夫妇二人被迫分居两地,二人各取一对瓷器随身携带。当时夫妻俩都卷入了不同的纷争之中,不过所幸二人均得到贵人相助,最终化险为夷,于是二人相约将此物赠予各自的恩人。这丈夫的恩人是罗伯特·诺顿先生,而妻子的恩人便是家姐芙美的婆婆了。"

奈美觉得自己方才的解释不尽如人意,明明在伦敦生活过几年,这会儿却对自己的英语能力感到不自信。奈美没有细讲珠璃的故事,只说她遇到了大麻烦,当时究竟是什么状况,还得靠听者发挥想象。所幸,施密特夫人与格林先生都是想象力丰富之人。

格林先生得知了事情的原委后,耸耸肩感叹:"你们说巧不巧,看到瓷器的那一瞬间,我还以为是我伦敦的房子失窃,东西被人转卖于此,着实吓了一大跳!"

施密特夫人坦言:"既然如此,我更不能把瓷器据为己有了,还是归还给今川家比较妥帖。"

芙美会心一笑:"您能这么说,真是太好了。"

"我觉得还是还给佐藤夫人吧。"奈美提出了不同的意见。

芙美劝说道:"听我一句,瓷器应该留在今川家。佐藤家当年家道中落,今川家二话不说,尽心帮衬过,怎么说也是恩人。这瓷器是佐藤家的一片心意,理应留在今川家。再说,我又是佐藤家的儿媳妇,两家是不会断了交情的。"

"姐姐言之有理。"奈美忽然想起从林辉南那里听来的故事。莫达先生与兰友的那段往事,眼下还不能向施密特夫人与格林先生提起。奈美觉得自己跟林辉南的关系还未确定,他说的话,自己知道就好,犯不着一五一十跟别人交代。

酒店大厅里四人话语投机,相谈甚欢。芙美的英文不太流利,整句话不知道如何表达,便把关键词一个个罗列出来,对方也大体能懂得她想表达的意思。

因为奈美与格林先生有共同的朋友,话题里自然免不了要聊到史密斯医生一家。出于礼节,奈美向格林先生讲述了与史密斯医生认识的经过:"我丈夫在伦敦病逝,当时多亏了史密斯医生帮忙打点。"

格林先生回应道:"史密斯先生医术高明,他当时一定竭尽全力去挽救您的丈夫了。"真正的绅士会懂得在合适的地方点到即止。

临走时，奈美拜托格林先生："复原图要是绘制好了，能给我寄一份过来吗？"

"乐意效劳。"格林先生在笔记本上记下了奈美的地址。

回来的路上，奈美抱着瓷器问芙美："要不要把这拿给佐藤夫人瞧瞧？"

奈美想着就这样放回今川家的储藏室，未免有些可惜。佐藤夫人嘴上不说，心里也肯定挺想见见这瓷器的。可是送出去的礼物，怎么好意思开口再要回来，而且送的还是自己的亲家。不过佐藤夫人要是提起这事儿，今川家也是绝对乐意拿出来的，然而这样一来佐藤夫人心里定会过意不去。既然瓷器已经出了今川家的门了，何不趁现在送去须磨给老太太瞧瞧，正好她儿媳妇芙美也在，这不就是合情合理的事吗？

"行啊，婆婆见了肯定开心。"芙美表示赞同。

这次去佐藤家，奈美终于看懂了门匾上的署名，"听浪亭"下方写的是"黄亮"二字。因为佐藤夫人讲过这是珠璃哥哥的名字，是否为化名暂且不议，一来二去一联想，这字奈美总算是能认出来了。不过，跟"听浪亭"三个字比起来，这署名显得十分潦草，像是故意为之。

佐藤夫人见了瓷器喜不自胜，一面抚摸着瓷器，一面不停地念叨着："好些年没见了。"

"珠璃给您的谢礼，除了这壶与盘，还有其他东西吧？"奈美问道。

佐藤夫人诧异地看向奈美："你指什么？"

"就是门口那块匾额啊。"

"你这孩子倒是眼尖。我之前没告诉你们，是觉得这事儿说来话长，就没一一交代了。"佐藤夫人的一双眸子温柔似水。

奈美解释道："您先前不是讲过，珠璃有个哥哥名叫黄亮嘛，今天看到匾额上的署名，我一下子就明白过来了。"

"怎么回事儿？"芙美显然没会意。

"门口那块匾额，你天天见，怕是没留意过吧。"佐藤夫人向后仰了仰，视线重新落在了瓷器上。

芙美一脸天真地问婆婆："那块匾也是珠璃送的？"

"应该算是珠璃哥哥送的，他原本是打算送一个红色的枕头，后来换成了那块匾额。"

佐藤夫人口中突然跳出来的线索，不禁让姐妹二人异口同声地惊呼："红色的枕头？"

"我之前也解释过，这壶与盘是祝愿夫妻幸福美满的吉祥之物，其实那枕头跟这两样东西是配套的。"

"什么样的枕头啊？"芙美掩不住好奇。

佐藤夫人回道："陶瓷做的枕头，这东西在日本少有，在中国倒是很常见。瓷枕有各种形状，多用白瓷或青瓷烧制，红色的瓷枕我是从来没见过。"

奈美调查瓷器时，翻阅了不少图鉴，也去参加了很多陶瓷会展。在此过程中，奈美阅瓷无数，知道中国盛产瓷枕，且有诸多名作，还了解到中国传统的健康法则中有一条为：脚热头凉。意思是，脚焐热了，身体就暖和了，但要让头脑保持清醒，就得枕着冰凉的东西。要说冷冰冰的东西，除了竹子，就是这陶瓷了。

瓷枕上的纹样丰富有趣，既有童子嬉戏，又有美人横卧，抑或是单单印上讨喜的文字，制作者的心思一览无遗。无论样式如何，瓷枕都有一个共同之处，便是头部所枕的位置，有意做了些许凹陷。因为瓷器跟荞麦或是棉质枕头不同，不会因头部的重量而自然凹陷，所以为了使用舒适，才特意下此功夫。书上曾有人说过，瓷枕是最难做的物件。奈美深以为然，毕竟这世上有人好枕高枕头，有人青睐低的，对舒适度的感知也因人而异，实在众口难调，况且又不能像衣裳般打版试样。每每翻阅各类瓷枕的图鉴时，奈美都不禁感叹陶工的不易。

说到鉴赏瓷器，奈美也算半个行家了，可这红色的瓷枕，她还是头一遭听说，果真是稀奇玩意儿。不过，那壶与盘都如此少见，与之配套的瓷枕异于寻常也不足为奇了。

芙美盯着桌上的青花瓷，自说自话："红瓷跟青花怎么会相配呢？"芙美似乎不在意瓷器的形状差异，只是这不成套的配色让她有些不解。

佐藤夫人亦是不得要领："我也摸不着头脑。说是配套的，我就这样记下了。对了，我记得珠璃说过，婆婆让她把瓷枕交给哥哥。"

"有什么缘由吗？"

"其实，那壶与盘各有两件，共四件，寓意成双成对。可那瓷枕只此一件，因此珠璃的婆婆觉得不妥。珠璃夫妇婚后琴瑟和谐，但丈夫独自去外地赴任，二人总是聚少离多。婆婆平日里需珠璃照料，觉得自己成了拖累，心里或许有些过意不去。于是老人家左思右想，就认定了那红色瓷枕不吉利。"

"为什么？"芙美歪着脑袋，不知道是真不懂，还是为了催佐藤夫人往下说。

"你想啊，在中国成双成对代表吉利，婚嫁称喜事，就连贴窗上的'囍'字也是对称成双的，而瓷枕形单影只，自然不讨喜。珠璃的婆婆可能是觉得这瓷枕只要留一天，小夫妻就难以团聚。其实瓷枕不吉利这话，珠璃的婆婆也是从算命先生那儿听来的。珠璃婆婆那辈人更是对此深信不疑，便想着早日把瓷枕送出家门。"

芙美一脸同情地说："明明是饱含祝福的宝贝，转瞬就成了碍眼的不祥之物了。"

"不过，珠璃的婆婆想，这瓷枕毕竟是祖上留下来的，若是送给一个非亲非故的人，岂不可惜。"

"所以就让珠璃拿给她哥哥了？"

佐藤夫人点点头："珠璃的哥哥那时已有婚约，这瓷枕就被当作预祝的贺礼给送出去了。"

"还真是会挑时候呢。"芙美的一双眼睛滴溜溜地转。

"而且红色在中国代表喜庆。婚礼、庆生、乔迁、开业、建新房等都会用到红色。所以作为贺礼，红色的瓷枕是再合适不过了。"

芙美调皮地说："不是说这枕头只有一个吗，难道长度够两个人用不成？"

"我虽然没见过，但敢肯定不是双人用的。若是双人的，珠璃的婆婆也不会着急要把它撵出家门了。再说这世上有双人瓷枕这种物件吗？"

"说得也是。然后珠璃的哥哥想把这瓷枕送给您，可是没送成对吧？"解开了疑问，芙美立马言归正传。

佐藤夫人扶着额头："都几十年前的事儿了，具体如何我记不清了。"

"您不是说过，昨天的事儿转眼就忘，唯独在中国的那段日子是记忆犹新吗？"芙美这一句话就撬开了佐藤夫人的嘴。

佐藤夫人苦笑道："你这孩子，我说还不行吗，但是真只记得大概，细枝末节都模模糊糊的。对了，说到这儿，我倒还约莫记起来点儿前因后果了，容我再想想。"夫人用食指揉了揉眉间。

姐妹俩不约而同地捧起桌上渐凉的红茶，啜了几口，静待下文。

现年六十八岁的佐藤夫人，身上一点儿也看不出岁月的痕迹，背挺得直直的，体力也不减当年。芙美时常说："婆婆头脑比我们这些小辈还灵光呢！"

奈美觉着佐藤夫人的那句"昨天的事儿转眼就忘"实属自谦。这些往事一直都在她心里装着，从不曾忘却，说记不清，只是为了整理思绪罢了。

结果不出奈美所料，过了片刻，佐藤夫人略微含羞地笑着说道："我终于想起来了。"

听说珠璃老家有位叔叔是专门做艺术品生意的，而且他经手的艺术品大多都卖给外国人。有段时期，不少外国买手特地来中国购买青铜器与瓷器。为了响应市场，收集中国艺术品的商人也逐渐增多。日本侵华战争打响后，在上海租界的周边区域，古玩商人们依旧有钱可赚。因为战争，人口流动性加剧，物品的流通自然也更加活跃。虽然明面上没有设立古玩集市，但对于古玩商人们来说买卖还是照做，而且其中的大部分人都认为战争非但没导致生意萧条，反而给古玩市场带来了生机。回顾历史，艺术品大量输入输出，多发生在战乱时期，不计其数的珍贵文化遗产在战乱中被带离故土。

珠璃的叔叔是位古董行家，于是珠璃和哥哥带着瓷枕，想请叔叔鉴定一下价值。若是东西上不了台面，肯定是不好拿出手送人的。叔叔仔细打量了一阵那红瓷枕，劝阻道："这东西万万不可送人，现在正是它升值的时候！"在叔叔眼中，红瓷枕是个宝贝，就这样拱手于人，实在可惜。这位叔叔算是珠璃的远亲，平时也少有来往，连珠璃哥哥被捕一事都不知晓，自然不知道这瓷枕其实是份谢礼。

"那人对我们很照顾，所以……"哥哥含糊地解释。

不料，叔叔先开口道："东西先搁我这儿吧，送不送人到时候视情况而定。"这一句话就把瓷枕给扣下了。

珠璃与哥哥也没好再多说什么。想来叔叔也是一番好意，两个晚辈都是老实人，就这样傻傻地把宝贝给送人了，他这个做长辈的也看不下去，所以干脆把东西留在自己身边，免得这两人头脑一热就当礼物给出去了。

叔叔向哥哥提议："要不你写点儿东西送人家吧！你不是从小就擅长书法吗？比起送瓷枕，这样也更显诚意对吧？我想人家也会欣然接受的。"

确实，珠璃的哥哥从小就写得一手好字，谁人见了都夸赞不已。对于书法，他自己也颇有自信。

在回家的路上，珠璃对哥哥讲："方才叔叔的话也不无道理，佐藤小姐什么宝贝没见过啊，比起瓷枕还不如送幅亲笔写的字给她。"

"话虽如此，那写什么好呢？"

"写点你欣赏的文章，比如说鲁迅先生的名言？"

"鲁迅的文章是好，不过送给日本人不大合适吧……"

"那你觉得呢？"

"我之前为了挣点外快，帮人的店招牌题过字。对了，佐藤家是做什么生意的？"

"人家不做生意，是研究药学的学者。"

"看来是不需要招牌了，那就提个室名斋号如何？像梁启超的'饮冰室'、黄遵宪的'人境庐'那样的。"

"你别说还真有那么一处！我记得辉子跟我讲过，佐藤家在日本神户有栋宅子，位于须磨的海岸边，因为在屋内能听见涛声阵阵，故取名为听浪亭。"

"这名字好，就写这个了！"哥哥说着拍了拍夹在腋下的包裹。这包裹是刚才叔叔送的，说是上等的书法纸，让哥哥拿回去用。

以上便是佐藤府玄关处那块匾额的由来了。

芙美噘起嘴，俏皮地说："妈，您记得可真牢啊，聪明的人就是记性好，我真是自愧不如。"

的确，佐藤夫人记忆力惊人。且不说这事儿是听珠璃转述的，关键是事情已经过去四十余年，人物之间的对话，还有动作这样的小细节，她都绘声绘色地描述出来，仿佛亲眼所见一般。

芙美听了这个故事，突然对门口的匾额提起兴趣，便跑到玄关瞅了瞅，不一会儿又回来了。

奈美问佐藤夫人："您还记得那红瓷枕到底长什么样吗？形状与普通的枕头一样吗？"奈美知道这瓷枕被留在珠璃的叔叔家，佐藤夫人不曾见过，但应该听珠璃描述过瓷枕的样子，以她的记忆力回忆起来也并非难事。

"这东西想忘都难啊，红瓷枕这么稀罕的宝贝，听珠璃讲过一遍，就扎根在心里了。"

佐藤夫人此话一出，奈美就知道无须担心了。或许正是因为无缘一见，佐藤夫人在听人描述时，努力在脑海里勾勒出瓷枕的轮廓，这样反倒比亲眼所见来得印象深刻。

佐藤夫人回忆道："枕头嘛，不像盘子或壶那样可大可小，尺寸就是正常枕头那般大。再说颜色，虽是红色但并不抢眼，没有粉色那样轻薄，也不像燃烧的烈焰，而是很柔和的色泽。"

奈美问："是红褐色吗？"

辉子摇摇头，接着说："形状呈椭圆，像橄榄球。头枕处平滑地凹陷下去。"

芙美疑惑道："像橄榄球，那岂不是放不稳？"

"说像橄榄球，又不是一个模子刻下来的。枕头是中间凹陷，底部还是平的。"

"这么说我就明白了。"

"不过这枕头两端不能承重，头部放在两端，枕头就会倾斜，底部只在中间凹陷的那块区域做了平滑处理，但是其实底部平面也有两处凸起的部分起固定作用，不过不太明显而已，所以支点处受力，枕头便会侧翻。"佐藤夫人阐述得惟妙惟肖，仿佛那瓷器就在眼前。

第十三章　蝴蝶兰

奈美拿回壶与盘后，去大阪见了林辉南一面。奈美本以为这段时日林辉南会一直留在日本，结果临别时，林辉南称家中有急事，需要赶回新加坡。

两人约在林辉南下榻的酒店大厅里见面，奈美几乎一字不落地对林辉南转述了从佐藤夫人那儿听来的故事。

"虽然佐藤夫人没有明说，但我觉得夫人口中的珠璃，肯定就是王教授的妻子。"奈美总结道。

珠璃与曾赴日留学的哥哥一同前往东京，并滞留了数年，期间她就读于某女子学校专攻英国文学。在此之前，珠璃曾在上海的教会学校上学，英语能力出众。为了在学业上不输旁人，珠璃特地选择了自己擅长的英文专业。用佐藤夫人的话来说：珠璃用英语给自己牵线搭桥，进而掌握了日语，进度甚至超越了哥哥。

在书信中，王教授提到，自己的妻子曾攻读过英国文学，这一点与佐藤夫人描述的珠璃完全吻合。另外，林辉南在讲述《莫达和尚事略》时曾说到，自己的曾祖母是莫达的妹妹，而莫达先生那位美丽勇敢的妻子也有一个妹妹，并且嫁给了一位姓王的人家。佐藤夫人告诉奈美，那壶与盘以及红瓷枕均不是珠璃娘家所有，而是她夫君王家祖传的宝贝。据推测王教授应该是兰友妹妹的子孙后代。

林辉南对奈美说："我回到新加坡，会进一步调查此事。"

"您是为了这事儿，才特意提前回去的吗？"

林辉南摇摇头："当然不是。我虽是个无业游民，但也是杂务缠身。芦屋的那间相思青花很多事情也还没处理完。"

"您是说那家餐厅吗？"

"现在尚未确定是否要开店迎客呢。"

奈美也不好多言，只是凭直觉认为，那家餐厅的老板就是眼前的林辉南。

林辉南接着说："我中途会去香港绕一圈，回到新加坡应该正好在一周之后吧。"

"您出来了这么久，想必待办事项都堆积如山了。"

"是啊，您看，我一个赋闲之人还成日奔波忙碌，哪儿能真正得闲哟。"

"再过两周，也就是半个月后，您能抽出点儿时间来吗？"

"有什么事儿？"林辉南直直地盯着奈美的眼睛，目光像是能看穿人心。

"是这样，我想去新加坡玩一玩。"奈美想也没想就脱口而出。这件事完全不在她的计划之内，不过转念一想，偶尔任性一下亦无不可。奈美自认在感情上属于被动型，但是面对林辉南却不由得主动起来。

在那一瞬，林辉南似乎难掩喜悦之情。一种别样的情感在两人心中涌动。

"您能来，我当然开心。其实，我觉得有些对不住您。"

"林先生此话是何意？"

"通过接触，我对您也有一个大致的了解了。那日去电之前，我就已经收到了您写给我的信。看到那些尘封了四十余年的来往信件，我很是兴奋。但是更让我心中雀跃的是，得知了您丈夫已逝的信息，这也是您最初去拜访史密斯医生的缘由……"林辉南说到此处顿了顿。

奈美一言不发等着下文。

"那日去电约您在相思青花见面，本来想坦白，奈何话到嘴边，又咽了下去。"

"那个电话的内容，我记得很清楚。"奈美说道。

那通电话过后，两人再没有谈论此事。也许是《迷桥图》的故事太过鲜活，让人忘却了其他。

"我之所以欲言又止，是因为知道自己没资格与您发展关系。"林辉南解释说。

"林先生能说明白些吗？"奈美看着林辉南的眼睛发问。

"我已婚，无子，目前与妻子处于分居状态。约莫一年前提出离婚，已通过律师协商，条件差不多谈好了。"

"哦……明白了。"其实早在伊斯坦布尔与林辉南相遇时，奈美就有所察觉。现在看来确有其事，如若不然，林辉南大可在电话中袒露心声。

"我妻子人在香港，先前律师来电说，妻子已经同意签离婚协议书了，所以我明天就得飞去香港。"林辉南的嘴唇微启，说话时皓齿在唇间若隐若现。双颊轻轻向上提，似乎面带笑意。

奈美看着他，嘴角上扬，条件反射似的说道："我看，这新加坡我还是不去了吧。"

"为什么？"

"您不觉得时间上太凑巧了吗？"

"是您说要来做客之后，我才提的离婚这茬儿，您来新加坡跟这件事根本没关系啊。"

"话虽如此。"

"这次出行本来就是我们两人之间的事，您无须多虑。至于说时间上凑巧，那也无可厚非，跟着心走便是。您不要推辞了，来新加坡看看吧，您跟这里一定会合得来的。"

"合得来？"

"最初在伊斯坦布尔与您相遇时，我就觉得您的气质与新加坡很相符，给人感觉如同兰花一般。"

"您这话说得。"

"而且不是普通的兰花，应是生长在南洋，属于热带的兰花。"

"热带的兰花是什么样的？"

"颜色鲜艳，绽开的花瓣就像热带蔚蓝的晴空，一眼便能让人感受到它生命的脉动。这股子生机勃发的劲儿就跟您一模一样，您骨子里的活力从相识到现在一直感染着我。"

"是吗？记得当时我为了准备飞去伦敦，正在调整情绪，那状态应该谈不上多有活力吧。现在的感觉也跟活力搭不上边啊。"

"所谓相由心生，您内心想要积极地面对生活，所以给人的感觉也是积极向上的。这样的您，着实打动了我。"

奈美默默地听着。

林辉南接着说："好了，热带的兰花，该跟您说再见了，我们新加坡再会。"

随后两人握手告别。

正好二十天后，林辉南与奈美在新加坡重逢了。

奈美搭乘的飞机降落在机场，林辉南驾车去迎接。在送奈美去酒店的路上，他略微介绍了一下沿途的风景。来到酒店，见天色已晚，林辉南便对奈美说："我想您也累了，今日就好好休息吧，明日我带您去植物园转转。"说完，他帮奈美办理了入住手续，便打道回府了。

虽说奈美已在新加坡待了一晚，但还没来得及感受这个国家的风土人情。今日出游，眼前的所有景致都是新鲜的。

新加坡的植物园里有一处兰园，号称世界兰花的宝库。兰花属于热带植物，新加坡的土壤和气候为它提供了得天独厚的生长环境。

林辉南领着奈美来到兰园，指着面前的一株兰花对她说道："您就是这兰中皇后。"

奈美歪着脑袋应道："这是蝴蝶兰吧……"奈美的父亲也很喜欢兰花，所以在自家的温室里种植了一些。奈美打小看着这些蝴蝶兰长大，对它们的样子是再熟悉不过了。

蝴蝶兰的花瓣娇艳欲滴，如同空中起舞的蝴蝶，故得其名。此花拥有一种动态之美，给人以生机盎然之感。在伊斯坦布尔的托普卡帕博物馆，林辉南初遇奈美，从那一刻起，她就犹如一朵娇俏的蝴蝶兰在林辉南的心里悄悄绽放了。

"为什么会觉得我像蝴蝶兰呢？"奈美望着兰花呢喃自语。

林辉南笑着说："我也说不清原因，这就是我的第一印象，硬要我解释，只怕会显得牵强。不如顺其自然，往后慢慢就习惯了。"

据称全世界的兰花种类多达一万五千余种，新加坡的兰园虽不能涵盖所有，但也称得上包罗万象，种类之全，亦是世上少有。

走出兰园，两人在绿植环绕的园中漫步。

"她签字了。"林辉南低声说了一句。

奈美一步一个脚印地踩在草坪上，边走边说："这话听上去终于有点儿私密感了。"

"昨天在去酒店的路上不也只有我们俩吗？还不够私密？"林辉南也配合着奈美的步伐，朝前走着。

"昨天您就像个导游一样解说风景，哪儿有私密感可言。"

"哈哈，还真是。但导游解说词也可以包含自己的感情啊。"

"我明白您的意思。"

"就像此前讲的莫达和尚的故事,我跟他也没有关系,可能对您来说,我的描述就跟听历史讲座一样吧?"

"那倒不是,莫达先生的瓷器可在我家放着呢,并非毫无关系。"

"说的也是,那瓷器的话题也算得上是私房话了。要不咱们接着聊?"

"好啊,那瓷器的故事真的很抓人心。"

"这里的环境还不错,我们可以边走边聊。您会不会觉得累?"

"年纪轻轻的怎么会累。"

"哈哈,不过说实话,我体力上可能吃不消。"

"不会吧,您看起来最多也就五十岁,身子骨应该还很健壮才对。"

"准确地说,我已经五十一岁了。"

"这不是正值壮年吗?"

"我比您可是大了十五岁啊,我可不想让您看到我老态龙钟的一面,我们还是找个地方坐下来聊吧。"

"听您的。"

"那要不要来我家坐坐?我一个人住了一年了,而且经常不在家,所以拜托阿姨给整理了下,总算能见人了。"

奈美心想,他一个人住了一年之久,那他妻子的痕迹应该在房子里无处可寻了。在与林辉南分别的二十天里,奈美攒了一肚子的话要讲给他听。比起肩并肩漫步,这些话还是坐下来面对面聊比较合适。于是奈美一口答应了。

林辉南说自己家在郊外,可周围的繁华程度给人感觉却像身处东京。从市中心驾车到城郊,只需要二十分钟左右。

林辉南的家是座独栋别墅,门前一大片庭院供人休憩,附近的房屋松散排开,视觉上十分舒适宽敞。这里的景致倒是颇有郊外闲适之感。

新加坡是个国土面积极为狭小的高度城市化国家。个人占有的房屋面积十分有限,新加坡政府制定了住宅政策,着力于规划建设高层住宅新区,这种极度压缩空间的高楼把城市变成了水泥森林。所以像林辉南家这样附带大片庭院的房子,实属奢侈。

新加坡曾是英国的殖民地,不知道是否是此缘故,这个国家的阶层差异巨大。如果你不是毕业于类似新加坡莱佛士学院或新加坡大学这样的名校,或是曾留学海外的精英，根本不可能进入这个国家的既定体制中去。绝大部分位处政界、商界干部级别的人都是沿袭此路线发展的。

林辉南的庭院是一片草地，路面有些许起伏。在庭院的一隅有座小小的建筑，远观既不像中式的亭子，又非英式的小木屋，走近一看，才发现是日式的小茶室。想必是主人林辉南在日本长大，所以对于日式的东西别有青睐。小茶室门的正对面就是主家。这房子是典型的英式风格，墙上爬满了常春藤，看上去饶有一番趣味。奈美觉得这建筑与芦屋的相思青花很相似，只是构造有所不同，相思青花是把庭院包在建筑内部，而林辉南的家宅则是把庭院放在了门前。

从正门看过去，小茶室位于庭院的左侧一隅，右侧有一个双层的车库与一座小屋。

林辉南说那是家里帮佣阿姨的住所。其实阿姨一家子都在林家做事，她丈夫已经七十三岁高龄了，一直帮着打理庭院，日复一日辛勤地除草。她儿子平日里住在政府规划的高层住宅区，因为阿姨的大孙子是林辉南的司机，所以主人在家时，他儿子会跟着住进车库二楼的小房间。

两人走进玄关，林辉南向奈美介绍道："阿姨之前也在日本住过很长一段时间，所以最基础的日语交流还是会的。"

林辉南口中的阿姨，从少女时代开始就在林辉南父母身边做事，后来成了家，她丈夫也开始在林家打杂。对于林辉南来说，这位阿姨已然是亲人了，所以在介绍那座房子时才会脱口而出，说那是阿姨的家。

林辉南推开客厅的门，说道："多亏了阿姨帮忙收拾。"

两人在客厅的沙发上相对而坐，林辉南笑眯眯地问奈美："您有话对我讲吧？"

"是，我一直在想这事儿……"奈美话音未落，林辉南便接过话头："您是否有些思虑过重了。"

"或许吧。"

"您说吧，我听着。"

奈美轻轻摇摇头："不急，我们还是先聊聊其他话题，慢慢切入吧。"

"好。我也这么觉得。"

这时，阿姨端着红茶进来了。

"欢迎您，您是神户来的吗？那是个好地方。"阿姨热情地用日语跟奈美打招呼，尽可能地把自己会说的句子都罗列了出来。"您慢用。"阿姨说完离开了客厅。

阿姨前脚一走，林辉南就从口袋里掏出一张小纸片放在桌上，他对奈美说："我们先来聊聊这个吧。"

那张约莫半个手掌大小的纸片上写着"王志光"三个字。

"您还记得那些来往书函上王教授的署名吧，他的名字写作王志光。"

"您调查过了？"

"我了解到此人就是兰友妹妹的夫家王家的曾孙。"

"您还查得真清楚。"

"哈哈，我就这癖好，从小就喜欢刨根问底，凡事弄个明白。您知道我这个性有时也招人厌。"

"嗯，谁都有隐私，若有人老是对自己的事寻根究底，人家心里自然会有不满。"

"是啊。小时候，人家认为我烦人；长大了，又让人觉得跟我相处浑身都不自在。可能妻子厌恶我，究其根本，也是我这性格所致吧。"

"您这话……"奈美不知该如何往下接。

"不好意思，一来就说个没完，我们不聊这个了。"林辉南拿起桌上的纸片，对折后收进了上衣口袋里。然后起身走到书架前，从中抽出一个文件袋，随后又回到原位坐下。

趁着间隙，奈美捧起了茶杯。

林辉南开口道："都说物以类聚，我也有好几个朋友都爱好调查，其中有一人在香港研究近代史。在我收到您寄来的书函复印件时，我立马就想到了他，并拜托他帮忙调查这背后有什么来头。"

奈美将茶杯放回桌上，双手扶膝，略微歪着头问："唯一的线索只有那些信件，要调查也并非易事吧？"

"其实，调查起来还真不是太难。从信上可知，王教授在重庆时遭遇危难，史密斯夫人的父亲诺顿先生曾救他于水深火热之中。加上信件上有日期，所以大体可以推测出发生此事件的历史时期，这信是出事之后写的，就把时间往前推一些，地点在重庆，从这两点入手，再让我那研究近代史的朋友查一查，必然会有收获的。"

"我觉得信息还是太模糊了。"

"怎么会？时间、地点这样关键的信息都掌握了，并且王教授卷入的事件应该不是小事儿。您不是说珠璃的哥哥当时险些送命吗，所以为答谢，才送恩人祖上传下来的瓷器。那么在重庆发生的事，也一定非同小可。不然，王教授也不会送同样的传家宝来谢恩了。"

"林先生言之有理。"

"既然是重大事件，那么就一定会留下历史记录。珠璃的哥哥出事跟宪兵有关，新闻不会大张旗鼓地报道，但日本军方那儿应该是有留底的。不过这种书面材料，在战争结束后多半被销毁了。即便如此，与此事件扯上关系的人，脑海里的记忆可不会被轻易抹去，佐藤夫人不就记得牢牢的吗？我那位研究近代史的朋友，收集了诸多这样的资料。他用二十年时间，走访了相关人员，采访当年之事，并将对话内容录制成磁带。"

"那位朋友应该弄清楚历史背景了吧？"

"是的，而且轻而易举就查到了，因为当年的新闻报道过此事。"

"哦？是吗？"

"可能因为跟军事机密基本不沾边，所以才允许公示的。珠璃哥哥那事儿是这样，王教授被卷入的事件也是同理。"

"与军事机密无关，那也算得上重大事件吗？"

"与军事机密无关，并不代表不重要。一言以蔽之，就是搞贪污，准确点儿说，是走私犯罪。"

"走私？"

"战时的重庆，情况有些复杂。不单是政治层面上，在经济层面上也是如此。有人走私牟利也不足为奇。"林辉南说着，从文件袋里拿出一个小册子，"我朋友整理了相关记录，并复印了一份给我，当时的新闻也在。您看不懂中文，还是由我来解说吧。"林辉南从小册子里抽出一页，拿在手上举得与眼同高，使得奈美也能看得见上面的文字。

标题上印着"惊人走私案"五个龙飞凤舞的大字。看着"惊人"二字，奈美猜得出是令人吃惊的意思，不过后面三个字，就只识其形，不知其意了。

林辉南忙解释道："这'走私'其实就是非法运输，'案'是指案件，连起来您可以理解为令人震惊的非法运输案件。"

1937年7月，日本侵华战争爆发。随着战争规模逐渐扩大，国民政府从南京迁至武汉，后又转移到了重庆。政府要员不愿再固守被日军侵占的阵地，纷纷从各地前往重庆，一些自愿为抗战尽一份力的爱国人士也跟着赶到重庆会合。因此，重庆的人口暴增。一瞬间，政治家、官僚、金融大佬齐聚一堂，这是重庆历史上从未有过的盛况。来重庆为国效力，带上家属多有不便，所以像王志光那样与家人分居两地的人不在少数。

国家虽处于动荡时期，但经济上依旧活跃。因为物资短缺，商人们反倒是有机可乘。不少人钻法律的空子，将违禁品或是需要交纳进口税的商品偷渡回国，走私牟利。

"据我所知，重庆四面环山，怎么会有港口？"奈美以为重庆是大山里建起来的城市，周围是不可能有海的，所以也无法与外国进行海上贸易往来。

林辉南解释道："重庆有江，自然有港口。顺着长江往下走，就是著名的长江三峡，现在依旧是旅游胜地，游轮就从重庆港驶出。"

"可是在战时，长江下游的对外贸易往来不都由日军掌控吗？"

"正是，不过重庆的对外贸易不是通过船运，而是空运。"

"那时候就有空运的货机了？"奈美甚是不解。战前的民营航空简直是凤毛麟角。再说空运走私这种事儿，发生在战争年代也确实挺新鲜的。

林辉南继续解说："南京被日军攻陷，国民政府选择逃难到重庆。虽说重庆资源丰富，可这毕竟是在打仗，兵器弹药该如何补给？长江下游被日军封锁，所以只能绕道而行。后来历经重重磨难，中方终于从缅甸开辟了一条道路，翻山越岭运送物资，那条路被称为'缅甸之路'。大件的货物就通过货车运送，较轻的重要物资则由飞机运送。"

"那个年代的飞机应该很小吧？"

"当然，与现在的飞机体积不能同日而语。不过毕竟是货机，较之一般客机已经算是大家伙了。走空运的都是贵重物品，像武器的精密部件之类的东西。其实飞机基本上都是英美提供的，而且也不仅仅为国民政府服务。"

"日军原计划切断国民政府与外界的联系，却不曾想在自己的眼皮子底下，中方还能劈出条路来。"

"没错，日方本想着把中方逼到山穷水尽，让其自愿投降。殊不知，'山重水复疑无路，柳暗花明又一村'，人家自己早就铺好后路了。"

林辉南拿着新闻的复印件，默不作声地浏览了一遍上面的文字，开口道："言归正传，我把这新闻上的内容解释给您听。上面说，这架飞机属于英国，以机长为首的几个工作人员与奸商勾结，牟取暴利。"

"奸商是什么？"奈美此话一出，自己都觉得可笑。明明身为日本人，居然在向一个新加坡人请教日语单词的意思。

"就是奸诈、狡猾、以不正当手段牟利的商人。"林辉南扭头拿出纸笔，写下"奸商"二字，递给奈美说，"这下明白了吧？"

奈美低着头回答道："明白了，不好意思，我什么都不懂。"奈美觉得林辉南像是在讲课。这位林老师深入浅出地费心讲解，试图将奈美带回那战火纷飞的年代，可奈美却难以在脑海里勾勒出当时的情景，于是显得有些心不在焉。但林辉南一开讲，就没打算停下来。

"新闻上列了三个奸商的名字，其中一个就是王志光。"

"王教授成奸商了？"

"新闻上说他当时是教育部学术审议委员会的专员。专员是指由政府委派的专区负责人，大概相当于科长级别。"

"我记得信上说，王教授在昆明时，也曾于一所大学里工作。"

"的确，这新闻上也如此描述，说他为人师表，言行本应树立起榜样，却因一己私欲，走私牟利，令人愤慨，实为世人所不耻。"

"他走私什么了？"

"说是宝石。"

"不会吧？"奈美感到有些意外，因为按常理来讲，战时物资缺乏，若说走私，也应是运送些食材衣物之类的日常用品，怎么也不会让人联想到名贵的宝石。

"您为什么如此惊讶？"

"我就不明白，战争年代怎么会有宝石在市面上流通？"

"正因为是在打仗，宝石的业务才更好做啊！"林辉南解释说，"战争会导致物资短缺，对于一般民众而言，都会趁机多囤日常用品，这样后面的日子也能好过些。而那些拥有特权的阶层，不需要为吃穿犯愁。所以即使日常用品供不应求，特权阶层也自有他们入手物资的渠道。战争会抬高日常用品的物价，不过宝石就不那么容易涨价了。"

"战时的日本也是同样的状况吧？"

"话虽如此，但中国更甚。因为当时的中国人大多都觉得纸币不可靠，而贵重金属是实打实的钱，立马可以变卖换取物资，所以金银的价格也跟着水涨船高。钻石这类名贵珠宝不说，其他价格略为低廉的宝石，基本上随便拿来换点儿东西就所剩无几了,所以人们基本都不会入手。这样一来,宝石的价格便相对便宜了许多,那些权贵们则盯准了这一点,纷纷购入宝石。"

"但是珠璃的丈夫王志光算不上有权有势吧?"

"当然算不上,他就是个跑腿儿的。权贵们作为买主肯定不会亲自奔波,所以就需要他这样狡猾的人在底下打点。"

"王教授称得上狡猾吗?"奈美觉得"狡猾"二字与她想象中王志光的形象有所不符。

林辉南摇摇头说:"这是新闻为了制造话题性而虚构的形象,说他枉为人师,刻意丑化他。通过之后的取证调查,才发现王志光根本不是这样的人,也并没有犯罪。但其实真相如何并不重要,新闻报纸要的是震动社会的冲击力,没有反差的形象是不足以吸引人的。之后的调查结果因为缺乏话题性,也没有进行后续报道。"

"在这点上日本的媒体也没好到哪里去。"

"确实如此,我那位香港的朋友,收集了许多当时的新闻报道,但没有一篇新闻是为王志光平反的。不过,倒是有新闻报道此案的另一个犯人已被逮捕。王志光因被误认为是犯人而被抓。可文章后面连王志光无罪释放的报道都没有,从字面上看,会让人误解为王志光是共犯。"

"这新闻媒体也太缺德了,王教授真是受苦了。"

林辉南继续讲道:"我这朋友还挺厉害,不仅收集了当年的报纸,连取证审判的相关资料都尽可能地搜罗了起来。抗日战争结束后,诸多资料均已遗失,留下的都是些碎片式的信息,但足以勾勒出走私案的轮廓了。"

"我心里大概也有个谱了,多亏了诺顿先生相助,王教授才能沉冤得雪吧!"

"正是,新闻上称,主犯王志光利用一架从加尔各答飞来的美国货机,向重庆输入大量宝石。"林辉南又捋了捋案情的概况。

当时海运已被日军封锁,剩下的陆路缅甸之路,以及从加尔各答往返重庆的空路,对于当时的国民政府来说无疑是雪中送炭,负责运送物资的机长和空乘人员就是救世主。为表感谢,"救世主"们下了飞机可以乘坐免费巴士,携带的物品也不需要通过安检。机组人员多数为美国人,虽然政府把这些人捧上神坛,但他们的行为并非个个都对得起这份殊荣。因为不用过安检,有些人利用免费巴士之便进行走私。像宝石这样体积小而昂贵的东西,塞进口袋里就能轻松带走，因此成为空运走私的主流商品。

不光在战时，印度至今都是宝石交易的中心地之一。当时欧洲硝烟弥漫，美国也来凑热闹，宝石的交易市场随之逐渐减小。此时，身在重庆的权贵们却对宝石趋之若鹜，印度人发现了商机，起到桥梁作用的中间供应商也应运而生。宝石交易市场焕发生机，商人们赚得金钵满盆。然而天下没有不透风的墙，很快，机组人员从加尔各答走私珠宝的小道消息就在坊间传开了。

那些市井小民传传闲话也就罢了，当局总不能单凭主观臆测，无凭无据就破例检查机组人员的随行之物。再加上，物资的运输都是由驻重庆的英美军事顾问团管理，一般情况下，中方都不得插手参与。直到当局收到一封匿名举报信，信上内容详尽，当局与顾问团商议后，于1941年1月，对某一航班的机组成员进行了严格的审查。

据称，举报信上详细写明了成员的姓名、年龄、出生地、现居地等相关信息。部分机组人员想必已是经常往返于两地之间，然而他们的个人信息就连管理运输的顾问团都不清楚。不仅如此，重庆收货方三人的姓名、年龄、职业都写得一清二楚，王志光也在名单之列。信上还提出，若是人赃并获，切勿姑息。经检查后发现，飞机驾驶员的手提袋中，藏有三包宝石，外用鹿皮绒包裹，上面各系一根皮绳，分别用红、黄、蓝三色区分。这与信上的描述并无二致。由此可见，检举信的可信度非常高。于是，当局立马逮捕了以王志光为首的三名嫌疑人。飞机驾驶员称，自己在加尔各答受一位中国朋友所托，帮忙运送此物至重庆，其他的事一概不知，也不清楚包裹里面是什么东西。

这架运输机型号为大型C109，总指挥部在查普拉，起飞地却在加尔各答，指挥官是颇有名气的夏洛特少将，机组成员隶属印度—中国航空运输队。运输队中还有一支战斗部队，被称作"在华空军"，这支部队主要驾驶战斗机，持续飞航距离较短。太平洋战争打响后，缅甸方迫于日军势力，将根据地迁移至中国昆明。之后，这支空军队伍成为美国二十三号追击队，又升级为第十四航空队。战斗机的机头处画有一只露出獠牙的猛虎，人称"飞虎队"，表达了如虎添翼的美好愿景。

当时日本还未向英、美宣战，英、美两国向中方给予援助纯属自愿，自告奋勇为中国运送物资的飞行员们也算得上义勇军了。既然人家帮忙是出于自愿，要是受了怠慢，随时可以撂挑子走人的。手持一本飞机驾驶证，到哪儿都不怕没工作。重庆虽是后方，但好歹也在战争地区，飞这条航线工资自然会高些，不过，义勇军们并不在乎这点儿蝇头小利。个中道理中方心里都有数，所以对义勇军们可以说是处处开绿灯。此次检查，乃是因为事关重大，否则也万不敢得罪他们。

"驾驶员镇定自若地描述完事情的经过，称自己光明磊落，问心无愧。"说着林辉南把新闻上驾驶员的名字指给奈美看，在那三个字上方来回滑动手指，奈美歪着脑袋表示看不明白，林辉南解释道："这人名叫汤姆生。"那语气如同在揭露一个讳莫如深的真相。

汤姆生称，自己受一位姓陈的中国人所托，转交这三包东西。当问及该交予何人时，对方拿出三张画说道："这画只有一半，接头之人会手持这三张画的另一半出现。若能完全匹配，届时交予此人即可。"那三张画厚度如卡片，长十厘米，宽五厘米，上面各画一只动物，分别是虎、象、狮。画面被对半切开，切口处呈不规则的锯齿状，汤姆生所持的卡片画的是动物的上半身，看起来三只动物都被"腰斩"了。锯齿状的切口大小不一，角度也各不相同，若不是同一张卡片，则无法拼合为一个整体。

此外，调查报告上记录，审查人员询问汤姆生，运送物品是否收受报酬。汤姆生言辞激动，声称自己与那位姓陈的中国友人已有五年的交情，帮朋友一个小忙何足挂齿！不要认为人人都只顾利益！而此事在新闻报纸上并未刊登。

重庆当局拘留了汤姆生，并对外三缄其口，为的是在汤姆生的宿舍守株待兔，嫌疑人一旦出现便一举抓获。检举信上已明确交代了三名走私犯的个人信息，为确保万无一失，当局当场拘捕，证据确凿，不给罪犯任何可乘之机，实为上上策。

当日当局派人守在宿舍，果然有两名男子偷偷摸摸地进来了。这两名男子一前一后，间隔二十分钟相继进入室内，第二名进来的男子似乎对第一名的落网毫不知情，甚至不知道在他之前还有一人前来取货。而第三名男子迟迟不肯现身，此人便是王志光。当局猜想，或许是走漏了风声，王志光见势不妙，自然不来自投罗网了。检举信上写明了三名嫌疑人的名字及住址，前两名嫌疑人的身份已被核实，其随身携带的半张卡片也被缴获。在此之前，当局早已安排人手蹲守在王志光的住所附近，对另外两名嫌犯也采取了跟踪策略，一路尾随他们来到汤姆生住处。王志光当日在第二名男子离开家三十分钟后走出住所，步行大约十分钟，来到一栋双层的砖房前，他按响了门铃，却没有人应答。王志光按门铃持续了六分钟，然后又在原处伫立了十一分钟，最终放弃等待，回到家中。跟踪人员上报了王志光的行踪后，军警立刻出动，王志光在自己家中被逮捕，家里也被搜查了一番。

林辉南反复看着报告复印件，对奈美解说道："报告上称，并没有在其家中发现另一半卡片。"

"这么说就是没有证据了？"

林辉南敲了敲手中的文件，笑着说："您有所不知，往日不同今时，在四十年前，抓人未必要有确凿的证据。那年头的日本也是差不多情形，办案没有那么严谨的。"

"明白了。"奈美根据平日里看的小说与电视剧，推断起当时的情形。她突然想起电影里的一个画面：面目可憎的特务警察，闯进别人家里肆意妄为。战时的重庆还在戒严期间，军警的势力可是最大的。

林辉南继续说道："记录上称，当局推测在王志光的家中没有发现证据，是因为王志光在离开那栋双层建筑的返家途中，或许已把证物撕成碎片，丢弃于河沟之类的某处地方。当局从一开始就认定了王志光有罪，所以根本不会费心去查找证据，其他两名嫌犯均已落网，剩下一个王志光抓回去不就完事儿了。"

"王志光对案件完全不知情吧？"奈美知道王志光已经洗脱了冤屈，这话不过是对案件详情进行补充提问。

"他就是当了人家的替罪羊。其实说来，诺顿先生也遭人陷害了。"

"怎么回事儿？"

"王志光被捕当日去的那栋双层砖房，就是诺顿先生的住处。"

"他们俩是老相识了吧。"

"没错，王志光懂英文，他们虽不在一个部门，但同在政府机关就职，接触自然多些。更重要的是，两人十分投缘。您看，两个人都是背井离乡，孤身来到重庆赴任，当然有共同话题了。后来在王志光的供述中也提到，他们私交甚好，王志光称自己收到诺顿先生的来信，于是才在那时那刻去了诺顿先生家。"

"什么信？"

"王志光说，那封信不是通过邮局投递，而是差个小男孩送去的。并且诺顿先生与自己联系大多通过电话。王志光的住处没有电话，但是宿舍楼的前台那里有一部电话可以使用。王志光的住处与诺顿家就隔了两栋宿舍楼，随时可以步行过去。那信上说，电话出了故障，才差人送的信。信是用打字机打的，内容仅有三句话，最后还有诺顿先生的签名。"

"我明白了，这封信根本就不是诺顿先生写的，他根本不在家，怎么可能叫人家过去呢。"奈美大体理了理事情的脉络。

"这信就是有人蓄意伪造的。当日下午2点，诺顿先生突然接到命令出发前往昆明了。那小男孩送信时，大约是傍晚6点的时候，那时正好是王志光下班刚回到家。信上邀请王志光7点半来家中用晚餐。"

"他们的住处之间距离有多远？"

"晚上的话，要走二十分钟左右吧。为了防止被日军空袭，当时实行灯火管制，到了晚上整个重庆都漆黑一片。王志光的职位较低，不给配车，所以他去诺顿先生家都是步行。王志光7点从家里出发，而第二名嫌犯落网是在6点半左右。王志光见没人应门，满腹不解地回到住处，谁知一到家就被抓了。"

"王志光一定丈二和尚——摸不着头脑吧！"

"他肯定觉得莫名其妙。"林辉南一面说一面翻动着资料，"他们在王志光家里没搜到那半张卡片，倒是搜出来一张字迹潦草的纸条，上面用中文写着：'当局已插手此事，你暂且去诺顿处避避风头。'这张纸条没有署名，可以看出写的人十分焦急，'火急'二字都溢出了纸条。"

奈美推断："这纸条多半是王志光离家后，有人偷偷潜入放进去的。"奈美原先有些心不在焉，随着谈话的深入，奈美逐渐被故事吸引。她对这段历史事件本身未必有多关心，倒是林辉南热情讲解的样子让她着了迷。

"王志光离开家，大约一个小时后返回，这期间的确有充足的时间溜进去作假。只不过那贼人大可不必如此费周章，只需在搜查屋子时，趁机拿出纸条，栽赃嫁祸于他即可。"

"林先生言之有理，这样做更加掩人耳目！"

"虽然当局通过检举信已认定王志光是走私犯，但若是一点儿证据都没有也不好随意抓人，那栽赃的证物是为了保险起见，然后就差王志光的证词了。"

"既然要栽赃，为什么不直接做另外半张卡片呢？那样证据岂不是更确凿？"

"那半张卡片在真正的走私犯手里，要想伪造出一模一样的谈何容易！若是切口与画无法完全拼合在一起，岂不是立马就露出破绽，所以他们肯定不会去冒这个险的。"

"这样想来确实是费力不讨好，那画上色了吗？"

"有，是手绘的水彩画。"

"如此高难度，几乎无法伪造了。"

"话说回来，这事儿对王志光而言简直就是飞来横祸。"林辉南说完，又看了一会儿资料。

这时，阿姨捧着花瓶进来了，瓶子里插着一株蝴蝶兰，她笑眯眯地看向奈美说道："花瓶放这儿了，这花儿跟您一样美。"阿姨放下花瓶，迅速地向右转身离去，那精气神儿完全不像一位迟暮的老妇人。

林辉南依旧盯着手里的资料，头也不抬地对奈美说："这蝴蝶兰跟您的气质如出一辙。"

第十四章 真相

蝴蝶兰放在圆桌上，桌子直径大约五十厘米，想必是专门用来摆放鲜花的。阿姨放下瓶子时，一束阳光正好透过玻璃窗照射进来，洒在花儿的顶端，分外美丽。奈美见此景，不禁端详了好一会儿。

1941年初，发生在重庆的这起走私案早已湮没在历史的洪流之中，当事人大多都已去世，或者垂垂老矣。在历史的长河中，这段往事或许也曾激起过一朵浪花。对于那些浮出水面的历史事件，历史学者们可能会有兴趣研究一番。不过林辉南手里的这份资料，还有奈美从别人口中听来的历史，却是河下的暗流，只能自己去寻求真相了。

林辉南的解说结束了，原本照耀在兰花上的阳光，也移到了旁边淡黄色的墙壁上。阳光下的墙壁呈现出厚重的金黄色，倒衬托得兰花愈发清雅脱俗。

奈美听完后感叹："想不到在我出生以前，世界的一角还发生过这样一桩事儿。"

其实，把这段历史用倒叙的方式讲述，应该更容易让人理解。毕竟像奈美这样战后出生的人，往往并不怎么了解当时的历史背景。

政权的确立往往伴随着政治斗争。抗日战争时期，重庆作为临时首都，自然也成了政治斗争的中心。政治斗争不光是不同阵营间的争斗，即使所处同一阵营也会因为职位高低及权力大小的问题而争执不下。一面是与侵略国的对抗，一面是国内各派系之争，再加上派系内部的争权夺位，真可谓是内忧外患。

在这样的政治背景下，发生了王志光的走私冤案。王志光被捕，诺顿先生却并没有受到牵连，可见当时的国民政府对外国友人有格外的照顾。好友入狱，罗伯特·诺顿甚至都是事后一周才听见风声。王志光被拘留期间，诺顿前往昆明出差，正好一周后才返回重庆，这才知道好友出事了。诺顿家里有两个厨子，两人是一对夫妻，还有一个打杂的中年男子。家里的用人因为主人出差，手里没有活儿可干，难得回了趟乡下老家。负责打扫跟洗衣的大婶自然也不来了，这下房子空无一人。诺顿回到空荡荡的家中，当日便从外籍同伴口中得知了王志光被捕的消息。

外籍飞行员参与走私，这么大的国际案件，在华的外籍人员之间当然会议论纷纷。但是任凭外界如何讹传，诺顿始终坚信好友是清白的，此番定是遭人陷害。当务之急是赶紧救人，但是无凭无据，总不能跑到拘留所空口要求放人吧。诺顿思考着要如何证明王志光的清白，自己具体能做些什么。他决定先告诉帮佣的人自己回来了。这时，他突然想起，自己曾嘱咐过用人们，在他出差期间要留人在家里看门。

对于独自来华赴任的外籍顾问，政府一般会安排几个人照顾他的起居饮食。诺顿家有三个用人，还有一个每天来打理家务的大婶。虽说常驻的三个人中有两个是夫妻，但是三个人在此期间全都请假回家，也显得有些不寻常。更有可能的是，某个人提出：主人不在，趁此机会回家歇歇。于是大家一拍即合，不顾主人留人看门的嘱托，全都离开了。诺顿思忖着，拿起了电话。

政府机关里有个不起眼的小部门，专门负责管理外籍顾问的生活琐事。家里的保姆用人有什么不尽心的地方也可以向这里投诉。部门的负责人会讲英文，所以交流起来没有障碍。

"喂？"诺顿发出声音。电话那头没有动静，连断线的忙音都听不见，一片寂静。诺顿顺着电话线看去，才发现线路断了，看样子像是被人故意用剪刀之类的东西剪断的。剪断电话线以及把家里用人都支出去，这两件事应该是同一人所为，至少可以确定是同一团伙。

诺顿决意调查此事，同时他也知道要查清楚事情原委并非难事。因为如果在自己回家之前修复好切断的电话线，就可以不留丝毫的痕迹。但是这么明显的细节都疏忽了，可见这伙人的思维并不缜密。或许是太依赖其背后的势力，又过分小瞧了诺顿的洞察力，才使得他们这样明目张胆地行事。诺顿由此看到了救出好友的希望。只要弄清楚是谁把用人们支出去的，就能找到这件事的突破口。家里的三个常驻用人都返乡了，诺顿并不知道他们的家在哪里。这些帮佣的人都是政府一手给安排的，外籍顾问根本插不上话。

在华外国人都在背地里议论："说不定这些人不过是政府派来打着用人的

幌子监视我们的。"有人说："我家的那个杂役，明明说自己听不懂英文，但我却感觉，有时我们语速较快地谈论什么的时候，谈话内容他好像都能够理解似的。"另一个同伴跟着附和："我觉得他们不只是监视我们，还肯定在后方指派了各方面的专家，从我们的交流中提取有用信息。"

即便大家都在揣测政府安排这些用人是别有用心，但诺顿还是愿意相信自家的用人们。厨子夫妇人很朴实，杂役也是个善良的老好人。如果这些表象都是他们装出来的，那这演技也可称得上出神入化了。况且诺顿这次临时出差，是为了跟中方谈昆明机场维护一事，本来并不在计划之内，所以也不知道什么时候能回来。用人们应该也是要等到政府通知，才会从老家回来的。

诺顿歪着脑袋，回想起出发时的场景，不禁觉得有蹊跷之处。一向办事效率低下的政府机关，当时却把出行事宜料理得很周到。物流组委员会刚决定让诺顿第二天一早出发飞昆明，他一回家用人就都跑来请假了。家里的厨子之前在香港待过很长一段时间，会说几句简单的英文。他告诉诺顿，是机关里的人通知他，主人要出差的。

那天开完会后，诺顿在办公室待了一小时左右，把手头上剩下的工作处理完才离开。诺顿觉得很奇怪，管杂事儿的小部门为何消息如此灵通，一转眼还特地把出差这事告诉了自家用人，中间必有猫腻。但当时诺顿没多想，反而觉得政府要是一直能保持这样的高效率就好了。

诺顿不知道三个常驻的用人家在哪里，但是知道那个每日来打扫的方大婶家住哪里。诺顿想起身边有一个叫吉米的美国青年，听说他是为了研究中文才留在重庆。诺顿与人交流时，经常请他帮忙翻译。于是，诺顿立马联系吉米，请他一同前往方婶的住处。

去年有一回方婶患了感冒，不能来诺顿家工作，便请了她的侄女代班。诺顿让方婶的侄女带路，特意去方婶家送药探望，可把她给感动坏了。方婶家离得不远，走路过去用不了十分钟，所以诺顿记住了她家地址。

林辉南解释道："在诺顿给监察局的陈述书中，对方婶的外貌有详细描写，他说方婶是一位精明能干的女性，脸庞晒得黝黑，还有一口洁白的牙齿，非常有特点。"

根据陈述书中的描述，还原出来的谈话内容，大致如下：

诺顿先生第二次主动登门，方婶有些摸不清状况。

诺顿看着吃惊的方婶说:"是这样,我刚回来,就想着跟您知会一声,除我之外还没人告诉您这事儿吧?"

"没有,我这才知道。还劳烦您专程跑一趟,真不好意思!"

"对了,我之前出差这件事儿,是哪位热心人通知你们的呢?"

"之前有个男的说是政府托他来捎信儿,我从他口里听来的。"

"这么说,不是政府直接通知的了?"

"我当时也觉得信不过这男的。他可别想蒙我,因为他这人的人品我还是知道几分的。"

"您认识他?"

"认识,他就是个没事儿挣点儿跑腿费的混混。这人双眼下面跟眉毛上面各有一对黑痣,加上双目,合起来像是有六只眼,所以人称六眼仔。"

"政府会叫个小混混来通知吗?"

"我也觉得奇怪啊,而且也不知道您什么时候回来,他就让我们趁此机会好好歇歇。"

"真有意思,他还有资格安排休假了?"

"我自然不会听信他的话,就告诉那六眼仔,总得有人留下来看门吧,我离得最近,肯定是我守着。谁料他竟然怒吼我不知好歹,还说什么政府说了不需要人留守,让我安分点儿,不准多嘴。那叫一个嚣张跋扈。"

诺顿小声嘀咕:"看来是政府把人支开的。"

"我一听火冒三丈,就吼回去说他骗人。"

"然后呢,他怎么说?"

"六眼仔丝毫不退让,说诺顿先生马上就回来了,你一问便知。我跟你赌,绝对是真的!"

"他要跟您赌什么?"

"他得意扬扬地说,如果是真的,那我们就按他说的时间全部休假,工资一分不少,双方都没有损失。"

"所以你们休假是因为跟小混混打了个赌吗?"

"真是惭愧,不过愿赌服输,我们也只好认了。"

吉米的中文水平相当了得，细微之处也翻译得绘声绘色。在吉米的帮助下，诺顿找到了事件的突破口，正是方婶口中那个叫六眼仔的小混混。诺顿事先并不知道自己要出差，给王志光下套的那伙人，正好利用了自己不在家的这段时间。其实细细想来，就连出差本身也有很多疑点。公务固然重要，但也不至于无缘无故就让人突然出差一周。如果出差一事是提前策划好的，那么这计划里大概有政府高层参与其中。

总之，诺顿要先把目标人物六眼仔找到。六眼仔这个人虽然成天游手好闲，但也不是居无定所。听方婶对门邻居家的儿子说，六眼仔寄宿在他做铁匠的叔叔家。如此看来，这小混混在重庆还算是个名人了。那么政府为何会叫六眼仔来传话呢？原因很简单，为了确保诺顿走后，房子空无一人。但是像这样厚着脸皮赶人走的事，政府上下肯定都不愿意做，所以派个小混混来正合适，免得自降身份。

诺顿在铁匠铺找到了六眼仔，他叔叔外出给人修房顶去了，剩他一个人在作坊里无所事事。

诺顿心想，要逼他说实话，就得直奔主题，不能给他半点儿考虑的时间，以免他推脱、搪塞。于是诺顿通过吉米翻译，一上来就问他："把我家用人都支出去的人就是你吧？在我那里做事的一共四人，厨子老刘夫妇、杂役老颜，还有方婶，你有没有印象？"

六眼仔抬头一看，一个红眉毛绿眼睛的外国人突然到访，他一时间也慌了神儿。虽说当时中国的洋人逐渐增多，但平日里依旧少见，小混混一时不适应也属正常。

六眼仔老老实实地回答："是……是有这回事儿，你想干什么？"

"我出差，还麻烦你亲自跑一趟去通知我家用人，我这不今天回来了吗，也就想着登门告知你一声，礼尚往来嘛！方婶那边我刚才已经打过招呼了，其他几位的住处我不清楚，也就没去成，我猜你会不会知道。"

六眼仔一听这话，仿佛松了口气。诺顿瞧他那样，就知道政府肯定要他三缄其口，不然方才也不会紧张到结巴了。

六眼仔觉得眼前的洋人没有什么威胁，立马恢复了精神，大声应道："你家用人住什么地方，我怎么知道！"

"小伙子你这话就有点儿不负责任了，我原先是打算让他们留下看家的，结果你倒把人给轰走了，我现在回来连个人影都见不着。看来这事儿啊，问你是不行了，还是得找老李聊聊。"

诺顿先生这段话的原文是英语写的，监察局里的人给翻译成了中文。现在林辉南手上两份资料都有。英文原文称"老李"为"Old Li"，名字旁边还有个注脚，说这个老李是政府里专管外国人事务的负责人。中国人爱在姓氏前加一个"老"字称呼别人，也不是指这人年纪大，而是为了显得更亲密，更像是在称呼一个多年的老朋友。

"老李？哼，老李知道个啥！"六眼仔的态度有些得寸进尺了。

"那老李的助手小张呢？"

"那个姓张的，就是个小喽啰，他接触不到什么信息的。"看样子六眼仔的言下之意是，与自己对接的是个大人物了。

"那就是陈先生了吧？"这个陈先生纯粹是诺顿胡诌出来套他话的。

"比陈先生还要高一级，是曲先生。"六眼仔果然上钩了。

吉米在诺顿身旁小声嘀咕："陈在中国是大姓，相比之下姓曲的倒不多见。"

诺顿一听觉得有戏了，如此少见的姓氏，调查起来也方便。现在已经知道曲先生是幕后黑手之一，并且他的职位比老李要高出许多。诺顿继续发问："那我得去会会曲先生了？"

六眼仔神色慌张地说："就凭你是见不着他的……算了，还是我去通知你家用人赶紧回来吧。"

六眼仔不经意间透露的名字，成了继续调查的线索。所幸"曲"这个姓氏很少见，不然还真得费些功夫才能往下深入。

山西省有个叫曲沃的地方，相传春秋战国时期，晋穆侯把这块土地划分给了自己最小的儿子。所有生活在这片土地上的人们都姓曲，但曲沃人口稀少，历史上也少见有姓曲之人。就连收录了众多人物传记的《清史列传》中，都找不到一个姓曲的人物。倒是新旧两本《唐书》中记录了曲环的人物传记。曲环是唐朝中期的名将，他为打败吐蕃、平定安史之乱立下了汗马功劳，所以留名青史。此人或许是曲家族谱里最负盛名的一位了。如此看来，姓曲之人也并非都是无名小卒，像曲环这样的人物之所以稀少，是因为"曲"这个姓氏本来就不多。但正是因为罕见，所以要在重庆这个大城市里找到目标人物应该也并非难事。

诺顿要找的这个曲先生的全名叫曲守忠。听六眼仔的口气，此人位高权重,然而他实际上就是一个捕吏,相当于政府内部的警察。与老李这样的文职人员不同,他不用天天待在办公桌前。日本在江户时代也有类似的职位,主要负责协助警长以及下级官员做事。这些捕吏虽然地位不高,但其背后的势力不容小觑,诺顿的目标人物曲守忠就是如此。大家都对曲守忠毕恭毕敬的,就是怕惹祸上身。也可能因为这样,六眼仔才误以为曲守忠是个大人物。

诺顿先生确实有些能耐,难怪王志光夸他是福尔摩斯再世。事情调查到曲守忠头上,算是完成了八分。既然现在线索已经清晰,剩下的顺藤摸瓜继续查下去即可。挖出曲守忠背后的势力团伙,几乎是顺水推舟的事情,只要找到幕后主使就算是大功告成了。

诺顿身边的美国青年吉米是他的翻译兼得力助手。比起学习语言,吉米好像对重庆复杂的政治局面更感兴趣。同时他还是一位侦探小说迷,自身的推理能力也是出类拔萃。吉米把现状分析给诺顿听,诺顿不由得感叹:"周遭环境竟如此不堪。"

行政、军事和司法这些明面上的组织,在这乱世之中,单靠它们是无法维持政权的。表面上显露出来的只是冰山一角,更强大的势力都沉在底下。为了政权稳定,必要时会采取非常手段,这些手段通常都是在法律边缘游走。这些幕后势力虽然可怕,但如若根绝,又会威胁到政权的稳固,所以对于他们的这些非常手段,政府的高层领导们都只能睁一只眼闭一只眼。

据说当时的重庆就有两座这样的幕后大山,一个叫蓝衣社,一个是CC系,当然这两个名字都不是正式的称谓。蓝衣社分内外两个团体,内部是以黄埔军校毕业的少壮军人组成,有人称其为力行社,与之相对的外部则称为复兴社。虽然统称为蓝衣社,但内外终究有别,不过暗地里内外结社的事例不少,又使这其中的界限变得模糊。关于"CC系"这个名称的由来众说纷纭,有人称是取自组织里的领军人物陈立夫、陈果夫二人姓氏的第一个字母,也有人说是Central Club(中央俱乐部)的简称,还有人讲是因为他们常在西西园组织集会,故得此名,等等。

抗日战争打响后,国共合作,建立了统一战线,于是这两个不利于团结的组织被禁。虽然明面上都解散了,但实际上只是换了个名字。组织甚至对部分工作进行了强化,这部分工作指的就是地下活动。蓝衣社的特务工作部门,被调到政府军事委员会调查统计局。而CC系的特务,则被编进了国民党党中央调查统计局。特务游走在法律边缘,手中握有诸多人的把柄,着实让人胆寒。

据吉米的调查，曲守忠是CC系的一员，但并不是骨干人物，只是外围的一个小角色。组织不能公然行事，就需要找个不起眼的人代劳。偏偏越是这样的芝麻官，越是喜欢狐假虎威，那六眼仔就被唬住了。

CC系的对手是蓝衣社，既然如此，CC系的人设置的陷阱是给蓝衣社准备的吗？诺顿认为这样揣测或许太过武断。此前听吉米提过，组织的内部斗争比对外斗争更加激烈。根据诺顿对王志光的了解，他坚信王志光跟派系斗争绝无半点关系，王教授只是一个单纯的爱国主义者而已。诺顿坚信王志光的清白，所以才绞尽脑汁想要将他救出。

那么王志光为什么会被陷害呢？吉米也提出了自己的观点。眼看这位美国青年思路清晰，分析得头头是道，诺顿不禁怀疑他是美国情报局派来的间谍。

若说蓝衣社的基地是黄埔军校，那么CC系的基地则是上海。上海是一个国际性城市。国民党在这里开展民众运动以及学生运动，试图稳定政权。为了达成这个目的，三个组织开始互相竞争。其一是上海市党部，其二是上海市政府的社会局，其三是同样隶属于上海市政府的教育局。市党部主任是吴开先，社会局局长是吴醒亚，教育局局长是潘公展。这三人分别为不同派系的领导人。上述的三派各怀鬼胎，轮番上演着各式集散离合。他们手中都握有打探消息的渠道，哪方得势就取决于情报的数量及质量。

据调查，王志光的大舅哥是无党派人士，他在上海周边收集的情报品质最高，也是最前沿的。这个人的情报一直以来都为蓝衣社服务，但谁料他被日军逮捕，情报链突然就断了。现在各派开始了对王志光大舅哥的争夺战。这时不知道哪派抓了王志光当人质，以索要情报。

调查是吉米做的，诺顿负责记录。资料上只有调查结果，至于调查过程，诺顿并未提及。不过这篇调查报道脉络清晰，而且用词笃定，可以看出吉米的判断并非推测，而是掌握了真凭实据。

林辉南问奈美："这上面的内容跟佐藤夫人说的基本吻合吧？"

"没错，王志光的大舅哥也就是珠璃的亲哥哥，他化名叫黄亮。"奈美不禁将自己也代入了故事中，仿佛自己也是其中的一个小配角，融于整体又能旁观得真切。

林辉南双手一摊，耸耸肩说："他是铤而走险，做了什么不得了的事儿，才被日军抓走的吧。不过后来凭借佐藤夫人的三寸不烂之舌,能将他救出,大概此人平时就为人可靠,又不畏艰险,不失为一条好汉。但就这样一个看似值得信赖的人,不还是连累了妹夫,这份信赖要大打折扣了。"

"我觉得黄亮值得信赖不假,害妹夫入狱,应该也是被逼无奈。"

"倒也不无可能,CC系本身也被蓝衣社步步紧逼,内部更是纷扰不断,非要争个你死我活。"

CC系的旧巢在上海,现如今依旧以上海为中心展开地下工作。上海虽被日军占领,但他们有法国租界当避难所。在此非常时期,比起特务,那些爱国的学生显得更加积极,学生运动开展得如火如荼,反响也更激烈。这些学生不愿做亡国奴,他们无私奉献着自己的青春,为祖国肝脑涂地在所不惜,有这样的觉悟还怕成不了大事吗?这其中就包括如黄亮这般的忠义好汉,他在重庆一度成为话题人物,众人纷纷关注起他的事迹。

黄亮是无党派人士,他提供情报只是想为祖国出一分力。指挥工作的联络员是情报专家,然而他却与某个派系勾结,将情报传递给他们。黄亮不知道这个派系就是蓝衣社,也并不在意。既然大家的共同目的都是救国,那么中间即使有派系斗争也无伤大雅。只要自己能为国效力,又何须在乎其他。

在珍珠港事件爆发前,上海是地下工作者们的战场,并且仗也打得异常激烈。黄亮与联络员冒死进行着地下工作,这时联络员倒下了,黄亮就像断了线的风筝,失去了方向。黄亮的工作能力,各方各派都是有目共睹的,于是大家都争着抢他这个香饽饽。至于吉米是如何查到这层的,我们不得而知,只清楚牺牲的联络员背后牵扯的关系极为复杂,想要找个人继承他的衣钵并非易事。黄亮一时没了掌舵人,各派又都想将他吸纳进自己的队伍,于是争夺战就打响了。

偏偏在这节骨眼儿上,黄亮不见了踪影。黄亮的妹妹白珠璃为了掩人耳目,告诉平日里和哥哥有接触的一小部分人,说是哥哥看到联络员被杀,担心自己的安危,所以暂时躲起来避避风头。这理由倒是有足够的说服力。珠璃知道哥哥被宪兵抓走,拜托佐藤辉子出面营救,要是这会儿再出什么事端,恐怕哥哥性命不保,所以她才对外谎称哥哥去避难了。

林辉南分析道:"黄亮一失踪,他妹妹珠璃便动用了所有可以利用的关系。二人兄妹情深,要想黄亮乖乖听话,必须摁住珠璃。所谓打蛇打七寸,珠璃的软肋,不用多说,就是她丈夫王志光。"

奈美一听恍然大悟，突然觉得自己不再是故事里的一个小配角，而是跟林辉南一起成了侦破案情的主人公。和林辉南在一起的时光总是那么愉快，奈美可以不受时间与空间的限制，尽情沉浸在想象的世界里。

林辉南耸耸肩说："我居然把这谜给解开了！不过这倒像是被我强行拼凑在一起的，让人有些无语吧。"

"珠璃的丈夫多半做梦也没想到，是这么一回事儿！"

"这种事搁谁身上，都不会猜得出来。王志光入狱时，应该也臆测了很多缘由，但真相往往是最出人意料的。"

"确实，那些人可真卑鄙！"

"卑鄙无耻，一群阴险小人，简直不可容忍！"

那群小人陷害王志光，又威胁他的妻子白珠璃，还迫使珠璃的哥哥为自己效力。如果拒绝，恐怕还有更恶毒的手段逼他们就范。然而，现实是残酷的，据诺顿与吉米调查，那伙人正准备给王志光扣上比走私更重的罪名。从资料上看，诺顿没有直接揭发那伙人的真正意图，而是旁敲侧击地列出那伙人行事的漏洞，毕竟凭空捏造的证据是经不起推敲的。诺顿这么做是为了避嫌，洋人插手地下工作存在一定的危险，所以在记录时诺顿都谨慎规避，注意措辞，使得行文有一种遮遮掩掩的感觉。

"或许是诺顿担心这份报告缺少说服力，不足以证明王志光的清白，所以又另拟了一份报告，交予外籍顾问团的干部。诺顿信得过此人，便托他暂时保管。万一救不出王志光，至少还有这份'杀手锏'。我那位香港的朋友把那份'杀手锏'的复印件也给我寄来了。"说着，林辉南从另一个文件袋里拿出来，这份报告是用英文打出来的，没有附带中文翻译。

奈美问："这份报告公开了吗？"

林辉南摇摇头："没必要公开，说不定那位外籍顾问团的干部，自己向国民政府的高层暗示，有位外籍友人很担心王志光的安危，所以就他入狱一事，进行了深入调查。一般说到这份儿上，都知道在暗指什么了。"

"是不是因为最终没有找到接头的卡片，王志光才被释放的？"

"嗯。而且他们知道没了接头人，便捏造了那张写着让王志光出去避难的小纸条。诺顿以自家电话线被剪断为由，向上面提出找出犯人，这完全合情合理。"

奈美点头赞同。

林辉南继续分析："王志光看到诺顿的邀请，便去了他家。到了一看主人不在家，他在回家的路上就被抓了。这件事儿怎么想也觉得有猫腻吧！检察官来诺顿家取证时，诺顿表示自己没有向王志光发出过邀请。检察官没有再进一步确认，嘴里一面嘟囔着说王志光不老实，一面又称诺顿有做伪证的嫌疑。即使检察官觉出事情蹊跷，也懒得深究。反正一开始就认定了王志光是在为自己开脱，取证也只是走个过场。既然如此，只有诺顿自己调查了。王志光是诺顿的好友，两人平时交往甚密，王志光的生活习惯，诺顿都很清楚。"

战争年代物资匮乏，就连用过的废纸都舍不得乱扔。而且中国的文化人，向来有节约用纸的习惯，写过的纸张都会好生保管。政府办公用的是再生纸，即便颜色有些发黑了，但想着这纸张还可以循环再利用，也不可能随意浪费。

王志光爱惜纸张可是远近皆知的，他会把写字用纸跟其他垃圾区分开来。王志光还倡导全楼效仿，并设立了一个专门的废纸回收点。宿舍楼传达室的大爷，对此深有共鸣。平日里来电，就是靠这老爷子转达。

宿舍楼里一共住了八户人，没事儿不会来找老爷子，来传达室多半是为了借用电话。电话放在一张老旧的桌子上，老爷子在电话旁摆了一个高约八十厘米的木箱，听说政府从武汉转移到重庆时，重要文献都是用这只箱子装着运来的。王志光征用了这木箱来存放废纸，他写得一手好字，题了"惜纸箱"三个字贴在木箱上。诺顿来找王志光闲聊时，正巧看见他在写这三个字，诺顿不识汉字，便问他写的是什么，王志光解释说："我想呼吁大家节约用纸，为了避免造成纸张浪费，所以设立了一个废纸专用回收点，这惜纸箱就是用来存放废纸的。"说起来，诺顿也算是惜纸活动的参与者了。

检察官认为，诺顿发出邀约一事是王志光信口胡诌的，毕竟没有证物，并且诺顿本人也否认写过这样的留言。前来搜查的人从王志光的房间或是衣兜里搜出来证物，大概立马就进行了销毁，并偷梁换柱拿出了事先准备好的赃物。虽不清楚具体原因，但王志光也觉察出自己被人下套了，他也明白有诺顿留言的纸条会对对方不利。所以获救后，王志光称拘留所对自己进行体检时，原先的纸条就被人处理掉了。不过，王志光的臆测与事实有些出入。

诺顿经过缜密的调查，终于得出了结论。他突然想起惜纸箱，觉得说不定那纸条还在箱中。若真找到了，那便可成为我方的有力证据，可如此重要的物证，对方会随意丢弃在废纸箱中吗？抱着死马当活马医的心态，诺顿拉上吉米，跑去宿舍的传达室一探究竟。

诺顿问大爷："之前有人来调查过这惜纸箱吗？"

老爷子摇摇头，呆呆地说："没人啊。"

"您最后一次见王志光是什么时候？"诺顿这话似乎是推理小说里的惯用句。他觉得在检查惜纸箱前，应该先了解情况，算是进入正题的前奏。

"小王出事时，我正在走廊晃悠，没想到……"传达室的大爷负责接待兼安保的工作，宿舍楼的居民被捕，他肯定得第一时间到场。

"他出事前做过什么吗？"

"我记得那会儿他说要去一个外国朋友那儿，想先给对方拨个电话。"

"他给我拨电话了？"

"但是电话没打通，他以为是电话出故障了，就等了很长时间，嘴里念叨也该修好了，然后再拨过去还是接不通。这时有人给他送来了一封信，他把信放一旁，歪着头一脸纳闷儿的样子。"

"那信在哪儿？"

"他后来稀里糊涂地就走了，信就在电话旁搁着，忘了拿。"

"所以那封信在您这里了？"

"他都被带走了，我想着这信也没用处了，就给扔进惜纸箱里了。"

"箱子里的废纸是什么时候回收的？"

"压根儿就没动过，因为老是装不满，已经这样放了一个月了。废纸又不会腐坏，也用不着经常换。"

诺顿往里一瞅，果然木箱里连五分之一都没装满。要找出那留言的纸条，简直轻而易举。诺顿不一会儿就翻出了那张伪造的纸条，诺顿的签名倒是模仿得挺像，不过可以看出这字并非一气呵成，下笔之不稳，连路人都能发现写字之人心虚吧。王志光根本没想过有人要害他，大抵也没太注意这个签名。想那设计陷害的人也是疏忽大意，觉得这废纸放了一周，肯定有人来回收，结果是低估了回收的效率。

诺顿当即叫来了负责这片区域的警察，记录下了传达室大爷的证词。这片警被叫来还挺不乐意，差点儿没跟诺顿吵起来，但再不情愿好歹还是来了。老爷子一五一十地交代了关键信息，现场也保存完好，王志光忘带信件一事，老爷子也照实说了。

诺顿告诉片警自己的签名被人伪造了。他强调，伪造签名跟伪造印章是同样性质的犯罪，希望警方可以彻查，还要求进行指纹鉴定。

见诺顿这般强势，片警心里有些打鼓，若是深究这张纸条，多半会被看出破绽，再加上整个栽赃计划并不周全，让人识破了，到时候自己肯定吃不了兜着走，所以片警一再劝诺顿息事宁人。

面对片警的说辞，诺顿不依不饶："此前新闻报道，王志光收到同伙的纸条，他按照纸条上的指使，前去某外籍顾问处避难，后纸条被没收一事也有详细记载。因为我没有对王志光写过任何邀请的留言，所以可以断定他收到的纸条是伪造的！那么这个所谓的犯罪同伙的留言，也有很大可能性是假的，我认为十分有必要进行严格的指纹排查，然后出示一份严谨的调查报告。还有，新闻中虽进行了匿名处理，但暗指的哪位，大家都心知肚明，我认为这种做法是对我个人名誉的严重损害！"

诺顿将言论的侧重点放在自己的名誉问题上，而不是为好友声辩。言外之意即表示自己不会深究事情真相，给对方留退路，从而达到让王志光无罪释放的目的。王志光明明收到避风头的指示，却再次折返宿舍，这点着实让人不解，但诺顿在申请材料中并未涉及这层疑点，而是聚焦于伪造一事。警方不是傻子，应该能觉察出诺顿的用意何在，要知道如果被揪着这小辫子不放，他们也不好善后，与其等着被捅出更大的娄子，还不如识相点儿，把王志光给放了。

结果不出所料，王志光被无罪释放。诺顿跟幕后黑手的较量，其实比的是耐力，时间越长，对方露出的破绽越多，也越经不起推敲，自然不能跟诺顿长期耗下去。轻敌是大忌，在这一点上，那伙人就已经输了。

对方为了避免事后被王志光控告非法监禁，他们迫使王志光承认，警方逮捕自己有凭有据，然因证据有误，他才获无罪释放。拘禁犯人乃警方职责，事出有因，情有可原。

王志光恢复自由后，在重庆也待不下去了，那伙人视他为眼中钉，恨不得他快点儿离开。所以王志光向上级提出申请，调派自己到昆明的大学任职。

另一方面，诺顿在记录中写道：据吉米调查，沦为孤岛的上海局势大变，王夫人的哥哥黄亮至今依旧下落不明。吉米推测，黄亮可能已进入延安，或至少与延安的地下工作者取得了联系。

事实上，黄亮被日本宪兵逮捕，正遭受牢狱之灾。重庆得不到消息，是因为联络渠道被阻断了。

林辉南对奈美说:"黄亮的事情,佐藤夫人已经交代清楚了,现在两方信息都已经补全,这两头的故事就仿佛那接头的卡片,两片一拼就合二为一了。"

"这个比喻倒是形象,那卡片算是信物了。方法虽然原始,但是很受用。对了,那些从加尔各答空运来的东西,后来怎么处理了?"

林辉南没回答,转而补充道:"等等,我差点儿忘了,那卡片的事儿还没完呢!"

诺顿虽然在资料中没有明示,不过可以猜出对于此事的描述是根据吉米的调查加推测得出来的。资料上说,那第三张卡片的另一半持有者,其实就是此前匿名的告密者,在他决定告密时,卡片应该就被销毁了。

奈美问林辉南:"但是他这样做,对自己有什么好处呢?举报了不就赚不到钱了吗?"

林辉南笑着说:"拿着卡片去接头的只是个送货的小喽啰,又不是幕后赚大钱的主谋。"

"那他这样岂不是背叛自己的老大了?"

"正是。但是说不定他本来就是卧底,潜入内部就是为了打探情报的。"

"如此说来,真正的主谋也落入了圈套之中?"

"不错。这其中的利害关系,肯定与派系斗争脱不了干系。他这么做不是心血来潮,因为告密于他而言没有任何好处。此人一开始就做好了周密的计划,从他选择王志光做替罪羊这点来看,大概各派心里也清楚是谁在使坏了。在放出匿名举报信后,这人就远走高飞了吧。既然知道内鬼是谁,幕后主谋也没什么好畏惧的了,趁此收手,销声匿迹才是上策。就是委屈了王志光。"

"这下,故事总算完整了吧?"

"我还有一点觉得费解,那作为信物的第三张卡片只剩一半,留下它有什么用呢?可能世事并不都能自圆其说吧。"

"或许吧。"

对话结束,两人默默地坐了一会儿。四十年前的老故事讲完了,这会儿该聊聊身边的事儿了。

林辉南打破沉默,对奈美说:"上一辈的故事已经翻篇了,老实说,我不知道该如何把话接下去。"

奈美方才还想要林辉南快点儿把故事讲完,这会儿独自面对他,倒开始胆怯起来。但一想到林辉南此刻与自己是同样的心境，奈美又莫名地感到安心。她又怕随着话题的转换，这份安心也会随之消逝。奈美完全没了主意，只应道："我也是。"

"看来我们两个人都怯生生的，不敢往前迈啊。"

"这样很怪吧？"

"是挺怪的。"说着林辉南把诺顿的记录材料放回了纸袋里。

"还是听您讲重庆的故事，感觉放松些。"

"我也觉得，还是翻来覆去讲这些故事，交流起来更自然。"

奈美用一副央求似的眼神看向林辉南说："您再讲一遍吧，从头开始。"

林辉南目不转睛地盯着奈美的双眸说："已经讲得够多了，我都从好几个侧面去分析这个故事了，无须再重复。说实话，把故事讲完，我也算松了一口气。"

奈美努力克制内心的悸动，挤出笑脸来问林辉南："那接下来做什么呢？"

"要不去街上走走吧。"林辉南站起身来。

直到出门上车之前，两人都没再说过一句话。

新加坡的高楼大厦星罗棋布，而且这个国家的公营住宅比比皆是，也算一道风景。房屋的外墙颜色亮丽，沐浴在阳光下显得格外光彩夺目。从窗户或阳台往外伸出的晾衣竿上挂着五颜六色的衣物，远远望去就像一面面迎风飘扬的旗帜。阳光从挡风玻璃的正前方照射进来，奈美张开手，往面前一遮。

"是不是太刺眼了？"这是走出客厅后，林辉南说的第一句话。

"没有，只是看着眼前的景色，我觉得我还沉浸在重庆的故事里。"

"您想象力很丰富嘛。"

"可别取笑我了，我这人有时候挺幼稚的。新加坡怎么会像重庆呢？林先生去过重庆吗？"

"两年前去过一次。当然，那时我还不知道重庆有这样的过往。"

"我也没想到，只因多看了一眼史密斯医生家的瓷器，竟能牵扯出背景如此宏大的故事。"

"重庆的故事已经退出历史舞台了，现在得切换到新加坡了，知道舞台剧中的 Dark Change 吧，您可以想象一下，幕布降下来，再升起的时候，已是另一番风景。"

"Dark Change 就是在黑暗中转场的意思吧。"

"要不先不着急转场,再回去看看怎么样?"

"可故事不是讲完了吗?"

"四十年前的故事是讲完了,但百余年前的故事,可只讲了一半啊。"

"您是指莫达和尚?"

"对!那壶与盘可是出自他之手,相思青花诞生的故事,还差一点儿就补全了,您难道不感兴趣吗?"

"哈哈,看来您是要继续研究了。"

"何乐而不为呢!"

"那太好了!"

"这样我们也有话继续聊了,天色不早了,我送您回酒店吧。"林辉南把方向盘一转,驶向了奈美下榻的酒店。

第十五章 红叶时节

新加坡四季如夏，而这个时节的日本已是一派深秋的景象。神户后山的树叶都变红了，奈美见此景，觉得时光飞逝，仿佛新加坡之行已是数月前的事情。

这个秋天没有遭到台风的侵袭，因而分外平静，可是降雨量不足，导致琵琶湖水位告急。林辉南这时候再次造访日本，希望能继续与奈美见面，毕竟在新加坡与奈美相处的时间也不过五天而已。

林辉南提前告知奈美自己会先去东京，而后再去关西看她，于是在日本待了三天后，他才给奈美拨去电话。

"我到了成田机场之后本想立刻动身去神户的，但我朋友夫妻俩一直盼着故地重游，所以先在东京逛了逛。今天他们跟我一起过来了，现已在宾馆住下。不知道您这几天有没有什么安排？"

奈美矜持地说："我今明两天有空。"心里却嘀咕，别说是这两天了，只要是林辉南约，天天都有时间！

"那晚上一起吃个便饭吧，我住的这酒店还不错，要不就在这里用餐好了。"

"您不是和朋友一起来的吗？"

"其实这两个朋友您也认识，大家一起吃顿饭用不着拘束，那我们说定了，下午6点在酒店大厅见。"

奈美提前五分钟到了酒店，一进门便看见林辉南、梅米特·艾明及他的妻子哈利露在大厅等候。

"好久不见。"奈美上前与艾明夫妇握了握手。

哈利露笑着说："没想到我们也来了吧！"

"真是。"奈美其实并不意外,她与林辉南共同认识的夫妻,除了艾明夫妇也没别人了,所以林辉南口中的朋友,不用想也知道是这两人。

梅米特兴奋地接过话头:"没想到日本变化如此之大!我们从伊丹机场飞来日本,第一站先去了之前生活过的地方。北野町跟山本通完全变样了,我们都认不出来了!"

哈利露把手放在奈美肩头上说:"神户居然还建了这样一座岛!"哈利露他们下榻的酒店就建在这座人工岛上。

"唉,毕竟过去二十多年了,有变化也在情理之中。"梅米特叹了口气。

诚然,在这二十年间,全日本的城市建设都发生了翻天覆地的改变。

奈美对哈利露说:"我记得您画了一幅神户的风景画,挂在您家客厅的墙上,现在神户的风貌早已与画中景象截然不同了吧。"

哈利露点点头,眼眶渐渐湿润了,她随即拿出手帕,擦了擦眼角。

林辉南想要缓和一下略显沉重的气氛,于是慢悠悠地轻声说:"到饭点儿了,我们去用餐吧。"

一上桌,林辉南就开口道:"不光他们夫妇俩兴奋,我也挺激动的。奈美应该也很开心吧!"

夜幕早早地降临,神户的街道华灯初上。从前只能站在小山丘上俯视暮色下的港口,现在有了这座人工岛就能从港口的方向往山坡上望去,多了一份赏夜景的志趣。

有人评价这里的夜景跟香港有些相似。香港岛与九龙也是隔海相望,到了晚上便可以从两个不同的角度欣赏灿烂的霓虹。不过神户的夜景与香港有本质上的区别:神户大街上五彩缤纷的霓虹灯会不停地闪烁,仿佛在舞蹈一般,而香港的法律却严令禁止街灯忽明忽暗。这是因为香港的机场在市中心,街灯太过跳跃会混淆机场的光源,出于安全考虑才明文禁止。

哈利露望着流光溢彩的街市,不由得感叹:"美得跟画似的!当时哪儿有这么明亮的夜晚啊。"

林辉南对艾明夫妇说:"我记得你们离开日本时,我还专程送你们到了东京,当时还没有新干线呢。"

"是啊,我们当时坐的是卧铺车,那车名字我都还没忘呢,叫急行银河。"

"当时的交通工具慢,来东京还要在路上过夜。现在想想,真的跟做梦一样。"

晚餐的前半段，谈话内容都是围绕着日本的变化，尤其是关于神户的今非昔比。夫妇俩从三十层楼高的餐厅往外张望，试图寻找到一点儿当年的痕迹，然而映入眼帘的皆是林立的新楼，那些历史的痕迹已被掩藏在水泥森林的深处。晚餐快结束时，天色完全暗下来，街上的灯火显得更加光彩夺目。

独具审美眼光的哈利露说道："这座城市跟红色很相称，配在一起真好看。"

"对了，我听说那个红色的在香港呢。"林辉南对奈美说道。

"什么红色的？"奈美全然不知林辉南在说些什么。

"就是红瓷枕啊！"

"哦，你说那枕头啊。我记得原先是在珠璃家的，后来好像交给她叔叔保管了是吧？"

林辉南解释说："对，她叔叔是个很懂行的古董商。瓷枕到他手上之后，上海发生了几次动乱，几经辗转，瓷枕现在到了香港。这话是我那香港的朋友告诉我的，他现在正好在北京出差，我来日本不顺道去见见他，总有些说不过去。"

"那这瓷器具体是怎么到香港的，您那位朋友知道吗？"奈美心里倒是很挂念珠璃一家子后来的处境，明明是素未谋面的陌生人，却感觉像亲近的老友。

"这个问题，就要留给我们自己去探索了，想想都兴奋！而且，还有一个十分振奋人心的重大发现！我刚才在开席前，说大家都很激动，也有这个原因在里面。我觉得这事儿，还是由哈利露来讲述比较好。"

"我来说吗？"

林辉南见哈利露有些犹豫，便自己起了个头："这夫妻俩有新发现！最近刚刚出土了一个大瓷盘，上面也有跟相思青花一样的波涛纹。伊斯坦布尔不愧为'瓷器之城'，瓷器方面的消息就是灵通！"说完一个劲儿地点头。

哈利露娓娓道来："土耳其不是有个托普卡帕宫博物馆吗，那些瓷器爱好者都从世界各地慕名而来，人口流动大，消息自然也流传得快。听说那个大瓷盘是在奈良发现的，上面确实有罕见的漩涡纹样。造型像盘子，但是作为盘子，尺寸又太大了些。"

林辉南接着补充："是个椭圆形的东西，长轴接近两米，要说其实更像是一块陶瓷的板子。"

"两米？"奈美吃惊得睁大了眼睛。

"这盘子大得可怕！真是奇怪了，日本发现了这么个大家伙，我居然一点儿风声都没听到。这信息是艾明夫妇听盘子的持有人亲口说的，应该错不了。对吧，哈利露女士？"林辉南催促着哈利露继续往下说。

梅米特的古董店时而有游客造访，有几个常来的外国友人，一来二去便成了熟客。其中有个叫布朗的人与梅米特话语间十分投机。有次他来店里跟梅米特聊天儿："我住的酒店里有个从日本来的游客，说是有只长两米的青花瓷盘。世界之大，无奇不有，不过两米长的大盘子，我是没见过。且不管做工如何，单凭这尺寸也有点儿价值。我还挺动心的，于是向他打听价格，结果那人不肯卖。那日本人说这盘子不是俗物，上面有片青花图样呈漩涡状，并且这青花工艺也非同一般，是在烧制完成后，再用蓝色的颜料添上去的，有几处地方颜色已经剥落，说明有些年头了。这东西纹样古怪，尺寸也令人称奇。"

梅米特一听这描述，脑袋里像过电一般。林辉南之前寄存在他店里的花瓶，也是同样的制作工艺，漩涡状的波涛纹亦是如出一辙。他想着这两者之间莫不是有什么关联，于是带上妻子，一同去拜访了那位日本游客。之前听那美国人说这日本游客姓高山，是位已过古稀的老爷爷。艾明夫妇的日语水平堪称母语水平，高山老先生难得能跟当地人用日语聊上天儿，看起来很是高兴。夫妻俩本来是准备向他打听瓷盘一事的，谁知东拉西扯聊了一大堆，也没聊到正题上。老先生说这是头一次来土耳其，自己对导游刻板生硬的解说非常不满，玩儿得一点都不尽兴。他见哈利露懂瓷器，又有审美眼光，日语还说得这么溜，直接提议哈利露来当导游。艾明夫妇见状，提出带高山爷爷四处观光，以尽地主之谊。

在后来的谈话中，梅米特把瓷器的事儿，一股脑地告诉了高山先生。

"我以前在神户生活过一段日子，在那里认识了一位中国朋友，他手里有个花瓶，瓶身上的纹样跟您瓷盘上的一模一样。那瓶子还在我店里寄存过一段时间，所以我也挺感兴趣的。前段时间，有位日本女士来我店里，她老家是神户的，说家里也有同样纹样的壶与盘，当然，她的盘子是正常的尺寸。我还听她说，伦敦有位医生家里也有同样的壶与盘，这真是太巧了。"

高山先生觉得这夫妻二人很靠谱，日语流利，妻子哈利露又魅力四射。于是放心大胆地对他们说："若是想要收集成套纹样的，我这个盘子可以让给你们。我喜欢收集大物件，我在奈良乡下老家有栋大房子，所以摆得下这些玩意儿。烧制大尺寸的瓷器，别说其他，光是陶窑都不好找。而且东西越大，制作的失败率往往也越高，不是碎掉就是不成形，要做成功实属不易。我其实是为匠人们的诚意埋单，感觉大尺寸的瓷器，制作时用的心血跟汗水都要更多一些。不过，这个青花瓷盘的纹样是烧好后才添上去，这种工艺也没什么值得夸奖的。"

高山先生仅仅是对大物件情有独钟，对这瓷盘本身并谈不上多喜欢。不过，面对像布朗这样不懂得欣赏，只知道叫嚷"大得好，大得妙"的人，老爷子纵使不喜欢这盘子，也不会转让的。而面前的两位就不一样了，好歹跟日本有点儿关系，老爷子心里也觉着亲切。再加上，他们若是想要收集成套类似这样的瓷器，让给人家也算是做了件好事。

哈利露跟老先生说："我们没有要收藏的意思，只是方才向您提到的那两位，他们若是想去参观下那瓷盘，还望您应允。"

高山老先生与艾明夫妇相谈甚欢，把二人完全当朋友了。之后还一起吃饭，老爷子借着酒劲儿对两人说："我可以把瓷器让给你们朋友，但是有个条件，你们俩得来日本一趟。毕竟我是通过你们知道这事儿的，没有你们这俩中间人，事情不好办。正好你们也离开二十多年了，回来看看日本有什么变化也好。"高山爷爷吐露出心声，觉得浑身都舒畅了。

哈利露回答道："有机会一定去。"

高山老先生有些喝高了，说话没有丝毫顾忌："这瓷器怎么来的，容我先卖个关子，你们来了日本，我再说不迟。"

梅米特把此事告诉了林辉南，而这时奈美刚从新加坡离开。林辉南一听，便迫不及待地让夫妻俩立马来新加坡，之后一起来到日本。

来到神户的第二天，一行人就直奔奈良了。此前给高山老先生写过信，出发时还与老爷子通过电话，老爷子应该早有准备。

这趟奈良之行，林辉南是有备而来，他一向喜欢做足功课，这位高山老先生的底他大概是摸得八九不离十了。林辉南与日本颇有渊源，在日本的朋友也不少，只要林辉南一句话，想要调查个人还不容易。他的日籍好友中，唯一与奈美打过照面的应该就是相思青花的店主了。

林辉南要查的这位高山先生，在当地可是名人，他的个人历史在当地随便抓个人都能说出一二来。据说，高山先生全名叫高山宗治，现年七十三岁。高山出身于吉野的豪门世家，高山家族在吉野有"山林王"之称，坐拥林园之多自不用说。高山宗治是家里的次子，无须继承家业。他遵照父亲的安排，选择从军。从陆军学校毕业后，随部队辗转各地。战争结束时，他刚从少佐升为中佐。然而天意弄人，高山家的长子应征入伍，在南方战线战死沙场，高山家没了继承人，高山宗治只得回去接手家族事业。

　　高山家的家业包括管理山上的林木，采集、贩卖木材，还有将部分地皮开发成住宅。高山宗治不愿把时间浪费在这些琐事上，所以家里的生意都全权交由总管负责了。总管办事踏实老练，基本没出过纰漏，唯有面临重大决策时，才会劳烦高山宗治下达指令。而高山宗治多年的军旅经验使他具备了优秀的决策能力，在他的领导下，家族事业一派欣欣向荣。高山宗治从军数年，自觉才能单一，各方面涵养都落后于人，于是在战后奋力弥补。他在艺术方面也有涉猎，逐步培养起了颇高的鉴赏能力。高山宗治性格豪迈，总像大哥一样关照着身边的人。他这一生也从事了许多职业，在六十三岁时隐退，将家业交给儿子打理，自己则在奈良的城郊置了一栋大宅，快快活活地颐养天年去了。

　　林辉南一行人来到高山的府邸。高山老爷子的会客厅非常宽敞，一行人入座前，高山宗治寒暄道："今年的红叶不怎么好看，也许是因为台风没来，激不起植物的求生欲，连枯叶都懒洋洋的，不肯展示出最好的姿态。"

　　高山宗治先与梅米特握了握手，当哈利露伸出手时，他用双手将哈利露的手轻轻包裹住，倾慕之情展露无遗。之后梅米特向他介绍了林辉南与奈美。

　　高山问林辉南："那封信是你写的吗？"

　　林辉南把瓷器的故事大概整理了之后，确实给高山先生写了信，并在信中表示希望与艾明夫妇一同前来拜访。于是他回答："正是。"

　　"你很有文采，即使是日本人都未必能写出那样的日语文章，老朽佩服！"
　　"您过奖了。"
　　"不过你毕竟在日本长大，有这般水平或许也不足大惊小怪。这样吧，我们先去看看那瓷盘，稍后再聊。"

　　高山领着一行人走出会客厅，正好迎面撞见了端来茶水的用人，高山不理不睬地径直往前走，那笔挺的身姿仍然能看出军人的风范。

放瓷器的房间由走廊与主屋相连，房间大约三十平方米，地板打磨得十分光滑。高山指向淡绿色的墙壁说："就是它了。"众人面前挡着一个巨大的架子，根本看不清架子后面的东西。高山绕过架子走到后面，指向左侧的墙壁，一行人跟着他的步伐，来到他所指的位置，看到了传闻中的大陶板。

奈美一见，便脱口而出："一模一样！"

"唔……"林辉南发出了他特有的哼哼声。

这块椭圆形陶板上的纹样的确与相思青花的毫无二致，整块陶板也确实如先前描述的那般有近两米长，近一米宽。陶板靠着墙壁摆放，底座由格子形状的榉木固定。

高山宗治解释说："东西本来放在库房，知道你们要来，才特地搬出来的。我原先打算直接搬去会客厅，可又觉得不太搭调，所以给弄这里来了。"

这时，奈美似乎感觉到身旁的林辉南深吸了一口气。奈美猛然发现，陶板的右下方没有波涛纹，反而有些泛白。奈美正准备提出来，却被哈利露抢先了一步。

高山回答说："哈哈，被你发现了！那块地方是我用药水洗掉的。我只想试试能不能把画上去的纹样弄掉，结果洗得干干净净的。"

奈美目不转睛地盯着这块比自己还高的陶板出神。这块庞然大物上面也有着同样的漩涡纹，因为面积巨大，使得纹样看上去波澜壮阔、雄浑有力，相较之下那壶与盘上的纹样就不免显得小家子气了。奈美抬眼向上看去，发现陶板上方的颜色有些发黑，于是问高山怎么回事。

高山宗治咧着嘴，看着奈美说："小姑娘眼很尖嘛！你再仔细看看会不会找到什么线索，我给个提示，黑色！"

奈美再次端详起这块巨大如盾牌般的陶板，她感觉一旁的林辉南似乎在点头，想必林辉南已经发现其中的端倪了。

奈美聚精会神地观察着，突然惊呼："那儿有条黑线！"

陶板的上半部有条左右对称的粗线横在中间，几乎与周围的蓝色波涛纹融为一体，但定睛一看会发现这条线不是深蓝色，而是如高山提示的那样是黑色的。

高山满意地点点头说："果然好眼力！林先生给我写信说，您府上壶与盘的纹样是上了釉药烧成后，再用颜料上色描绘上去的，这块陶板也是以同样的手法制作，黑色的粗线就是釉药，而釉药是擦不掉的。其实这条黑色的粗线上面，也用蓝色的颜料进行了绘制，我想您府上的壶与盘应该也不例外吧。这板子体量大，颜料稍有剥落就比较显眼。我看了林先生的书信，出于好奇就试着擦掉了一部分颜料，因此才发现了底下的釉药。"

"但是为什么要在黑色的釉药上覆盖蓝色的颜料呢？"奈美歪着头，不得其解。

高山说："我第一次见这陶板就觉得很稀奇，心想居然还有人烧制这么个庞然大物出来，不管三七二十一，先买回来再好生研究研究。我拿回来细细瞅了瞅，便觉得这颜色有些不对劲儿，这上面分明有两种不同的调色风格，叠加在一块儿根本不协调。"

五个人就这样一直盯着这大家伙看，沉默了良久。这时，林辉南突然念叨起："这玩意儿是在哪个陶窑里烧的呀？"也不知是在对谁发问。

高山宗治喃喃自语道："莫不是在景德镇附近？"

"这是百余年前的产物，那时景德镇的陶窑多半因战乱而废弃了吧。"

"应该也不是官窑烧的。"

"话说这瓷器烧得真是巧夺天工，近两米高的物件还能如此完好！"

"实际测量尺寸是一百八十七厘米。"

"按理说当时的工艺应该达不到这个水准的。听闻明代烧制屏风，全都以失败告终。"

"陶瓷屏风可不好做，史料记载，成品大多都变成瓷舟了。因为整体过重，无法平直伸展，烧制过程中瓷器头尾会弯曲翘起，就如同小舟一般有了船头跟船尾。"高山宗治侃侃而谈，看来这位退伍军人确实在瓷器研究方面下了功夫。

相传明朝万历年间，皇帝下令烧制陶瓷屏风，圣旨一下无人敢不从。屏风少说也得近两米，这么高的东西很难做得挺直，景德镇的官窑拼尽全力也没能做成功，原因自然不是资金不足，而是技术不够。因此人们断定，制作陶瓷屏风是不可能完成的任务。

"虽说制作这陶板的年代是在明朝将近三百年之后，但我不认为工艺能够突飞猛进到如此地步。"

"有道理，而且明末清初还有一段时间的空窗期，说不定技术上还有退步呢。"

"据说清代初期烧个差不多一米长的陶板都没能成功，从此清朝的官窑就不怎么碰大件的瓷器了。"

"或许是有前车之鉴，怕了吧。"

"哈哈，再折腾下去，窑神童宾都不乐意了。"

对于瓷器的历史，林辉南与高山宗治都略通一二，所以交流起来十分顺畅。

"其实这陶板仔细看看，头尾还是有点儿上翘，有些许小舟的模样，不过并无大碍。而且不论品质是否上乘，单看这体积就足够吸引人了，不禁让人想知道究竟是出自谁人之手。"

林辉南感叹："确实非同凡响，制作者一定寄托了不少希望在这件作品上。"

高山宗治望向天花板，思忖着林辉南的话。许久，他突然回过神来说："要不要去花园走走？"

林辉南回道："好啊，出去活动活动。您的院子这么漂亮，我正想好好欣赏一番。"

高山宗治一个劲儿地与林辉南交谈，其他三人似乎被晾在了一边。

"大家这边请。我这院子倒是乏善可陈，不过是沾了墙外美景的光。为了看得更清楚，我还特意修了几座假山。"高山宗治领着一行人来到走廊尽头的一个房间，取出户外用的拖鞋。走出房门，映入眼帘的就是假山，墙外的景致也看得清清楚楚。

哈利露边穿拖鞋边说："山上有红叶！能在日本赏红叶真好！"

奈美问她："土耳其没有红叶吗？"

哈利露百感交集地说："不管有没有，我都没那闲工夫驻足欣赏。"

奈美听着这话，不知该如何作答，只好应了声："哦。"

林辉南站在假山上眺望山林，环视了一遍附近红了叶子的树木，走下来对大家讲起窑神童宾的故事。林辉南或许觉得自己与高山宗治的谈话太过专业，剩下的三人可能有所不解，所以来解说一番。

"我刚才与高山先生聊到屏风的话题，说了一件明朝万历年间的著名逸闻，中国的明朝对应日本的话，差不多是丰臣秀吉活跃的年代。皇上下旨做的屏风失败了，宫里立马又给了新的订单，这回是让做一个大龙缸。屏风不用陶瓷制作，可以用木材或是象牙之类的材料代替，但水缸非得是陶瓷不可。然而官窑无论怎么烧都不成功，不是做歪了就是底儿漏了，没一件能用的。传说是因为火神发怒了，要平息火神的怒气，必须将活人绑在木桩上焚烧献祭。这时一位姓童的陶工站出来，自愿牺牲，走进了熊熊烈火之中。终于，火神的怒火平息了，众人做出了青龙白瓷缸。人们为表感激，将这位陶工奉为窑神，并为他修建了风火仙庙以示纪念。当时清朝还残留着一些明朝的失败作品，也有史料记载说明。清朝的陶工本以为做陶板相较于水缸简单，但就是个宽一米、高八十厘米、厚十厘米的陶板，烧好后底座还总是脱落，根本不成形。所以高山先生的这块陶板能做成功，不知道凝聚了匠人多少心血，承载着多少希望与寄托。"

奈美望着满山的红叶，那火焰般的色彩似乎在燃烧。她莫名地伤感起来，仿佛脚下的假山变成了柴火，而自己则成了正在经受火刑的圣女贞德。奈美看着面前的一行人，觉得他们都有着难忘的过往，至少曾奋力地活出过自我，哪怕只有一次。而自己却从来没有在人生中迸发出火焰，纵情燃烧。岁月已逝，如今只剩下满腔懊悔。

高山宗治缓缓地踏着石阶走下假山，指了指假山背后，对大伙儿说："我收集了很多大物件，若是有客人看上了哪个，我就赠予他，所以存货少了许多，现在的量大概是之前最多时候的四分之一。"

众人走上前一探究竟，发现这里摆放着各式各样的大物件，其中大部分是狸猫的塑像，有些甚至在这群大物件中都显得尺寸惊人。还有仁王及神将，仁王塑像更是超过两米的庞然大物。高山宗治指着仁王塑像说："这是我自己烧的，头部身体还有腿都是分开烧好后，拼在一起的。之前大阪展出了秦始皇的兵马俑，我参观后就一直琢磨着用现代的技法来制作，看能不能挑战成功。"

林辉南问高山："您这可真是大手笔啊，敢问是在哪儿烧的？"

"在信乐。"

"难怪，也只有那里才接得下这活儿。您这狸猫也巨大无比啊！"

"我做的这个仁王总是无法跳出常规，面部表情也是千篇一律。我做不出来像兵马俑那样每张脸都独具个性的作品，大抵是因为思维受限，所以想不出新的点子来。"

"您说的我完全能够理解，其实我眼下也苦于没有新的想法。"林辉南深以为然地重重点了点头。

高山宗治隐居在此，本意是想低调，但庭院似乎太阔气，所以老爷子没怎么倒腾景观，只是修了几座假山来做观景台。院子太宽敞，假山也是为了遮挡一部分面积。

庭院的一隅有一间仓库模样的建筑，这间用混凝土搭建的屋子是高山宗治的艺术品收藏库，在吉野老宅里也有一间，不过这里的宝库才收纳了老爷子最心爱之物。

"我还有一尊观音像没摆出来，老夫自认为这件作品算是突破了陈规。"高山宗治说着将双手背在身后。

听说老爷子退休后入手的陶艺都会在院子里放上一段时间。

"我收藏的东西良莠不齐，有些是一时冲动买下的，但其中也不乏一些上乘之作。把它们放在院子里，是为了给自己一个冷却期。我每日都会来院子走走，这么显眼的东西不可能视而不见，不是真正倾心的作品，看多了自然厌烦，而过了一年还百看不厌的，我就把它放里面去。"高山指了指收藏库的方向。

林辉南问道："您的观音像是否也是经受住了'风餐露宿'的考验才入库的？"

"不，那是从吉野老宅的收藏库里搬过来的。"

"那这是您隐居……不好意思，退休之前买的了？"

"这是我专门找人定制的，要不要看看？"高山宗治说完，抬脚向收藏库走去。

收藏库没有上锁，门看上去很沉重，但高山轻而易举就推开了。一行人换上室内用的拖鞋进了屋。

高山解释说："大家看看就成，可别把这儿当成个人美术馆了，藏品也不是什么名作，仅是我的个人喜好罢了。能触动我内心的作品我便留下了，至于能不能触动在场的各位，我就不好多言了。"

高山打开房间里的一扇门，观音像就正对着大门摆放着。这尊像不清楚具体尺寸，但加上底座差不多与人等身。林辉南认真观察了一阵，对老爷子说："不是跟您客套，我觉得这件作品很精妙，确实有触动我的地方。"奈美虽然保持缄默，但心里与林辉南持同一看法。

观音像的面容亲切和蔼，那种美仿佛触手可及，不过细细端详久了，才意识到观音岂是我等凡人能够得着的，我们只可远远地仰望而已。

　　因为不是美术馆，所以物品摆放也没有章程，几乎所有东西都放置在一个固定的架子上，想看哪件便从架子上取下来。除了观音像还有三件大缸没摆上去，大概是放不下吧。老爷子在房间里放了一张茶几，还有皮制的沙发，构成了一个赏玩艺术品的休闲空间。

　　高山宗治指了指沙发说道："大伙儿坐下歇歇吧。"

第十六章　将军之女

高山宗治坐在沙发上,指着观音像的方向说:"那边没放置物架,大陶板之前就放在那个角落,我想着要拿出来示人,还是不要跟观音像摆在一起为好,所以今早上赶紧给搬出来了。"

奈美听老爷子这么说有些纳闷儿,问道:"为什么把大陶板与观音菩萨摆在一起呢?它们是成对的吗?"

高山点点头说:"在伊斯坦布尔时,艾明夫妻俩也问过我大陶板是从哪儿买的。我当时没吭声,倒不是我故意卖关子,只是觉得这件事情得在相应的环境下才好说,譬如在这里就挺合适的。"老爷子一本正经地坐直了腰杆儿,深吸一口气然后缓缓吐出,开始切入正题,"在我心里这两件瓷器就是一对。大陶板是出自中国不假,至于观音像,则是我定制的,从雕刻陶泥开始我就一直在旁监制,向师傅提了各种意见,我想把心中的人印刻在这陶泥上。"

"心上人啊……"奈美不由得发出了声。

"不错,此人就是我的恋人。我这样讲有失偏颇,其实不过是我的一厢情愿而已……我妻子见了都问,这观音像莫不是我照着心上人模样刻出来的,我也老实交代不予否认。"不知道那是什么时候发生的事儿,但从高山的语气里听不出半分的沉郁。

林辉南尴尬地笑着插嘴道:"哟,您夫人都知道啊?"

"我要是想瞒她,默不作声就糊弄过去了,不过我这人心里藏不住事儿,就主动跟她坦白了。再说本来也不是什么秘密,单相思罢了。我跟人家姑娘清清白白的,没什么不能说的。我从军官学校毕业后当上了少尉,首次被编进了连队,那姑娘就是我们连长的千金。"

高山宗治从军官学校毕业时,正值日本侵华战争爆发前夕,他入学时,正值满洲事变[1]伊始。如此说来，高山以军人的身份经历了战火纷飞的岁月长达十五年。他协助的首位连长是羽田大佐，羽田把家人留在东京，独自赴任。羽田大佐常说："单身的将校没事儿都过来聚聚，同是天涯沦落人嘛。"

同样是独自赴任，身为连长的大佐待遇就是与旁人不同。他住的是气派的机关宿舍，还有专人伺候。不光如此，部队士兵也会轮流来他宿舍，帮他处理各类事务。听说去他宿舍做客，立马就有好酒好菜招待。大佐宿舍平日里也没别人，基本上就当班的士兵在那里做事，所以想去做客完全没什么好顾忌的。年轻的高山少尉也经常怀着轻松愉快的心情跑去羽田大佐的宿舍。

每逢学校放春假、暑假，羽田大佐的夫人都会带着孩子们前往连队所在的乡村。羽田夫妇育有两男两女，长女芳名朋子，当时还在女校念书，她脸上时常挂着落寞的神情。据高山宗治回忆，那个年代男女之间要避嫌，男生同女生讲话不可能如现在这般轻松自在，再加上高山是个愣头愣脑的军人，也不会同女生聊天儿。他记得当时两个人就聊了聊东京的话题，气氛僵到极点。

两年后，高山少尉作为语言学的研究生被召回东京。临走时，羽田大佐捧着一包东西让高山转交给自己的家人。高山来到羽田家将东西交给了羽田夫人，夫人对他说："高山先生的老家在奈良吧，在东京大概没什么亲戚，你要愿意可以常来我家坐坐。"

也不知道是不是在连队里养成了习惯，高山几乎每月都会去羽田家拜访一到两次。此时羽田朋子已从女子高中毕业，进入女子专修学校读书。朋子的神情依旧落寞，但若是细看她的侧脸，则会意外地发现她偶尔会面露喜色。

已过古稀之年的高山宗治感怀道："我当时觉得她很神秘，如今想来或许是我自己雾里看花，不自觉地给对方蒙上了一层面纱。"

当年二十出头的年轻军人严于律己，大抵会下意识地克制住自己的欲望，遇见了钦慕的女子便把她高高奉上神坛，不敢僭越半分。他将心上人过度美化，看人便像水中望月，总是朦胧不清，所以对方的一颦一笑在他眼里都显得神秘莫测。如此，他自然无法表白心意，只能将相思深埋心底。

高山宗治回忆道："我当时还幻想过娶朋子为妻，但又立马打消了这个念头。我很认真地思考过这个问题，如果我战死，岂不是置她于不幸，这叫我

---

[1] 满洲事变：即"九一八"事变。

于心何忍啊！所以不娶她才是真正爱她，为她着想。"

其实不光高山宗治这么想，也不只是军人如此，全日本乃至世界各国正在经历战乱的年轻人们大多都抱有这般想法。他们怀着同样的烦恼却不得不兵戎相见，何尝不是一种悲哀。

语言学研究生在陆军教育总监的管辖之内，需要定期去陆军处报道。高山宗治被调到东京还不满一年，有一次他向上头递交报告时，被一位中佐教官叫住。他心里直犯嘀咕：到底有什么事儿啊？随后他跟着中佐来到一间狭小的房间，房子中间放着一张小饭桌，角落里还有一张办公桌。

中佐严肃地质问他："高山，你小子经常去羽田大佐家做客吧？"

"是啊，羽田夫人邀请我常过去坐坐。"高山老老实实地回答。

"你傻呀！人家那是客套话，懂不懂？人家夫人识大体懂礼貌，你还蹬鼻子上脸了！"中佐说着越离越近，都快贴上高山的脸了。两人就这样站着，谁都没说坐下说话。

高山被这么一说，一时哑口无言。

中佐接着说："羽田大佐家那两位千金正值妙龄，小少爷明年要考陆军学校，现在正是备考的关键期，你没事儿去打搅人家干什么！你是每周都要去几次吗？"

"不，我每月至多去拜访两次。"

"那还差不多，你还是注意点儿吧，人家跟你客气，你也要识相点儿！"

"在下受教了。"高山少尉还是保持着同样的姿势站着回话。

少尉回到宿舍后陷入了沉思。

高山老爷子这时描述道："我当时的心情用一个词来形容就是苦闷！但是后来我就一点儿也不为这事儿烦恼了，挺奇怪的吧。"

少尉思考着，中佐为什么要找他说那番话，他试想了各种可能性。

第一种，羽田夫妇想为正值妙龄的两位千金挑选优秀的丈夫，夫人在这方张罗，大概羽田大佐也在营地里选拔人才。高山在羽田家就曾撞见过两次，两位适龄青年来做客，一位是在习志野高中念书的中尉，另一位是第二年即将从医科大学毕业的学生。中尉跟高山一样曾是羽田大佐的部下，高山现在是军官大学在读研究生，算是中尉的前辈。而医学院的那位跟羽田大佐是同乡。这两人多半就是候选人了，除此之外还有多少人选就不得而知了。假设候选人资源充足，那么入不了羽田家法眼的人，自然要被淘汰。高山如果在候选者之列，也许已经被筛选下去，再如往常那样厚颜无耻地出现在人家家里，不是给人添堵吗……夫人肯定不好直接表明态度，所以才委托中佐，借他之口提出来，也不至于驳了谁的颜面。

高山少尉觉得十分失望，明明自己为朋子着想，才忍痛不去求婚，可人家倒好，根本没把自己放眼里。不过这到底是谁的意思？羽田大佐把东西托高山转交，是想给高山一个机会的，所以应该不是他的意思。那是夫人看不上？记得夫人说过当军嫂是很辛苦的，边说还边叹气。表面上是在说自己，实则暗指不想让女儿也经历同样的苦。既然如此，那在习志野念书的中尉应该落选了。高山的脑海里浮现出医学院学生的脸，他戴着眼镜，面色苍白。要选就选个当医生的也行啊，高山心想难道说是因为朋子没相中我？想到这里他不由得咂吧咂吧嘴。

还有一种可能是，高山根本没有落选，是陆军处的中佐自己不痛快，前来阻挠。那中佐看上去四十岁左右，不可能是候选人之一，或许他有要举荐的人选，所以想为他清除竞争对手，才命令式地禁止高山去羽田家。若当真如此，那手段未免太过卑鄙了。

高山少尉思来想去，觉得还不如去羽田家问清楚，首先得确认下朋子的心意如何。于是他乘上了电车，却在中途下车了。

"如果不是打仗，我肯定就乘着电车直奔羽田家了，但是战争依旧激烈，也不知何时才能结束，心想这种时候我不能向朋子表白，所以便下了车。其实那天早晨，我还收到一则消息，说我的一位同窗战友死了。"

奈美听着高山宗治的故事，感到自己脸颊有些发烫。年轻的高山少尉站在了人生的十字路口，多年以后，他不断地回想起这段往事，若可以重来，他会不会做出同样的选择呢？奈美搜索着过去的记忆，年少的自己是否也面临过这样的人生抉择？答案是没有。等到年长些，奈美再回过头来看现今的种种，或许就能发现当下看不到十字路口了。在伊斯坦布尔，那日与林辉南漫步鲜花市场的场景，奈美已经在脑海里重放了无数次。想到这儿，奈美羞得满脸通红。

听说从那之后，高山少尉再也没踏入羽田家半步。

老爷子接着聊："我为了使自己心无杂念，便一心扑在学习上。当时上头命我学中文，我就拼命用功。有时会跑到与日本人结婚的中国妇人那里练习对话，还会去听满族老人讲典籍。反正就使出浑身解数研究，我自己都能明显感觉到我的中文水平突飞猛进。"

就这样刻苦学习了十个月左右之后，高山宗治被调去了前线。高山一直犹豫要不要告诉羽田家自己上战场的事情。羽田大佐肯定得到了消息，既然他知道此事，那么即使自己不主动说，大佐应该也会自然而然地告诉家里人。如若不然，那则说明高山宗治这号人物与羽田家真是缘分已尽了。

"说句不怕丢人的话，在乘上火车离开东京之前，我一直都在期待能看到朋子的身影，心想她会不会跑来与我道别。"

南昌之战过后，高山宗治晋升为中尉，被分到第十一军，司令官是冈村宁次。这支部队长期驻扎在长江流域，所以高山中尉对这一带的江南风光十分熟悉。南昌一战之后，双方没有大规模开战，倒是各地都在打抗日游击战，惨烈程度也不容小觑。日军也根据形势移动阵营，交替执行任务。在第十一军的一次任务执行中，高山中尉再次遇见了羽田大佐。此时的羽田大佐已晋升为少将，身份贵为将军，称呼时要加上"阁下"二字了。

羽田少将见了高山，一上来便问："你小子也跑这儿来了，我听夫人说，你一个招呼都没打就不见踪影了，怎么回事儿啊？"

高山一时语塞，不知该从何说起，无奈之下挤出一句话："对，那时突然杂事缠身走不开，所以渐渐疏于走动了。"

"那这也不怪你，不管怎么说工作第一嘛。对了，你这次调动好像是秘密进行的，确实不宜声张，我也是过了很久以后才告诉我夫人的，难怪她会纳闷儿你怎么跟人间蒸发了似的。"

听羽田少将这样讲，高山内心深埋的情愫逐渐涌上来，他问羽田少将："您家人近来如何？"

"都挺好的，给我寄了照片，我家那小子看着越来越有预备军官的派头了。还有朋子的婚事也定下来了，对方是个在政府财政部工作的小公务员，不过他既然通过了高等文官考试，今后应该会有点儿出息吧。但他那文弱书生的样儿，在我们这些当兵的看来就是差点儿意思，缺乏男人的阳刚之气。"聊起家里人，羽田少将眉飞色舞，很是高兴。

高山听到朋子的婚讯，倒是表现得出奇地冷静。他心中对朋子的情意也没有因此而冷却，其实他早已有心理准备，朋子迟早是要嫁人的，但是无论如何她在高山心里永远都占有一席之地。

老爷子平静地说:"过了一段时间之后,我开始觉得心里空落落的,然后渐渐地觉得心如刀割。谁说时间是一剂良药,有些事情反而隔得越久心越痛。可换个角度想想,时间确实能抚慰伤痛,人总不能悲伤一世吧!"

距上次重逢后过了月余,身在南昌司令部的高山从下级军官口中得知,上头让他动身去九江。高山心想,羽田少将这相当于是点名要见我,此番前去参谋部顺便还能视察九江周围的情况,于是收拾好行装就出发了。

羽田少将是混合旅团的旅长,部队就驻扎在九江附近。羽田少将见高山来报道了,一面脱掉上衣,一面对他说:"是这样的,这片区域暂时比较太平,我想让你过来帮我个忙。"羽田少将说的这事儿跟军事无关。他在九江附近得了个近两米高的大陶板,想要把它运送到日本,于是约了高山来商量。

奈美插话道:"那个大陶板就是您府上的这块吗?"

高山回答说:"正是,这块陶板当时被放在旅团司令部的关帝庙里,我那会儿对这方面不感兴趣,也不懂什么瓷器,就只是觉得这东西挺奇怪的。"

据说当时,日本的高级军官从中国向日本运出了大量的文化财产。比如大阪城公园的石狮子,经专家鉴定是属于中国明代的文物,听闻这尊石狮子就是某位将军从中国带回来的。

高山中尉来到关帝庙见着瓷器,歪着头略显吃惊地问:"您要把这个送到日本?"

"你不懂,这瓷器金贵得很,听说这么大尺寸很罕见的,搞不好是独一无二的呢!"听羽田少将的口气也不像是懂行的,这些话多半是从谁那里听来的吧。

高山不假思索地问:"这是做什么用的?"

"现在还不清楚,但既然是个稀罕宝贝,拿来收藏也不错啊。对了,可以给朋子当嫁妆,她夫君家境殷实,跟你家一样都是有地的富足人家,府邸气派宽敞,这件稀世珍宝怎么着也配得上他们家了吧,况且尺寸还大,正好跟他们的大宅子相呼应啊!"羽田少将不断地强调着瓷器的珍贵。

高山中尉盯着立在墙边的青花漩涡纹大陶板,不由得在心中叹息:"我倒成了护送嫁妆的使者了。"但奈何是上级的命令,不能不从。

高山中文流利,曾多次帮忙雇人运送物资,比起运送大炮战车,送走一块大陶板根本不算难事儿。于是高山一口应下:"小事一桩。"不过这话说得却不像部队里回话应有的用词。

瓷器虽然厚重，但毕竟是易碎物品，不禁磕碰。部队里还有运送军需用品时留下的包装材料，高山准备直接用上，里三层外三层裹得严严实实，再牢牢地固定住，就万无一失了。一般情况下，身为中尉是不用参与包装工作的，甚至监工都可以交由下级军官代劳，可是高山中尉这次却亲自上阵，跟着召集来的工人们一起流汗劳作。这大陶板不愧是宝贝，光是包装上就费那么大功夫，待遇不一般。

高山老爷子说："算是我的一点儿心意，能为她做的也只有这么多了，祝愿朋子能够幸福。"

想不到年轻的高山中尉竟如此痴情。当时正好有从九江开往长江下游的船只，高山就把大陶板放上船，让它跟乘船的警卫兵一起顺着下游离开。高山站在岸边目送，直到汽笛声渐远，船在视野中变得如豆粒般大小。

高山宗治没有进一步描述自己当时的心情，即使无言，奈美也能大致猜出高山的所思所想。

随后混合旅团往南方转移，高山从此再未见过羽田少将。太平洋战争爆发后不久，高山被调遣到香港的司令部赴任。战争伊始，日方势头一片大好，但由于美国的反击，战事逐步吃紧。高山在广东执行一项特殊任务时，得知了羽田将军在战争中病逝的消息。具体情况尚未可知，只大概听闻羽田将军隐瞒病情，拖着病体强硬支撑，最后不治身亡。高山在脑海里最先浮现出的是朋子悲伤的神情。之后高山从军官学校的同窗那里知晓，羽田将军的次子成了一名空军，并在一次训练中殉职。高山第一个想到的也是朋子能不能承受得了打击。羽田家的悲剧接踵而至，高山自己也像是失去了至亲一般难过。但转念一想，家里的顶梁柱先走了也好，至少不用白发人送黑发人了。

几经辗转，高山随部队来到了台湾，战争终于在此时画上了句点。这时候高山已晋升为少佐，年过三十依旧孑然一身。战争结束后的第二年高山便退伍了，当时高山兄长行踪不明，只知道兄长驻扎在缅甸，参与了英帕尔之战。外界皆传，英帕尔就是黄泉路，大多人只怕是有去无回。高山的父母对长子生还已经不抱希望了。听说高山的父亲之前瞒着高山的母亲偷偷进行过调查，但调查结果令人绝望，高山的父亲对妻子三缄其口，不过其他人应该是知晓此事，所以不久后高山母亲也知道了真相。高山家接到长子战死的正式通知时，心情反倒平静，现在可以与儿子好好道别了。

高山宗治彻底告别军旅生涯，转而接手了家族事业。但那时他的内心像是被掏空，终日茫然自失，无欲无求。

一日，高山的父亲对他说："你看伸子还未生育，我也早就把她当作自己女儿看待了。我跟伸子父母商量了一下，他们也希望女儿从高山家再嫁一次，你正好适龄，当然也在候选之列……"

伸子是他的嫂子，比高山宗治还小两岁。高山父亲的意思已经很明显了，父亲十分中意这个儿媳妇，既然如此，宗治也没有理由反对。其实当时在日本各地，同样的事例可以说是屡见不鲜。

父亲问高山意下如何，高山宗治条件反射似的点了点头，但此刻高山脑海里却闪过了朋子的身影。

高山回忆说："看着伸子姣好的面容，我心中朋子的模样也已逐渐变得浅淡。"

高山老爷子美滋滋地聊起自己的风月往事，不禁让人好奇高山夫人的容貌。听闻伸子端庄秀丽，奈美之后一见，高山夫人果然气质极佳，年过古稀却一点儿不显老态，肤如凝脂，是难得一见的美女。

高山宗治不光致力于家族事业，还经常各处奔走出谋划策，一时间忙得不可开交。高山觉得要摆脱这种怅然的状态，就得拼命工作，手头上闲不下来，才不会胡思乱想。就这样在日复一日的忙碌工作中，高山渐渐淡忘了曾经在心尖儿上的人。很快，高山夫人诞下孩子，高山宗治的精神状况逐步好转，恢复了往日的活力。

日本已从战争中缓过来，社会趋于稳定，高山宗治此刻也终于得闲了。他开始与旧友书信联系，他从前的下属还邀请他去参加战友聚会，但高山没有赴约，因为他心中并未完全放下那段从军的时光。除此之外，高山事务繁忙，写写信还可以，但实在是挤不出时间参加聚会。后来，高山的小舅子来公司帮忙，给姐夫当秘书，高山这才有机会赴约了。高山第一次与战友聚会，是跟陆军时期关系亲密的同窗，地点在京都一座大型寺庙。

在席间，高山偶然听到了羽田将军家属的消息。这次参加聚会的人中，有一位曾是羽田少将的副官，羽田少将还是混合旅团旅长时，他在羽田手下效力过一段时间。前副官讲道："羽田阁下的家属实在可怜，也许是上天不眷顾吧。他们的公子倒在了战场上，羽田夫人悲痛万分，战后也跟着去了。二小姐之后离婚了，大小姐的病情不容乐观。这话我说得可能不中听，但夫人先走了也未尝不是一件好事儿。"

高山问他："朋子生什么病了？"

"听说婚前就得了结核病，此后就一直在疗养身体。"

"那她的婚事呢？"

"吹了呗，毕竟身患重病，羽田家不想拖累人家，自己提出了退婚。"

"那他们的经济状况如何？"据高山了解，羽田家人稳重可靠，家世虽好，但并不见得有多富裕。羽田家算是战后遭受重创的家庭中情况较为严重的，日子的艰难可想而知。

高山从同窗那儿要来了羽田朋子所住医院的地址，高山家的亲戚中有多位是医生，通过亲戚帮忙，与那所医院也取得了联系。结核病的特效药链霉素在当时价格高昂，而且十分难买到，高山自掏腰包为朋子买了药，拜托医院用此药为朋子医治，并嘱咐院方不要将此事告诉病人。

此后不到一年的时间，朋子便痊愈出院了。据院方透露，朋子出院后去了名古屋与妹妹一起生活。朋子在名古屋的生活，高山宗治没有继续差人调查，他觉得不应对人家的生活过分窥探，放手就要彻彻底底的才是君子所为。

高山宗治掌管家业后，只要一得空就一心寻宝收藏，他的藏品中大部分都是瓷器。或许是早前军人这份职业的杀气太重，他不愿再回顾，所以决定选一个雅致的爱好来遮盖住前半生的血腥味儿，也算是一种弥补。

高山说："我很享受收藏的乐趣，就像是在焚香祭拜一样，会让我心存感激。在这个过程中，我仿佛重新找回了自我。"

高山初涉收藏界，因为出手阔绰，被古董店的老板当冤大头狠宰了几笔。不过也因此了解到不少内部消息。

诸如，"福冈在出售一件精美的宋代白瓷"，或者"芦屋的大明赤绘正在热卖，作品共五件，均出自明朝万历年间"，还有"九谷烧的几件藏品近日将公开拍卖"等消息不绝于耳。说不定高山的消息比职业收藏家还要灵通。

高山宗治果然是军人性格，这点从他对藏品的偏好上就一览无遗。比起精细小巧的工艺品，高山更青睐雄浑有力的大物件，譬如元代的大瓷盘及大盆就甚合高山的心意。古董商们也懂得迎合他的口味，每次都向他推荐造型舒展豪迈的大物件。一次，一位平日里深受高山信赖的古董商告诉他，最近出了个巨型瓷盘，竟长达两米。高山问他："瓷器上是否印有波涛纹，形似漩涡？"

古董商一脸吃惊："您怎会如此清楚，难不成以前见过？"

高山回道:"其实是有些渊源,您可否帮我查查这位卖主是谁?"

此时距羽田朋子痊愈出院大致已过去三年,羽田将军把大陶板专程从中国运到日本给女儿当嫁妆,谁料朋子因病而致婚事告吹,羽田家的苦难一波未平一波又起,厄运总是紧随其后。这块大陶板不知经历了怎样的过往,大抵早就转手于人也未可知。不过这东西贵重,朋子应该不会轻易出售,高山心想,若大陶板的所有者依旧是羽田朋子,他就出高价将其买下。

三日后,古董商前来告诉高山,大陶板的卖家是名古屋一位叫羽田朋子的女士,并且羽田女士希望由买家来定价。这位古董商也许是觉得高山宗治与这块陶板有着某种说不清、道不明的缘分,于是留心进一步调查了卖家的背景。

原来卖家一直将瓷器寄放在岐阜乡下老家,她们姐妹二人靠经营餐馆为生,后因妹妹要结婚,姐姐就辞去了店里的工作,想去别处开家咖啡馆。姐姐身子弱,不适宜太操劳,所以把店址选在一栋大厦内部,跟着大厦的开关门时间上下班,相对轻松些。羽田朋子需要开店资金,于是就把老家那块大陶板拿出来卖了。

卖家原话说:"我并不太清楚这瓷器本身价值如何,但这件东西有着我与父亲之间的珍贵回忆,若是对方出价太低,恕不考虑出售。"

古董商去岐阜见了实物回来后,高山宗治让古董商给估个价。

古董商坦言:"我仔细掂量了下,这东西至多价值八十万日元,这么大的瓷器确实罕见,就添个整数一百万日元好了。"

"这样,你去说我出三百万买下来。"

"什么?三百万?"古董商很震惊。三百万日元在1953年的日本可是笔巨款啊!

高山宗治随后向古董商简单地描述了个中渊源。

"这位羽田小姐是一位将军的女儿,我从前蒙受将军的照顾,滴水之恩当涌泉相报,我想帮人一把。我出三百万她应该不会拒绝,但此女自尊心强,若知道是我背后帮衬,必定不好接受,还望先生能巧妙隐瞒。"

古董商很上道,一口答应了。

古董商告诉羽田朋子:"买家是关西某位财团的老总,不方便透露姓名,此人酷爱瓷器,必定会好生对待。"

"那便好,与其放在乡下库房里积灰,不如留给懂得欣赏的人,放在气派的房间里展示出它应有的价值，这样父亲也会感到欣慰。"羽田朋子如是说，半句也没对定价生疑，大概她自己根本猜想不到这瓷器的价值。

如此，大陶板又回到了高山宗治的手上。而后，高山宗治对妻子老实交代了羽田朋子的事情，因为并非有不可告人的秘密。高山不掩不藏，对妻子直说："这是一场无比真诚的单相思。"

之后高山听说了朋子咖啡馆所在大楼的地址，却迟迟不愿相见。高山说："若我真去见了她，肯定会更加无法自拔，但我有时还是忍不住，昼思夜想全是朋子的一颦一笑……这不就跟初恋的小男生一样嘛，不是很奇怪吗？"

高山宗治为了斩断这不着边的情丝，就把记忆中十余年前朋子的容貌画成画像，甚至做成陶瓷雕塑。

高山转身指着观音像说："看吧，就是这件。"这尊菩萨静立于此，像是收藏库的主人。

奈美问道："既是为了忘记她，又为什么要做成雕塑观望呢？"

高山连忙修正说："确切地说不是为了忘怀，而是为了抚慰内心。"

待到数年后，高山宗治一颗饱受相思之苦的心终于得到了抚慰，渐渐地不再泛起涟漪。1955 年初，高山受邀去名古屋观看相扑比赛，此时的高山心静了许多，于是他决定去朋子的咖啡馆坐坐。听说朋子的咖啡馆名叫 Friend，是取自自己名字里的"朋"字，但高山来到那栋大楼却没有见到 Friend，取而代之的是一家名叫蒙马特的咖啡馆。高山走进店内点了一杯咖啡，饮完后问吧台里站着的女士："我记得这里之前开了一家名叫 Friend 的咖啡店，怎么没有了？"这家店店面很小，除了吧台，只能放下三张四人桌。高山无须走动，坐着说话对方也能清楚地听见。

这位女士四十岁上下，她回答高山说："对，那家店去年都还在。去年春天的时候，我把店给盘下来了。"

"哦，原来她把店铺转卖了，可能是身子骨太弱经不起折腾了吧。"

"这我也不是很清楚，只听说她以前生过一场大病，但好像已经康复了。她是因为结婚了才不继续开店的。"

"结婚？不会吧……她看上去年纪不小了。"

"哈哈，瞧您说的，结婚跟年纪有什么关系，我听人说她跟我年龄相仿，我也是老大不小才踏入婚姻的……好了，怎么说起我来了，我还听说之前那位店主是位大美女呢！"

　　看样子蒙马特咖啡馆的老板娘并未见过朋子，转卖手续都是通过中间商完成的，至于朋子天生丽质别人大概也是随口一说，但老板娘却对此印象深刻。高山这趟来没见着朋子虽然有些遗憾，可也松了一口气，再加上意外得知了朋子结婚的消息，心中难免五味杂陈。朋子先前因病耽搁了终身大事，在高山的印象中，朋子还是位水灵灵的女学生，想到如今朋子已年近四十，心里不免有些落寞。他并无半点儿邪念，纯粹只是感叹岁月催人老罢了。自从知道朋子患病后，高山渐渐地就在脑海里将朋子忧郁少女的形象想象为病恹恹的模样，这回突然蹦出来一个朋子要结婚成家、安定过日子的消息，让高山一时有些难以接受。

　　高山十分担心朋子的身体状况，可那又如何，朋子已为人妻了，也犯不着他来过问。高山甚至怀疑是朋子体力不支，所以无法继续打理店里的工作，结婚不过是借口而非真正的理由。其实只要到朋子的老家岐阜一查，应该就能发现情况是否属实。尽管有这样或那样的担忧，高山还是决定不再深究。朋子结婚是去年的事情，去年朋子也差不多三十五六岁了，咖啡馆的老板娘虽说何时结婚不会被年龄所束缚，但毕竟朋子是女人，肯定越是妙龄越能寻得一户好人家，所以高山仍忍不住担忧。

　　"那次名古屋之行以后，我再没了朋子的音信，算起来这消息断了竟有二十五年之久，可就在去年我收到了一封陌生人的来信。我年岁渐长，近来老是忘事儿，人名都记不太清了，心想说不定是以前的老下属写的，于是打开了信封，里面的内容着实让我大吃一惊，写信人居然是朋子……"说着高山站起身来，朝观音像的方向走去。高山宗治每日早晚都习惯性地去拜拜菩萨。观音像前放着香案，上面摆着香炉，底下还有抽屉，里面应该放着香蜡纸烛，高山拉开抽屉从里面找出来一封信。

　　"我与在座各位的缘分也许是冥冥之中注定的，那日在伊斯坦布尔，我无意间与布朗先生说起大陶板，竟促成了今日一聚，正所谓有缘千里来相会！话不多说，这封信由你来念可好？"高山把信递到了奈美手上。

　　信封上的收件人是高山宗治，反面写着寄信人浅井英作，地址为东京某处。上面的字是手写的，字体圆润且装饰性极强，看上去如同精美的插画一般，这种字体多见于二十多岁的年轻人，所以奈美第一反应这封信应出自一位年轻人之手。奈美抽出信开始朗读：

突然来信，多有冒昧，望先生见谅。家母旧姓羽田，名朋子，先生应当没有忘记这个名字吧。母亲于3月12日，因心力衰竭离开了人世。早先母亲留下了遗言，这些话我听了无数遍，我认为自己有义务转达给您，于是提笔写下了这封信。

奈美念到这儿，不由得抬起头，本以为会与高山四目相对，然而对方竟闭上了双眼。奈美低下头继续念信：

我的祖父是位高级军官，战火纷飞的年代母亲正值妙龄，此时便初识了先生。与母亲年纪相仿的妇人们常说，自己的青春年华皆被战火所吞噬，想必母亲也因战争而遭受摧残。母亲每每回忆往昔，总说自己的境地比起旁人来已算幸运，如此不过是安慰的话罢了。

母亲患的结核病在当初为不治之症，祖父祖母为母亲订下的婚约也因病作罢。本以为是一段憾事，但在我成年那日却听到了不同的说法。据说母亲当时很庆幸可以逃过这场婚姻，想来对方终究不是对的人吧。

去年母亲年满花甲，她感念自己能活到这把年纪，全仰仗医疗的进步。她还激励我好生求学，日后造福世人。还未向您自我介绍呢，我是一名医学专业的学生。都说医生无法设身处地地为患者着想，痛不在己自然不能体会，但我愿竭尽所能为患者解忧，立志做一名仁医。

听闻当年结核病的特效药已在外国研发成功，但在战后的日本，想要购入此药绝非易事，况且药价昂贵。祖父战死后，家庭支离破碎，母亲娘家的日子也过得捉襟见肘，根本无力支付，况且当时还未有医保制度，想要买药更是难如登天。但就在某天，医院却突然免费为母亲使用特效药医治。母亲从女校毕业后，曾想过要进入部队当随军护士，于是瞒着家里人自学了许多医疗知识。我升入医学部后，时常与母亲聊到医学健康方面的东西，发现母亲竟如此博学，医学知识之丰富令人惊讶。所以母亲自然不难发现，医生偷偷把平日的用药换成了昂贵的特效药。

一日，母亲问医生，"自己的药为什么全变成了链霉素"，医生先是一惊，然后颇为官方地应道，"治病救人是医者的本分"，丝毫不肯说出实情。母亲说其实当时就大致猜到事情的原委了，为验证猜想还做了相应的调查。用药后母亲身体大为好转，醒着的时间也多了起来，而且母亲的头脑清醒，思维也清晰多了。我不知道母亲是如何调查取证的，但她似乎可以确信特效药就是您送来的。母亲还查到了您的住处，知道您的家庭和谐美满，母亲不愿意打搅您的生活，所以并未写感谢信给您。

母亲痊愈后，曾到小姨的餐馆帮忙。小姨关店之后，母亲就在大厦里租了一间店面开咖啡馆。开店之初，资金周转困难，母亲把能换钱的东西都变卖了，其中还有一块祖父从战场上运回来的大陶板。也不知道祖父为什么要大老远送回来这一块瓷器，许是军人的豪迈作风吧。一块不实用的陶板搁在家里空占着地方，母亲原以为会卖不出去，岂料竟卖出了高价。听闻买主不愿透露姓名，母亲立马联想到了高山先生您。当时母亲也想方设法调查背后买主，母亲常年与病魔搏斗，耐心也被磨出来了，这样费时耗力的调查工作，在母亲看来也不失为一种乐趣。后来调查结果果然不出所料，知道了答案之后，调查的乐趣也随即消失了，像是牵着线走到了头，母亲感到些许怅然若失。

高山先生的援助于母亲而言，无疑是雪中送炭，母亲自觉无以为报，唯一能做的便是健康幸福地度过余生，也算是不辜负先生的一片善心。

母亲在名古屋经营咖啡店时认识了家父。家父有过一段婚姻，然而不足两年便离异了，从此父亲变得不相信感情，一直到四十六岁都没有再婚。父亲是一个沉默寡言的人，很少谈及自己。他与母亲一样经历了人生起伏，两人遭受的挫折不尽相同，但都是命运多舛之人，如此便能惺惺相惜吧。听说父亲二十五岁到三十五岁的时光都是在战场上度过的，生死往往只在一瞬，并且父亲的婚姻破裂也是在此时。关于此事父亲没有多言，个中细节我只能靠臆想。一日，我对父亲说："您没有讲到的地方，我就用想象来补全。"父亲苦笑着回应："恐怕事实会超出你的想象。"

就这样两颗伤痕累累的心连在了一起，之后母亲诞下了我这个儿子。母亲是将近四十岁的初产妇，但产程却出乎意料地顺利。事后母亲总拿这事来打趣，说我刚出生就会疼人了，真是个孝顺的孩子。

父亲是工程师，任职于大企业的管理层，算是中层领导，工资不高，但能养活一家人。在我眼里，父母就是平平淡淡过日子的两口子，大抵这样平淡安稳的日子才是最幸福的吧。

去年父亲已是古稀，因患癌症离世。所幸没受太多苦，走得还算安详。我是无神论者，但在父亲逝世后，我却暗自遐想他去天堂等母亲了。

母亲常念叨,"根本没想过自己能活到这把年纪",总是感叹自己已到晚年。能这么说,想必母亲是幸福的。父亲去世后,母亲告诉了我您的故事,母亲说这辈子一直默默接受您的恩惠,等她去了,让我代替她写封感谢信给您。她时不时地就跟我提这事儿,给您写信是她的遗愿。母亲也走得安详,她临终前一直都记着您的好,高山先生若是愿意,就请给府上的观音像上炷香吧,愿母亲安息。

信读完了,奈美看向观音像,小声嘀咕:"观音像的事儿连朋子的儿子都知道,应是从他母亲那儿听来的吧,那朋子又是如何得知的呢?"

高山老爷子微笑着说:"这个泄密的人就是那古董商。朋子回去岐阜老家,找到从她那儿买走大陶板的古董商,古董商嘴不严,什么都老实交代了。这都是二十年前的旧事了,但我是去年收到信后,才去找古董商问明白的。"

"真是段感人至深的佳话。"奈美说着将信递给了林辉南。

第十七章 战地日记

林辉南现在的第一要务,就是向高山老爷子核实大陶板的出处。据高山称,他第一次见大陶板是在九江的关帝庙。林辉南想知道,这块瓷器是此前一直在这里,还是后来搬运至此的。

高山宗治挠挠头说:"不好意思啊,这事儿我实在记不太清了,当时毕竟许久未见羽田将军了,话自然多些,我们聊得畅快,纵然提了大陶板如何如何,我也没放心上啊!"

奈美附和道:"都多少年前的事儿了,也难怪记不清。"高山老爷子当兵那会儿,奈美还未出生,于她而言,这段往昔像是历史故事那般遥不可及。

高山老爷忽地轻拍下膝盖,恍然大悟道:"哎,我想起来了!约莫在1939年那会儿吧,我每日都认真记下战地日记,有次回国我把日记本交给父亲保管了。去年要查个东西,我还翻出来看了看,想必九江一事我也应该有记录。"

高山站起身来,朝展品架走去。收藏库的展架上除了艺术品,还摆放着老旧的文件柜。高山宗治来到观音像左侧的架子前,打开了顶上的柜子。高山身材高大,一伸手刚好能碰到顶部的展柜,展柜没有上锁,轻而易举就能推开,但要拿出里面的东西还得搭个凳子才行。高山耸耸肩,从角落里搬来了梯凳。高山踩上凳子,脸朝着众人的方向,伸手摸索着日记本,不一会儿便喊道:"找到了!"看来柜子里的东西整理得井井有条,高山凭感觉就能摸到想要的文件。

日记本的封皮用精良的皮革制成,高山指着桌上的本子说:"就是它了。"

奈美赞叹道:"做工好精细的本子。"

高山补充说:"这封皮是后来定制的,用了有两年了。"

高山翻开本子查找当时的记录，嘴里念叨着："是几月份的事情来着？我记得那时按兵不动，完全处于没有任何作战计划的状态……对！就是这儿了，这边写着奉命从南昌前往九江。"高山默读了那段日记，许是内容详细篇幅较长，良久他才回过神儿来对众人说："我突然想起来很多事情，原来那些往事并没有被我遗忘，只是封存在心底的匣子里，这本日记就是开启匣子的钥匙。那时，从南昌到九江已有第一条铁路，名为南浔铁路。当年珍珠港事变还未爆发，九江市尚有部分土地为英国租界，租界区域有一条古旧的贸易港口，因《中英天津条约》而对外开放，不过知名度远不及上海、天津等地。若我出差仅是为羽田少将的私事，未免有些不妥，所以上头还给我塞了一个调查九江英租界的任务。"

高山的目光再次落到日记本上，结合上面的记录，将故事娓娓道来："我明知专程跑去为羽田将军运东西是公私不分的行为，但我还是选择睁一只眼闭一只眼。说实话，这种事在高级军官圈子里早已司空见惯，我独善其身倒显得不合群了。"

奈美听着高山的描述，在脑海里勾勒出一幅画面：心思单纯的年轻将校与世故将军之间进行着思想的抗衡，年轻的将校左右为难，对方既是自己心仪姑娘的父亲，也是自己的上司，但另一方又面临良心的苛责。

高山接着说："还好，东西是从当地百姓家里购买来的。想必我当时挺在意的，所以把瓷器的来历详细记录在了日记中，不看看还真忘了这茬儿。"

"说到瓷器的来历，九江旧日的景致也历历在目啊！九江山明水秀，南有庐山屹立，陶渊明笔下的'悠然见南山'指的就是这里。羽田将军虽平日里不显得有什么风雅志趣，但唯独对陶渊明这位中国伟大的诗人很是仰慕。经常和高山聊这位诗人如何如何。如今回想，恍若梦一场。"青春过往一瞬间涌上心头，高山宗治有些猝不及防，他眨了眨眼睛，才没让泪水落下来。

大陶板的出处不在九江市区，而是其下辖的湖口县。九江港沿长江，毗邻武汉，南接鄱阳湖，长江与鄱阳湖就交汇在九江以东的湖口县。九江、湖口以及鄱阳湖以北都紧紧相连。

高山继续讲道："湖口县的渡口附近有一户姓杨的人家，算是这里的村长，祖上有地产，但是当时也已经没落。大陶板此前就在他们家放着，也不知道放了多久。"

这时，沉默许久的林辉南终于开口："数年前，我登庐山时曾去过湖口，李烈钧就是在此地揭开了二次革命的序幕，所以我颇有印象。"

1911年，辛亥革命爆发，以孙中山为首的革命派推翻了清政府的统治。但由于这支革命队伍在政治及武装力量方面未能建立起成熟的体系，最终总统之位被迫让给北洋军阀袁世凯，孙中山退位，袁世凯成了共和国的总统。袁世凯大权在握，独断专行，想要复辟称帝，于是极力打压革命派。好不容易推翻的独裁封建制度再次卷土重来，革命派当然不能让袁世凯称帝。于是江西都督李烈钧率兵起义，讨伐袁军，此为二次革命。李烈钧曾就读于日本陆军士官学校，据记载，李烈钧的日籍友人山中峯太郎等人也参与了二次革命。革命失败，由李烈钧的盟友蔡锷组织的第三次革命，终于扼杀了袁世凯称帝的野心。

林辉南说起近代史，总不忘提自己的香港友人，但他自己对近代史的精通程度并不亚于他这位朋友。他当年攀登庐山，为了缅怀历史，还特意去革命遗址湖口县逛了逛。

"是吗？李烈钧我倒是有所耳闻。"高山宗治算是李烈钧的师兄，在学校里知道有这号人物，对于他后来的功绩倒未必有多上心。高山补充道，"对啊，说不定杨家的没落就是在二次革命期间。"

据说湖口县的杨家是为了支持某位政治人物才散尽了家财，至于这位政治家姓甚名谁、整件事发生于何时，高山宗治在日记里并未详述。日记里记载，杨家的没落不是子孙肆意挥霍，也非做了投机的买卖，而是忠心为国，不惜倾尽家产也要为社会为国家效力。这样无私奉献的精神值得称颂，杨家实为品行高洁的爱国主义表率。

杨家的事迹周遭百姓无人不知，谁也不会在背后说杨家的闲话，大家都打心眼儿里尊敬这家人。

因杨家在湖口县当地颇有声望，当时的日军出于某种考虑打算对杨家采取"特殊优待"，借此笼络人心。因此羽田从杨家购买大陶板，也不仅仅是一件私事。高山将此委婉地写在了日记中。

高山宗治阅读着自己四十余年前写下的日记，当年的记忆逐渐在脑海里复苏。

日军在中国各地建立傀儡政权，在当地选出所谓的领导者，实为日军的牵线木偶。驻扎湖口时，日军有意拉拢杨家，然而杨氏一族态度坚决，无论日方提供怎样优厚的条件都不为所动。羽田少将听闻杨家为钱所困，想以此为突破口，表明愿意以高价购入杨家的传家古董。

据说杨家为了李烈钧的二次革命倾囊相助，所以家产所剩无几。结果二次革命失败，李烈钧流亡日本。五年后他再次加入讨袁的队伍中，并任孙中山在广州所组政府的总参谋长。孙中山逝世后，李烈钧投靠了西北军阀冯玉祥。

李烈钧承蒙杨家恩惠，许是想做些补偿也心有余而力不足。杨家虽不求回报，但倾尽家产支援革命事业，到头来革命却以失败告终，的确倒运。杨家前前后后悄悄转手了不少古玩字画，用以维持生计，现有的存货已不多了。羽田少将问杨家老爷："听闻杨氏家族历史悠久，想必杨老爷定收着几件古董，可否借在下一赏？"

杨家老爷摇摇头答："将军说笑了，国穷民不富，杨家潦倒，哪儿有古董可供人赏玩。"

羽田将军觉得杨老爷这话说得很在理，之后还同高山反复提起过，高山也印象深刻。

杨家婉拒，羽田将军只好作罢。临走时，羽田瞧见了立在墙边的大陶板，便通过翻译问道："您方才说家中无古玩，可如此杰作放在眼前岂能视而不见？"

如此大的陶板就立在羽田面前，至此杨家再不好拒绝。最终杨老爷不得已出售了这块陶板。价格由羽田副官敲定，高山负责将其运送到日本。

这大陶板至今至少转手了两次，每次都是借购买之名，行资助之实。关于大陶板，奈美最在意的不外乎上面的纹样，那漩涡纹与老宅瓷器上的纹样酷似，只是尺寸不相称。离开高山家宅时，奈美请求再看一眼大陶板，她此前对于陶板的种种疑问基本都得到了解答，若再瞧上一眼，兴许能看得更真切，心中再无困惑。高山老爷子自然应允，乐呵呵地对奈美说："尽管看，细细赏，我们不急。"

奈美来到大陶板前，扫了一眼便合上双目，在脑海里将眼前的陶板与印象中的壶与盘进行对比。当她再睁开双眼时，就有了新发现，在陶板下半部分左右两侧的青花中微微泛着粉色，或许是因为宽阔的瓷器表面上的蓝色漩涡汹涌澎湃，让人目不转睛，才容易让人忽略旁侧细微的异样。陶板下方，烧制完成后添上的青花已有些许剥落，此处透出来的粉色格外清晰，令人眼花缭乱的漩涡纹被药水洗掉，而这粉色的部分却紧紧附在瓷器上，无法去除。奈美认为，其中的粉色并非烧制后用颜料画出，而是某种陶釉留下的痕迹。奈美凝视着繁复华丽的青花中夹杂的这抹粉色，立刻联想到了原在珠璃家存着的红瓷枕。这两件瓷器在颜色上遥相呼应，奈美再次闭上双眼，在脑海里对比勾勒，确信两者之间存在关联。

此时，高山的声音在奈美背后响起："这战地日记许久未读了，今日拿出来翻翻，倒是对当年运送瓷器的事情记忆犹新，只是瓷器的价格是个未知数。不过想来也对，毕竟我是运输负责人，自己亲身参与的事儿没那么容易忘。"

奈美一言不发，继续观察着大陶板。

高山向林辉南解释道："当年参与运输的当地人以及士兵们都说这块大陶板是妖物，而且这说法也不是谣传。你瞧这侧面，厚不过两厘米，竟有着长近三十厘米的沟槽，而且左右两侧在相同的位置都有同样长度的沟槽存在，由此可见，这绝不是日久龟裂开的，而是制作者有意为之。把视线稍稍下移，还能发现沟槽下有一个圆形的小洞，而且这个小洞也是左右两侧都有。"

奈美听老爷子这么一说，便走到陶板的侧面一探究竟。陶板尺寸巨大，自然做不了太薄，奈美瞅着这厚度约莫有五厘米，确实如高山所言，在陶板侧面上方接近中央的位置有一条形似感叹号一般的沟槽和圆洞。

高山接着讲："沟槽深约七厘米，侧面这两条还算显眼的，其实陶板表面也有类似的四条沟槽，只是被青花漩涡纹掩盖不易察觉，林先生看得出来吗？"

林辉南走近细瞧，艾明夫妇也凑上来重新观察这块陶板。

艾明夫妇还在细找，林辉南领先一步发现端倪，于是点点头对高山说："您真细心，这里确实有四条横向的沟槽。"不过在林辉南开口前，奈美早就不动声色地看出一二来了。

艾明夫妇依旧不得要领，挠首皱眉四下搜寻着，愣是一条都没发现。夫妇二人请高山先生指点迷津，高山宗治走上前，指着陶板解释道："两位且瞧着这儿，与此平行的也有一条，稍往下还有……"

四条沟槽皆位于陶板表面的下半部，最上方的沟槽为左右两条并排，往下的板面中间又上下横着两条沟槽，像是把陶板劈成了两半。高山指着中间的沟槽，食指的第一个指关节竟能完全陷进去。

告别了高山，四人来到大阪，用完晚餐后就回了神户。奈美送艾明夫妇回到下榻的酒店，觉得甚是疲乏，大家便在酒店茶室里小憩了半小时。林辉南似乎察觉到奈美状态不佳，于是关切地问道："今天累坏了吧？"

奈美点点头回答："确实，林先生也乏了吧？"

"我现在脑子有点儿转不动，记忆力都衰退了，难得有这么疲倦的时候。"

"记忆力衰退？不至于吧！"

"这话我们稍后再聊可好？"

"那是自然。"

林辉南也许认为现在是四个人，这样私密的话不宜多讲。

林辉南去酒店地下车库取车，准备去往芦屋的相思青花，奈美租的公寓正好顺路，林辉南便捎上她一道走。

林辉南驾车行驶在港湾人工岛的渡桥上，对奈美接着讲方才未完的话题："有些事儿我无论如何努力回忆，依然只有个模糊的影子，着实疲累。"

"您想回忆什么事儿啊？"

"九江的杨家，羽田将军就是从他那儿购入的大陶板，还记得吧？"

"那杨家是有什么线索吗？"

林辉南摇摇头说："我从前听父母提起过，我家在九江有一门远亲，只是我始终想不起来这家人是否姓杨。"

"肯定就是杨家！不然那陶板从何而来？"奈美不自觉地上下晃了晃脑袋。

林辉南是张莫达妹妹的曾孙，而王志光是莫达小姨子的曾孙。若如《莫达和尚事略》中记录的那般，成套的相思青花瓷器是由莫达请人制成的，那林辉南与杨家的亲戚关系自然错不了。

"似乎是姓杨的，况且我还听说，那位远亲热衷政治，容易头脑发热，做出许多一发不可收拾的事儿来。我猜八成就是杨家没错了。"

奈美看着林辉南的侧脸，他挤出一抹苦涩的笑容。林辉南记忆力减退大概是年岁渐长的缘故。

"杨家倾家荡产支援了二次革命，这不就证明了他对政治的狂热吗？您说'八成'还太保守了，依我看'九成'就是他了。"奈美言之凿凿，仿佛在给苦于记性不胜从前的林辉南打气鼓励。

第十八章　旧友

从高山家回来后，奈美成日里都陪着艾明夫妇闲逛。这对夫妻在日本生活了很长时间，虽说二十年前就离开了，但日本的风土人情总归印在心里，很快便能融入环境，奈美作陪倒也轻松自在。

林辉南有生意要料理，便对奈美说："您先陪他们四处走走，毕竟是在日本待过的人，周遭环境不出三日也就都熟悉了，到时您不用时时跟着，给人留点儿私人空间也好。"

奈美与艾明夫妇一起度过了四天。夫妇二人新婚时曾在淡路岛住了数月，此番想故地重游，约了奈美一同前去，如此奈美便多陪了一日。从淡路岛回来，奈美总算可以歇歇了，褪去了衣衫正准备迈进浴室，姐姐芙美拨来了电话。芙美不喜欢独处，时常拨电话来找奈美聊天，并不是有什么要紧事儿。

芙美问："去淡路岛玩儿得开心吗？"

"还行，挺累人。"

"陪客人嘛，总得想得周到，肯定累人。"

"倒也无须周到迎合，可能是年纪上去了，精力不比从前。"

"妹妹都服老了，叫姐姐情何以堪哪。"

这般寒暄了几句，芙美突然话锋一转："对了，之前给我婆婆送谢礼的那位，是叫珠璃这个名字吧。四十多年没见了，前段时间却突然来了音信，婆婆很是震惊。"

"真的假的？"奈美激动得声音都有些变调了。

芙美依旧优哉游哉地回答："骗你干什么。"

眼下奈美最上心的事儿都跟瓷器有关，况且这些青花瓷还与林辉南有着千丝万缕的联系。但凡略有线索，奈美都格外关心，但关心则乱，所以听姐姐说起珠璃的名字，奈美下意识地收敛起心绪，不敢表现得太过。

果然芙美没有多想，只当是妹妹觉得好奇，如若当真觉察出了奈美的心思，依芙美的性子，拨电话来肯定就省了那些寒暄直奔主题了。芙美本就事不关己，忽地想起珠璃这茬儿，不过是说说家常闲话，事情的细末也含糊带过，在她看来，珠璃来信就跟婆婆感冒一样，不是什么大不了的事儿。

奈美听得一知半解，懊恼得很，便对姐姐说：“明天我去看看佐藤夫人吧。”

"她就是小感冒而已，用不着特地来探病的。"

"就当是我来找姐姐，偶然听说佐藤夫人病了，顺道来看看总行了。"奈美无论如何都想亲眼看看珠璃的来信。芙美仅是听婆婆说，这封信是从美国寄来的，内容倒是用日文书写的。

第二天，奈美来到挂着听浪亭匾额的佐藤府。只见佐藤夫人悠闲地坐在沙发上晒太阳，六十八岁的佐藤辉子丝毫瞧不出病容，奈美要真是借探病之名前来拜访，确实显得有些小题大做。

佐藤夫人精神饱满地跟奈美打招呼：“快进来坐。”

奈美回应道：“听说您感冒了，就别坐着吹风了，赶紧进屋躺会儿吧。”

佐藤夫人笑眯眯地歪着头说：“哪儿能那么娇气，大白天就躺下了，感冒而已，不碍事儿的。”

"您注意身体，不要过度操劳。"

"奈美小姐真是懂得疼人，我好生歇着，养得好着呢。前段时间跟你们提起的珠璃，她给我写信来了。这旧友还真说不得，这么些年没联系，一说曹操，曹操还就真给来信了。你来得正好，我给你看看信啊……芙美，把角落那张桌子的第三个抽屉打开，将放在最上面的那封航空挂号信拿过来。"

芙美取了信递到婆婆手上，佐藤夫人拿了信又转交给奈美。

唐突来信，多有惊扰。您还记得我吗？提笔时，我想着好久不说日语了，书写日文更是难上加难，但给辉子小姐写信，还是觉得用日文更妥帖，于是有了这封日文信。我费了好大力气终于寻到了您的地址，心中激动难耐，总怕写不好，起了三次头都揉作了废纸。

奈美阅读着信的开头，觉得珠璃的日语很地道。四十多年没用，还能写得如此流畅。不过从信中的用词来看，总给人一种急不可待的感受。

珠璃在信中详述了得知辉子地址的来龙去脉。白珠璃的丈夫王志光去年离开了人世。战后，王志光从事教育工作，几年后受聘于美国某一流大学，后来在美国定居。王志光夫妇育有一男一女，两个孩子在美国长大，现已各自成婚。孩子们与父辈截然不同，生在和平年代，过着波澜不惊的生活。

王志光去世后，留下珠璃一人挨日子。珠璃变得特别念旧，她在美国几所大学讲课，辗转各处。起初，珠璃还把与丈夫曾经生活过的地方都走了一遍。

奈美读到这里，不由得想起了自己的土耳其之行。奈美与珠璃的心境并不完全一样，奈美的婚姻相较珠璃要短暂得多，并且感情也不如人家深厚。

珠璃与在美国结识的朋友交流自然方便，故乡的旧友可就没那么容易寻到了。终于，中、美两国恢复邦交后，珠璃联系上了祖国的亲戚，或多或少打听到了些许旧友的消息。昔日旧友中，珠璃最想知晓的莫过于佐藤辉子的情况。珠璃曾赴日留学，她知道"佐藤辉子"这个名字重名太多，怕是不好找。按日本的规矩，女子结婚后要随夫姓，但念在辉子是独生女，佐藤老爷要招上门女婿入赘，所以应不曾改姓。珠璃虽然不知道辉子回日本后身居何处，但还记得辉子的老家在神户的海边，哥哥为表感激还曾为佐藤府题了"听浪亭"三个字。据珠璃推测，如今辉子应该是六十八岁上下，佐藤老爷是制药界的名人，不过这时大抵已然作古。

珠璃所知的信息只有这些。她听说自己女儿有位朋友是日本来的留学生，修完博士课程后准备回国待一段时间，珠璃便拜托这位姑娘帮忙在日本找找佐藤辉子这个人。巧的是，这位姑娘也姓佐藤，姑娘回国后好生搜寻，终于查到了佐藤辉子的地址。

芙美插嘴道："陌生人轻易就能跟您套上近乎，您对人也没个戒备。"

辉子回道："哪儿能怪我呀，那是人家有本事。说来我还想起一桩事儿……"

辉子想起的是数月前接到的一通电话，来电的是一位女性。

"您好，请问您是佐藤女士吗？您曾在上海居住过对吗？"电话那头的女性一开口便冷不丁地这么一问。

"对，我是。您是哪位？"

"您家里是研究药材的吧？"

"是，家父是医药学者。请问您有什么事儿吗？"

电话那头没有立即回应。顿了片刻，女子有些犹豫地说："我父亲去世前跟我提到，佐藤先生在上海时对他多有照顾。"

"原来令尊也过世了，从前我们两家有过交集，也算是缘分。"

"我父亲常常夸赞佐藤先生家收藏的书法作品，有幅题字我父亲尤为喜欢，我记得写的是'听浪亭'三个字。"

佐藤辉子每日对着这听浪亭的匾额，忽地被人一提，竟一时间没反应过来。对方解释道："歇脚亭里听浪花，听浪亭，您知道吧？"

辉子这回明白了，忙应道："哦，是啊，那幅作品现在还留着呢。"

辉子的父亲交际广，曾帮助过不少人，如今也常有人拨电话来对父亲表示感谢，辉子也不当是什么稀罕事儿。且不说现在，时间退回到1955年，寒暄致谢的电话也是时而有的。辉子对电话那头客气地说："多亏您还惦记着家父，想必他九泉有知，必定十分欣慰。"她丝毫没觉出异样，只当是寻常问候，却不想这通电话竟是珠璃托人查访所为。

珠璃在信中写道：

> 佐藤姑娘是东京人，回国后去关西旅游时，用电话探虚实，才查到了辉子的地址。

起初，佐藤姑娘受珠璃所托，觉得寻人之事必定如大海捞针，但有着"神户""海景房"这两个关键词，寻人计划进展顺利，没过多久就找到了几处符合条件的房子，悬着的心总算能稍稍落下了。这位佐藤姑娘也是个聪明人，要说海景房神户多得是，但有"听浪亭"这样风雅斋号的宅子，想必不会建在港口这等嘈杂之地，更可能是在须磨附近的海岸边。须磨海景别墅的主人凡是姓佐藤的，姑娘都挨个儿拨电话筛查。首先得问对方是否在上海待过，佐藤是个大姓，战前去上海的日本人更是上万，所以去过上海又姓佐藤的人也不在少数。第二，得问对方是否是制药界的学者，若这个问题对上了，那基本可以断定此人就是珠璃要找的佐藤女士。为了确保无误，再说出"听浪亭"三个字，对方若是知晓，那便是板上钉钉了。

辉子听电话那头言之凿凿，再加上人家连听浪亭都知晓，于是在心中认定了自己父亲与对方父辈是旧相识，聊着聊着辉子竟毫无保留地说起了自己的近况。辉子告诉对方，父亲去世，丈夫也走了，眼下她与儿子儿媳同住。

其实佐藤姑娘只是受托查明辉子的地址，其他的东西无须她过问，所以她并没有进一步套话。也许正是因为如此，辉子反倒觉得对方可信。

佐藤姑娘将辉子的话转达给了珠璃，珠璃信上说：

我已是七十三岁的古稀老人，身边众多亲朋好友也都相继离世。虽然事过多年，在此我仍要向佐藤老先生以及您丈夫表示衷心的哀悼。

得知您还健在，无疑给了我莫大的慰藉。

在危难关头得您救助的愚兄，五年前于澳大利亚逝世。战争结束后，哥哥重拾手艺，主要从事船舶相关的工作。公司本部在香港，但他的工作性质就是满世界跑，美国也常来，所以彼此都有机会见面。每次跟哥哥聊天，话题总绕不开佐藤家对我们的恩情。哥哥有时也去日本，如今想想，我其实可以拜托他帮忙查查您的住址，只怨我不早拿主意，白白耽误了这么些年，真是追悔莫及。好在现今还能与您书信交流，我知足了。

奈美读到这里，觉得非常出乎意料。曾经为了国家、在情报战中抛头颅、洒热血的黄亮，在战后居然从商了！奈美接着往下看。

离开祖国近四十载，一直未能再回故乡。在美国扎根之后，子女也成了地地道道的美国人。但是，我对祖国的热爱不减，这次我决定回国待上一两个月，手续已经办妥。我想选择经停日本的航班，至于是去时还是归时经停，现在还未定。我去日本只为看看您，等日程确定，我会第一时间通知您，相信不久后我们就能见面了。

辉子兴奋地说："好开心啊，可以见到珠璃了。都说长寿之人有福气，我从前不信，现在盼到了，终于信了。我现在旁的都不想，只伸长脖子望着珠璃早点儿来，多等一日便多一日焦急的期盼。"

佐藤夫人因为珠璃的来信而喜不自胜，这份喜悦似乎也感染到了身旁的奈美。

佐藤夫人正了正身子，对奈美说："奈美小姐，能不能请你帮个忙？"

奈美有些摸不着头脑："我？"

佐藤夫人微笑着点点头，可奈美瞅着那笑容里仿佛透着几丝落寞。佐藤夫人方才分明还似少女般欢喜，下一瞬脸上却显出难掩的孤单。

奈美问："我能帮您做什么呢？"

佐藤夫人低着头说："这件事要芙美帮忙也成，只不过我是她婆婆，我一开口她肯定不好推辞，我也不想给她增加无谓的心理负担。奈美小姐一向是个体贴省心的人，所以我才厚着脸皮来求你帮忙。"

"您说吧。"奈美催着佐藤夫人切入正题。

"就是那两件瓷器，我想能不能稍微……"佐藤夫人欲言又止，其实话说到这儿，奈美大抵也猜出来夫人所求何事了。

印有波涛纹的壶与盘是珠璃赠予佐藤家的谢礼。此物珍贵，珠璃好不容易来趟日本，闲话家常免不了会聊到当年之事。如果珠璃问起瓷器，佐藤夫人却是两手空空，岂不伤了珠璃的心。

奈美接过佐藤夫人的话说："珠璃来了，说不定会想要看看瓷器，壶与盘自然是放在身边才好。那两件瓷器现归我哥哥所有，我去请他帮这个小忙，想必哥哥也不会不肯。"

佐藤夫人欣慰地点点头："奈美小姐真是体贴，我借用几天就成，珠璃来家里那几天就可以。老实说，我本来打算告诉珠璃实情……"

"您万万不可这么说。到时珠璃来了，您只需把瓷器好端端地拿出来给人家看就是，让珠璃知道您很重视这份礼物，一直好好收藏着，她也就安心了。"奈美说着，感觉到自己额头上渗出了细密的汗珠。奈美觉得瓷器现在留在今川家真是万幸，如果被久美卖给了此前的美国女人，瓷器这会儿怕是不在日本了，到时要上哪里找去！奈美再次胸有成竹地对佐藤夫人表示："您放心，不会让您失望的。"

佐藤夫人连连致谢。

奈美问："珠璃来日本的时间确定了吗？"

"还没有，看信上说应该是快了。"

"那我过个两三日就把东西送来可好？"

"不用那么着急，等珠璃确定日程之后，再送来也不迟。要我保管着这么珍重的东西，心里老是记挂，怕也不得安心啊。"

"这样，您需要时打个招呼就是。"

今川家距佐藤府不过几十分钟的路程，的确不用急。

奈美回到住处，便给长兄诚造拨了电话，说明情况后，哥哥一口答应了。此事办妥，奈美突然想起艾明夫妇交代的事情。

在从淡路岛回神户的渡轮上，艾明夫妇提到一位旧友，名叫北原和也，也不知道他现在怎么样。

奈美问道："你们想见他吗？"像是自告奋勇要帮着找人似的。

梅米特回答说："见是想见，只不过比起见面，我更想先知道他如今在做什么、靠什么生活。"

奈美不明白梅米特此言何意，露出些许疑惑的表情。

哈利露见状，解释说："这个北原是以前跟梅米特同流合污的搭档，两个人当年一起干坏事儿，这么多年情分虽在，但不应该再相见了。"

"明白了，我帮忙调查下这个人吧。你们有没有什么线索？"奈美记得在伊斯坦布尔听哈利露说过，梅米特在日本时，靠制作仿制品为生。

梅米特应道："北原和也是兵库县姬路市生人，我还与他一同去过姬路，他说自己的出生地就在姬路城附近，算起来他也有六十多岁了吧。对了，他战前好像在印度人开的商行里工作过，这人办事儿不太讲究，英语倒是说得挺溜。"

梅米特给出的线索还真不少。奈美想起哥哥诚造也是从事贸易工作，她还见过哥哥带着印度人来家里谈生意，于是就把这事儿跟哥哥讲了，心想兴许诚造还认识北原呢，再不济也能知道点儿线索。

"北原和也？你找这人做什么？"

诚造显然是认识北原和也，并且听哥哥在电话那头的语气，北原似乎名声不太好。奈美向哥哥解释了整件事的来龙去脉，进一步打听："这个北原和也到底是什么人啊？"

"反正不是什么好人。"

"我知道北原从前跟梅米特一起干过坏事，想来也不是正人君子，只是想了解他到底声名狼藉到什么程度，还有此人现状如何。"艾明夫妇委托奈美帮忙确认这人到底该不该见,所以北原的底细得探清楚为好。

诚造回答说:"最近倒是没怎么听到他的消息。北原毕竟也这么大岁数了,也许是折腾不动了吧。他年轻时可是臭名远扬啊!"

"难不成金盆洗手了?"奈美觉得北原要是回归正道了,让他们两位老朋友见见面亦无不可。

"这个我不清楚,听说他在京都开了一家古玩店,成天守着铺子,有点儿退隐江湖的意思。依他从前的性子,不可能如此低调,这点颇让人意外。话虽如此,我也没见过他本人,都是道听途说罢了。"

诚造把关于北原的传闻,概括性地讲给了奈美听。

据说在战前,北原在神户的印度商行当掌柜。当时在外资商行当掌柜的日本人,或多或少都会向进出的商人收点儿私钱,但北原却分文不取,人家塞钱给他,他也不要。表面上两袖清风,实际是瞧不上那点儿小钱。他不收小恩小惠,暗地里硬是把商行老板往绝路上逼。

"北原的狡猾之处就在于做事滴水不漏,不留任何痕迹。明知道是他干的,却苦于没有证据将他定罪。他把商行整到破产,老板绝望自杀,他也都跟没事儿人似的。了解他品行的人,他骗不着,就不断地去寻找下一个冤大头。战后,他又学了英语,不少美国人来做生意都栽在他手里了。"

奈美感叹道:"确实不是省油的灯啊。"

北原和也与梅米特合作的时期,似乎正是他坑美国人的那阵子。梅米特后来回到伊斯坦布尔做正经生意多年,如今究竟该不该让两人相聚,真让奈美犯难了,她觉得自己接了个烫手山芋。艾明夫妇如若长期定居日本,北原这个危险分子指不定会用什么招数把梅米特重新拖入泥潭。不过艾明夫妇即将回到伊斯坦布尔,今后想来一次日本恐怕也难了,不让两位旧友见面或许有些不近人情。梅米特应该是十分想念这个旧友,不管是好是坏,总归在一起共事过,情分不浅。只是妻子跟在身边难免有些顾虑,想见也是不好直说的。奈美突然心生一计,她想亲自去京都会会这个北原和也,如果印象不差的话,就让大家见一面,到时候自己也跟着去,总不会出什么岔子。

"谢谢,哥哥,你说的这些都很有用。那对瓷器的事儿,到时麻烦你了。"奈美说完挂断了电话。

奈美紧接着拨通了一位大学同学的电话,那位朋友家住京都,家里是做裱糊生意的,在当地颇有名气。这位因为是独生女,所以她家招了上门女婿继承家业。奈美跟她很亲近，凡是去京都必会与她联系。当时奈美搬回神户，也立马给她拨了电话，两人相约近期好好聚聚。奈美心想，她家的裱糊是针对高端人群，与古董字画界应也有接触，于是便直接说出了北原和也的名字。那位朋友立刻回应道："这人我认识，他那是家新店，也就开了十年左右吧。"

这北原还真是名人，个个都知道他。奈美有些提心吊胆地问："他人怎么样？周围人都怎么评价他的？"

朋友答道："评价还不差吧，他也不是那种爱出风头的人。听说他是半路出家，原先也没人教他研究古董，多半是因为自己爱好古董字画，所以才入了行。最近这样的人还真不少呢！"

看来北原现在手脚还算干净，他初入此行，周遭的人不知道他的前科，单看他目前的表现，还认为他是个老实人。北原摇身一变做起正经的古董字画生意，大概也算是给自己积德了。其实奈美并不清楚北原此前有没有接触过古董字画这行，他在印度商行工作时，或许是没碰过什么古董。而战后北原与梅米特联手倒是都在捣鼓假古董生意，只不过他们的客户只针对美国人，与日本正经的古董商界大抵是互不相干的。

朋友纳闷儿了："怎么好端端突然问起这个？"

奈美交代说："北原有位老朋友常年在国外，这次回来想见见他，只知道他人在京都，却不知道他具体的地址。麻烦你顺便告诉我吧。"

朋友或许是去翻查电话簿了，让奈美稍等了片刻，随后便告知了北原的联系方式和店址，以及沿途的标志性建筑。

第二天，奈美就出发去了京都。

街上经营古董字画的商铺居多，北原的店名叫春秋馆，穿过作为地标的烟草店，一转角便能瞧见春秋馆的招牌。店内装潢讲究，一眼扫过门口橱窗，只见里面仅摆放了一件瓷器。奈美驻足橱窗前凑近一看，不由得啊地喊出了声，橱窗里摆着的是一件红色的瓷枕。奈美一时间怔住，双腿不得动弹。瓷枕旁还小心翼翼地立了块小牌子，上面写着"清代陶枕，出自景德镇"。前有成套的青花漩涡纹，后有这红瓷枕自成一派，奈美也大致清楚这红瓷枕上为什么没有青花漩涡纹。真是无巧不成书，奈美没有料到会在此地遇见那"缺失的一角"。奈美缓了缓神，僵住的双腿终于朝前迈了一步，她凝视着橱窗里的瓷器，脑海里突然闪过一个词——造化弄人，想来又不太恰当，便把方才的念头抛之脑后了。奈美觉得自己一步步找到这里，或许并非偶然，而是被某种无形的巨大力量牵引着前进，敬畏之心油然而生。

　　站在门口不能一眼看清店内的环境。店内格局古色古香、光线昏暗，玻璃门倒是擦得锃亮，与店内暗沉沉的气氛截然不同。像这样"表里不一"的店铺在京都并不少见，奈美早就见怪不怪了。奈美站在那儿，倒不是因为思虑再三，而是一时被面前的红瓷枕吸引了，所以才迟迟挪不动步子。

　　门上的黑色油漆有些许剥落，看着像年久失修的样子。奈美轻轻一推，门就跟抹了油似的打开了，如同全新的一样，完全不似旧门般吱嘎作响。室内是三十三平方米左右的小铺子，陈列柜紧贴着墙壁，店内正中央的台面上摆着一尊镀金的铜佛，是一件高约十五厘米的小物件，造型古朴自然，只是佛像向外伸出的手掌尺寸过大，整体看来有些比例失调。店里空无一人，角落里放着小巧的桌子跟椅子，桌上还有一部电话。想必这家店平常亦是门可罗雀，有些店铺会在门后挂上铃铛，但凡有客人进出，铃铛便会响起，而这里连铃铛都懒得挂，大概是日常太过冷清，也用不着提醒店主招呼客人了吧。

　　奈美与佛像四目相对，静候着店家，可是等了好一会儿也不见有人出来，于是奈美又绕到佛像的背面细细端详。佛像背后有一个光圈装饰，光圈内侧下方刻着一段短小的铭文，字样古旧无华，字体的大小排列以及间隔全都毫无讲究，仿佛只是随心所欲乱刻了一通。过了半晌，还是没人出来迎客，奈美接着看铭文的内容，虽然不明所以，但她至少看懂了开头几个字指的是年代，上面写着"天保六年"。奈美想起高中学日本史的时候，看到过"天保饥荒"的字眼，当时大盐平八郎起义就是因为时局动荡、民不聊生。这些内容老师没讲，是当时奈美为了备考自己背下的，现在还依稀记得些。

　　奈美有点儿乏累，站在原处独自发呆，连身后有人走过来都未察觉。身后那人突然开口解说："日本有个年号叫天保，中国也有同名的年号叫作北齐天保，都是过往的历史了。日本的天保是19世纪，而中国的天保元年是从南北朝的北齐开始，要追溯到6世纪中叶了。"

　　奈美闻声转过头，看向声音的源头。心里嘀咕着，莫非这人就是北原和也？在奈美的认识里，把自己老板逼上绝路的人，应该是个让人不寒而栗的冷血杀手，可此人却与她想象中的相去甚远。面前的男子戴着一副度数极高的近视眼镜，小眼睛不停地眨巴着，在镜片的映衬下本就不大的双目显得更加小而无神，甚至显得有些目光胆怯，这同奈美脑海里眼神锐利的恶人形象截然相反。男子属于中等身材，因为一直驼背又耸着肩，使得他看上去比实际更加瘦小。他身上随意套了件藏青色的西服，没系领带，西装裤也没有中间熨烫的折痕，白衬衫上的污渍十分明显，简直就是寒酸的具体表现。

奈美嗫嚅嘴问："中国的天保年？"

日本的天保年间与中国的天保纪年相差了一千三百多年，纵使奈美对古董没有研究，也清楚这尊佛像绝不是出自大盐平八郎那个时代。

"没错，北齐天保六年，也就是公元555年，哈，这有三个五呢，圣德太子出生前的一段时期。"男子的解说仿佛是落魄潦倒而不得已接了个讲解员的差事，必须要完成任务才能糊口似的。

"果然历史悠久，这物件应该价值不菲吧？"奈美心想，这古董摆在店内最显眼的位置，如若价值连城当真不怕贼惦记吗？

男子回答："如果是货真价实的东西那确实值钱，估计得上千万日元吧。"

"您的言下之意是……？"奈美觉得男子的话听上去就像在说"这东西是赝品"一样，于是想确认一下自己有没有会错意。

"算是高仿，我要是不吱声，或许可以糊弄下那些不懂行的，但是稍微有点儿眼力也不会当真吧。"

奈美无言以对，只得又无奈地嗫嚅嘴。

"您慢慢看。"说着男子从奈美身旁走开，来到桌椅前，一屁股坐在椅子上，瞧那坐姿不像打工仔，完全一副老板的派头。

奈美琢磨着他的姿态，开口道："那红瓷枕……"

"您说门口那件吗？"

"是的。"

"那是非卖品。"

"为什么？"

"那可是我家招牌。谁开店也不会把招牌给卖了吧？"

"您家店招不是春秋馆吗？"

"不一样，那是名字，这是镇店之宝。"

"您不卖总得有个理由吧？"

或许是奈美的语气太过坚定，男子一听这话，一下子站了起来，反问道："您就这么想买吗？"

奈美点点头，毫不犹豫地回答："当然！"

"我出价五百万日元怎么样？这物件值这个价。"男子此话一出，仿佛整个人都年轻了许多，明明是年近古稀的人了，此刻面颊绯红，看着倒像刚满花甲。

奈美掂量了下价格，她相信若是林辉南见着了，肯定连价也不砍直接收入囊中，即便林辉南没带现金，奈美也会帮着付钱的，毕竟五百万日元她还是能拿得出来的。

"可以，就五百万成交吧！"

男子推了推眼镜，问："是您自己要买吗？"

"怎么，我不能买吗？"

"不不不，我不是这个意思。"

"那行，我家在神户，所以钱明天才能送来。"

"哦……神户。"男子明显对"神户"这个地名颇为感慨。

奈美索性开门见山地说："反正明天我要招待朋友来京都游玩儿，人家特意从土耳其来的，到时候顺便把钱给你。"其实，艾明夫妇并没有跟奈美约好来京都。

"您别嫌我啰唆，我想再确认一下，您是真的有意购买吗？"

"您问多少遍，我的答案都是肯定的。"

"我说这话您别生气啊，会买这种东西的人多半是一时糊涂，您确定不会后悔吗？"

"既然您这么说了，那容我问您一句可以吗？"

"您说。"

"您是这家店的老板吧？"

"是啊。"

"请问贵姓？"

"这是在查户口吗？我叫北原和也。"

"没事儿，我只是想知道您是不是个认真负责的人。"

"瞧您这话说得，我可是店主啊，这家店里里外外都是我一人照应，平时有事儿外出都会关门的。我一会儿还真有点事儿要出去。"

"那真是不巧了，我也不想耽误您办事儿，这桩买卖就定下了。我正好手里有十五万，要不就当作定金吧。"说着奈美从手提包里拿出钱夹。

"定金就不用了，东西我给您留着，我劝您还是回去好好想想。五百万可不是小数目，就算您家庭富裕，出手也不能这么阔绰的。"

"我不是什么有钱人，只是难得遇上喜欢的东西，负不负担得起我都想要。"

北原和也又重复道："真是糊涂得不轻啊……"

"为什么您总这么说？"

"姑娘啊，这确实是个枕头，但它没什么实用价值。如果睡相不好，一枕着它就会倾斜侧翻的。"

"我没想着要用，只是买回去当个摆件。价值上千万日元的茶杯，不也是供人欣赏的吗，谁会没事儿用那么贵重的物品。请问这只枕头是您自己进的货吗？"

"是我买的。"

"如此说来，那您自己不也成糊涂人了吗？"奈美有些惊讶于自己的口才。

"没错，我也是一时糊涂了。人哪，偶尔是会犯糊涂，等事后理智地想想，就会后悔不已。"

"有道理。我现在就是有点儿头脑发热，但是抑制不住想买的欲望。"

"您还是回去好生考虑考虑，我明天也在这儿候着，如果您明天没过来，那这桩买卖我就当您没提过。"

"可以，不过我想再问您一句，既然您说买了红瓷枕事后就后悔了，那又为什么把这物件当招牌一样摆在橱窗里呢？"

"哈哈哈，您这人真是风趣。"北原和也笑得满脸褶子，接着讲，"本来我想给这家店取名叫废物所，但是转念一想，觉得太过标新立异了，所以还是老老实实地取名叫春秋馆。玩儿古董的有钱人，不惜砸重金也会买自己称心如意的东西。但是穷人呢——也不能说是穷，就说普通人吧——可能也会买些自己喜欢的古董赏玩，可是太贵的话，他们就不会出手了。毕竟东西只是摆着好看，实际没多大用处。普通人在可接受范围内买些还算有用的古董回去，也算是圆个心愿。我开这家店也就是这个目的，这些玩意儿本来也是废物，我不过选些稍微有价值的摆在店里罢了。'春秋馆'这个店名听上去好像很高端，其实卖的都是无用之物，就像这块枕上去会侧翻的红瓷枕一样。我这家店本来就是废物合集，所以把它当招牌摆在橱窗里正好符合店铺的形象。"

"明白了，那在店中央摆放赝品佛像也是这个用意了吧，我觉得这样开一家店也挺好的。那尊佛像的神态看着很和蔼。"说着奈美的目光又落在了镀金的铜佛身上。不加修饰的造型比例，形似棒球手套般宽大的手掌，五官倒是很紧凑，表情如真人一样亲切自然，仿佛下一秒就会轻声细语地和人搭话。奈美退后一步，眯起双眼观察。这尊佛像好像与刚才在街角与自己擦身而过的人有些相像，又像某个熟人的脸庞。

"果然姑娘是识货的，这佛像做得不算精致，唯独这神态让人看着可亲，真有种普度众生的感觉，看着它仿佛自己的心灵都得到了净化，一尊佛像能做到这份儿上，也不用去追究什么真假了。"

对于北原的这番话，奈美深感赞同。仔细观察可以发现，佛像的嘴角有些微微上扬，恰如某人的微笑。

奈美对北原说："这个我也想要。"

"都说女人容易冲动消费，不过您消费的东西确实有点儿独特。"北原和也的京都话带有浓重的大阪口音。

"有人冲动购物，结果连自己买了些什么都记不清了。我可不一样，这尊佛像我怎么也不会忘了，所以这算是理性消费，您就卖给我吧！"奈美觉得自己讲得有理有据，毫不夸张。

北原和也撇撇嘴说："您真是不缺钱啊！"

"其实也没有。"奈美不好意思地把头歪向一边。

"您觉得这东西价值多少？"

"这个嘛……"

"我出价两亿吧！"

"两亿？"奈美眼珠子瞪得溜圆。

"对，就这个数。"

"可这不是赝品吗？您刚才还说如果是真货得值上千万，假的怎么反倒还贵了呢！"

"这要怎么跟您解释呢。首先这东西属于我的没错吧？"

"是没错啊，然后呢？"

"这可是我的宝贝，要忍痛割爱，出价高点儿也是人之常情啊！世上有种东西叫作无价之宝，千金都不换。"

"这佛像对您来说如此重要吗？"

"那是自然。"

"既然如此,我就不横刀夺爱了,强扭的瓜不甜。再说我也没有两个亿,即便有也不会把它强行买走的。"奈美说着说着,笑出了声。

北原也笑着说:"谢谢理解。"他笑起来皱纹挤作一堆,脸庞都跟发福了似的。

"您的确是与众不同,明知道东西是赝品,却还是当成宝贝喜欢。不过我也是奇怪,起初自以为赝品会价格低贱,哪里能想到这是个无价之宝呢。"奈美体会到一种莫名的喜悦与充盈。

"其实它还没成型之前我就知道是赝品,我算是目睹了它从无到有的过程。"

"您的意思是?"

北原依旧笑容满面地说:"我也不拐弯抹角了,跟您直说吧,我也参与了这件赝品的制作,就是造假的同伙。"

奈美问道:"造假的同伙?"她当然知道面前的北原是何许人也,但北原并不清楚奈美的身份。为了不让他察觉出破绽,奈美得装出十分震惊的样子。京都这地方人来人往,除了常住人口,异乡客也会漫无目的地在这附近闲逛,店家们早就习惯了。这些人不过看看就走,多半不会来第二次,北原兴许也把奈美当成了其中一员。

"对,不过我是做不来的,我们同伴里有一个造假高手,通过资料、照片,有时仅仅靠一张草图,他就能完美复刻,这佛像就出自他手。"北原站到佛像旁边,深深地叹了一口气。

"制作者是您的朋友吗?"奈美再次发问,其实早就知道北原说的正是梅米特。

"朋友?哈哈哈……"北原的笑声里有种别样的意味,嘴里像是含着一块东西似的,"的确是朋友,不过换个角度讲,也是情敌。"

"情敌?"

"没错,爱情势不可当啊!"

奈美一时语塞,不知道该如何回应。

"这不是常有的事儿吗?朋友二人喜欢上同一个女人,但如果是你朋友先动的心,事情就有点儿麻烦了。"

"可能是吧……"奈美终于找到话接了。

"话说回来,想当年我把那些赝品一个个四处兜售,赚来的钱全部平分。

做得精巧的都卖出去了，唯独留这尊佛像，您知道为什么吗？"

"不太清楚。"

"这尊佛像一看就是以我的心上人为原型制作的，以现实中的人为蓝本打造作品的匠人肯定不止我朋友一个。对于这件事您怎么看？"

奈美沉默不语。她只觉得费解，北原和也为什么要对一个陌生人透露如此多信息？思来想去，她回答道："我还真不好说。毕竟我是女性，男性的思维方式我未必能理解。他是想忘记这个心仪的对象，还是想永远铭记这份情感呢？"

北原挠挠后脑勺说："当局者迷啊，所以才会徒增烦恼嘛。"

奈美努力回想起在伊斯坦布尔时，哈利露对她说过的话，梅米特得以金盆洗手，多亏了林辉南的指点。当初二人刚结婚的时候，梅米特的造假工作是瞒着妻子做的，不过北原算是丈夫的生意伙伴，与哈利露自然也是见过面的。

奈美再次看向铜佛的脸，这不正是哈利露的面容嘛！嘴角的微笑跟哈利露一样动人，难怪初见时老觉得像谁。梅米特亲手雕琢了一尊与妻子神似的佛像。他是看着哈利露的脸精心打造的吗？还是妻子的面容早已深深地印刻在他的脑海里，根本不需要参照真人？又或许是梅米特复刻着照片中的佛像，不知不觉间把佛像的脸做得愈发像自己的妻子。北原和也刚刚说梅米特是他的情敌，这佛像又是以自己的心上人为原型制作的，那不就说明北原和也的心仪对象正是哈利露嘛。早先没有特意留心佛像的面庞，是自己疏忽了，奈美不禁有些懊恼。

奈美通过此次暗访，觉得北原的确是走上正轨了，但这并不代表让双方相聚是件好事。北原对哈利露的一片相思，哈利露肯定是毫无察觉的，不然怎么也会避嫌。如若没有听到北原这番话，奈美会毫不犹豫让他们再相聚。梅米特也是五十好几的人了，头发花白，面容倒是挺年轻，而北原看上去则是古稀老人的模样。三十年的岁月不过弹指一挥间。奈美觉得这么多年过去了，让老朋友见见面应该无伤大雅，但还是得慎重行事，毕竟人不可貌相。奈美打算先听听林辉南的意见再做定夺，梅米特与林辉南是老交情了，梅米特的过往林辉南再清楚不过，所以听听他的意见保准错不了。

奈美扶着额头对北原说："哎呀，不好意思，我搞错了，我计划的是后天来京都，所以交易得延后一天了。"奈美只能演到这份儿上了。

"无妨,我再啰唆一遍,您还是好好考虑清楚吧。"北原摘下眼镜,用手帕擦拭。

奈美的思维飞速运转,她已经想好怎么跟林辉南说了。她向北原道别,刚把手扶在门上,北原单手拎着眼镜,朝她喊道:"对了,您贵姓啊?"也是,要做五百万日元的生意,却不知道客户姓甚名谁,家住何处,的确不合常理。

奈美答道:"千叶,家住神户御影。我没有名片给您,就写个字条吧。"

"不用了,届时等着您光临。"

"那我先回去了。"

奈美推门出来,呼吸了一口新鲜空气,正准备关门时,听见店内传来北原的声音:"我等着您跟您的土耳其朋友一起过来坐坐。"北原似乎在刻意强调"土耳其朋友"几个字。

第十九章　山坡之下

林辉南坐在奈美家客厅的沙发上，听奈美大致说明了事情原委，分析道："像北原那样闻一知十的老狐狸，当他听到你说土耳其的时候，估计就猜到大概是怎么回事儿了。说不定你还没开口，他就已经觉察出了蛛丝马迹。"

这是奈美第一次把林辉南请进自己独居的公寓。她从京都回来后便立即与林辉南联系。奈美拨通了相思青花店里的电话，这个点儿正是晚饭过后，林辉南还没有出门。

"有件事儿我想听听你的意见。"

林辉南立马回应道："我现在去你那里方便吗？"

奈美本来打算在酒店大厅或是找个附近的咖啡馆见面，但林辉南主动说要来找她，好像不请人家进门有些不合适。奈美小声嘟囔道："没什么不方便的。"她手拿着听筒，心里小鹿乱撞，恍惚间竟担心自己怦怦的心跳声会传到对方耳朵里。

"我听你的语气像是急事，所以我这会儿就过来吧。"林辉南长话短说，然后就挂了电话。

北原善于推理，林辉南的洞察力也丝毫不逊色，仅凭奈美一句话，他就知道事情非同小可。

奈美站在玄关对林辉南说："其实你不用这么着急过来的。这件事只不过是我自己拿不定主意，还要劳烦你特地跑一趟。"

"无妨，先说正事吧。"林辉南明明头一次来奈美家，却异常熟练地换上了拖鞋进屋，径直走向客厅，自己推开门。奈美这个主人还没说话，他自己先坐下了，催促着："茶待会儿再上，你先讲讲怎么回事儿。"

"我向我哥哥和朋友都打听过了北原和也这个人，然后自己又专程跑去京都看了看。"其实奈美去京都前，早就跟林辉南汇报了听来的信息，包括要去暗访这件事也事先通知过了。

"春秋馆是间什么样的店啊？"林辉南引导性地提问，为了让奈美的回答有个主次顺序。奈美把所见所闻，以及与北原的对话都详细地描述了一遍。因为是刚刚发生的事情，所以奈美的描述几乎不遗毫发。

"他知道我口中的土耳其朋友是指艾明夫妇了吧？"

"当然。"

"说实话，他看上去不像是那么老奸巨猾的人。"奈美打心底里这么认为。

"高明的骗子都是深藏不露的。如果你第一眼就觉得此人狡猾，那只能说明他太外露，顶多算个二流的货色。"

"这么说北原算是一流的咯？"

"既然瞒得过你，那也证明他善于伪装，姑且算个高手吧。"

"你怎么看让双方见面这事儿？我反正暂定把行程延后一天。"

"这件事的决定权在你，综合考虑下再做定夺吧。"

"信息还是太少了。"

"不会吧，还不够清楚吗？"

"我想尽可能了解，包括你在内的所有人，三十年前是怎样的为人。"

"三十年前？那时我还是个学生呢，整日待在教室无所事事呗！那时候梅米特才刚结婚，他们的婚房在北野町的一个山坡下面，我经常去做客。现在想想自己当时也是不懂事，哪有成天往新婚夫妻家乱跑的。"林辉南跷起了二郎腿。

奈美对他说："我去泡杯茶来。"

"不用麻烦了。"

"刚说了那么久的话，我嗓子也干了，林先生等会儿话讲多了也定会口渴，所以茶水是必不可少的。"

林辉南笑道："神户、京都，可聊的太多，单说一个地方的过往，嗓子都能讲到沙哑吧。"

奈美起身走向厨房，水事先烧好了，茶叶也备好了。奈美一边倒茶，一边低声细语道："春秋馆，山坡下的家……"

奈美把茶杯摆在桌上，林辉南收起了二郎腿。他一本正经地说："山坡下的家见证了我的青春年少。"

"岁月已逝,但……"奈美说到一半顿住了,她本来准备讲"林先生的青春还在继续",可想到林辉南现在的人生或多或少也有自己的一席之地,于是就此打住了。

两人相视无言,默默地喝起各自的茶。林辉南杯子里的茶水见底了,终于开口打破沉默:"日本我走动得勤,所以可能没那么多情感触动。但艾明夫妇离开日本多年,此番肯定感慨万千,在日本游玩的每一处都是在回顾他们的青春。我比他们年轻些,所以并没有太多青春已逝的感觉。不过,我觉得梅米特即使身处伊斯坦布尔的集市,也会时常回想起当年山坡下的青春往事吧。"

"他们看见如今的神户一定吓了一跳。"

"是啊,变化之大让人震惊。不过,人家好歹也是经历过经济复兴初期的人,那时战后留下的残垣断壁也都基本清理干净了。"

"也是,他们好像对城市街道还挺有方向感的。"

"在神户都迷路了还怎么得了?这里可是他们的老家,艾明夫妇还没到垂垂老矣、认不清路的地步。"

奈美点点头。

神户市区背靠六甲山,按行政区划分,六甲山的北部地区也算神户市内。所以确切来讲,这座大山并不完全隐于神户身后,并且从港口可以看见这座东西走向的山脉。神户居民常把六甲山当作辨别方位的指南针,通过观察山的形状,就可以大致判断出自己在东西南北哪个方位。由此看来,艾明夫妇是不可能在神户迷失方向的。

林辉南接着说:"其实我个人感觉,他们夫妻二人真正感怀的是三十年前新婚时期的神户,而不是他们即将离开时所见的神户。"

"你的意思是,他们怀念的是当时满目疮痍的神户?"奈美根本无从想象。

林辉南戏谑似的说:"那时候你还是个襁褓中的婴孩。"说完晃了晃肩膀,暗自发笑。

奈美问他:"那山坡附近有被摧毁的房屋吗?"

林辉南望向天花板,叉着手说:"我想想……"

毕竟三十年过去了,林辉南绞尽脑汁才能回忆起当年那些细枝末节。不一会儿,他松开双手说:"真记不清了,即便有,估计范围也不大吧,不然我多少都会有点儿印象的。"

"像林先生这样好记性的人都会忘事儿，看来人的记忆真是靠不住的。"

"一些无关紧要的事情大脑是不会储存起来的，只有刻骨铭心的经历才会牢记不忘。其实最终留在记忆里的往事都是片段，中间的过程大多是空白的。人的记忆有修补能力，才能把这些片段串联起来，整合为一个完整的故事。"

"那些刻骨铭心的瞬间之前或之后发生的事情，不可能完全没有印象吧？"

"这可不一定，记忆哪有那么完全的！好比说印象深刻的事件是人生中最亮的一个点，亮光之外的地方可都是黑暗啊。不都说丈八的灯台照远不照近吗，就是这个道理。"

"好像有点儿道理。"

"最耀眼的回忆也是最冲击人心的，其余的东西哪儿还顾得上那么多。关于山坡下的回忆也是闪着夺目光亮的一段过往。"

"什么光亮？"奈美突然有些跟不上林辉南的思维了。林辉南讲的每一个字，奈美都想理解透，对于不懂的地方决不容许自己含糊带过。

"哈哈，那光亮就是哈利露。"

"梅米特的妻子？"

"没错，我第一次见她时，哈利露还没结婚呢。那时候的她真是美得不可方物。"

"好吧。"奈美觉得自己大概懂林辉南的意思了。

"当然，哈利露现在也很端庄，不过年轻时那股水灵劲儿确实太可人了。她与梅米特是青梅竹马，而且他们二人早就将彼此当做了要厮守终生的人。"

奈美心想，哈利露年轻时那般楚楚动人，那样的美人身边一定不乏倾慕者。

"我来数数啊……"林辉南摊开左手，把大拇指、食指挨个弯进手掌，"据我所知，追求她的人一只手都数不过来。"

"爱美之心人皆有之嘛！"奈美回想起自己的少女时代，向她表白的人、喜欢她的人，还有暗恋她的人也是单手数不过来的。突然，她扑哧一声笑了出来。

林辉南见状，忙解释道："你别不信啊，别说是一只手了，就是两只手加起来都未必够数呢。"

"林先生也是众多追求者中的一员吗？"

"没有没有，我那时年纪尚轻，哪里懂这些啊。"林辉南可能觉得自己像是在逃避问题，而后又补充了一句："就算我有意，人家哪儿能看得见我啊。我不过是个排在最尾端的小屁孩儿罢了。"

"这么个风华正茂的大美女就在眼前，谁不心动啊，说不喜欢肯定是假的。"

"我那时毕竟是个情窦初开的少年，人之常情嘛。不过梅米特对我来说就像大哥一样，我打心底里认定未来的嫂子只能是哈利露。如果她嫁给其他人，我肯定第一个不同意。但是就在这时，出现了一个前所未有的劲敌……"林辉南的视线失去了焦点，像在凝视望不到头的远方。他歪着头自顾自地念叨着："占领军……真是个古老的词。"

当年日本各地被联合国的军队占领，其中大部分占领军来自美国。美国是众所周知的多民族国家，因此在美军部队里常能看到各国面孔的士兵，包括黑人、意大利人、日本人、中国人等第二、第三代美国移民，甚至还有少数与艾明夫妇同属鞑靼族的土耳其人在内。

土耳其鞑靼族的流亡之旅几乎跟白罗斯人是同步的。他们从西伯利亚一路逃亡到中国东北地区，最后大多数人都落脚日本，少数人越过太平洋抵达了美国，有些定居美国的鞑靼族的第二、第三代成了美军的一员。当时有一位叫作纳西尔的鞑靼族陆军少尉，原本驻守在伊丹的司令部，可他每逢周五都会特意来神户的军营，慢慢地，他与定居日本的鞑靼同族们也互相认识了。在美式文化熏陶下，品位独特的纳西尔无疑让梅米特产生了危机感。纳西尔毕业于美国某大学，是一位工程师，并且日后有望成为将校级别的人物。哈利露自然会被这样的精英吸引。

"梅米特为了让哈利露回心转意，可是用了不少手段。梅米特要我三缄其口，誓死不能对哈利露讲起。虽说夫妻三十年情分，但有些话只能烂在肚子里。"林辉南的笑容里夹杂着难以名状的复杂情绪，"关于这事儿我只能说几句。你知道梅米特是造假高手，不过造假手段并不只限于艺术品。他还特别会编故事，而且讲得有理有据的，就算没有实证，他都能捏造出证据来。梅米特先是放出风声，说纳西尔是个玩弄女性的伪君子，然后又买通一个女人让她纠缠纳西尔，最后想方设法让哈利露看到两人相伴而行。梅米特还伪造了纳西尔写给其他女人的情书，又制造了机会让哈利露发现。说到伪造字迹，那对于梅米特而言简直易如反掌。而制造偶然这种手腕，也算是大师手笔了。"

"林先生连这都一清二楚，看来梅米特真把你当知己。"

"梅米特他再厉害，单枪匹马也不能成事啊！所以老实讲，当时我也在幕后默默出了不少力，帮他各方打点。"

"这……"

"梅米特是绝对信得过我的。"

"有时候我也觉得如鲠在喉，会不会是因为林先生对我也用了如此手腕呢？"奈美刹那间觉得，自己莫不是林辉南故事中的角色之一？

"怎么会，我哪有那本事！我要真做了什么让你在意，那绝对是真心实意。我从没想过用使坏来增进感情。"林辉南哭笑不得。

20世纪40年代末，山坡之下的居所多数是简易的棚屋，林辉南就是那时从新加坡回到了神户，神户等于他的第二个家。这话奈美听他讲了很多次，必定不会忘了。

林辉南生长于神户，一直念到中学二年级才去了新加坡。彼时，太平洋战争已然打响，但战局尚且稳定，新加坡被日本纳入囊中，更名为昭南特别市。五年后，林辉南回到日本，依旧能见到驻扎在此的美军部队。1948年，林辉南年满十八岁，而后整整十年没离开过日本。大学毕业后，他帮衬父亲打理贸易生意。

之前奈美猜测过林辉南与梅米特的交情是在神户开始的，但实际上林辉南家与梅米特家是世交，所以他与梅米特打小就认识。梅米特比他年长五岁，五岁之差对于孩童来说已是天壤之别，梅米特以长兄的身份教给林辉南不少东西。阔别多年，两人均已成年，十八岁与二十三岁的年龄之差已经不那么明显。梅米特性格内敛，而林辉南则是外向型的人。经过五年的洗礼，林辉南已有诸多经验，知识面也更加广阔。梅米特总是低头做事，手上的技艺是增长不少，但学识上却没有跟着增进。

林辉南坦言："其他东西我懂的或许更多，不过要说神户遭遇空袭这件事儿，梅米特肯定比我清楚。毕竟我不在现场，而他可是有躲过燃烧弹的亲身经历。"

其实两家的住宅均在空袭中被烧毁。林辉南的家在海岸边，是一处商住两用的居所，林父把这栋楼里的一间屋子当作办公室，将家安在郊区，林辉南上大学的时候便每日在郊区与京都之间往返。

梅米特的家遭遇空袭后，一家人选择原地搭建棚屋临时居住。战后不久，梅米特的父亲病逝，年轻的梅米特只得早早出来工作，赚钱养家。战后秩序还未重建，他趁乱赚了第一桶金。哈利露之前与奈美也曾说过，她与梅米特原本是无国籍人士，后来联合国成员国之一的土耳其共和国派代表来日本，赋予了他们土耳其国民的身份，这样一来，他们便是联合国的国民，拥有了某些有形或无形的特权，包括以食物为首的特别配给的物资，还有可以以低价购入的各种生活用品，并且他们自称习惯了西欧的生活方式，因此还可以在占领军的小卖部里购买酒类或兑换物品。

战败后的日本尚未有任何生产力，食物衣服都极度短缺。在如此境况下，只要有货就能漫天要价的地下交易市场应运而生，手握进货渠道的梅米特在那时候可是金字塔塔尖上的人物。

林辉南解释说："时隔五年，我从新加坡回到神户，那时算是梅米特的黄金时代。其实他这人也没什么商业头脑，但那时这些都不重要，谁有货谁就是老大。我跟人打听他的下落，得知艾明老先生离世后，他儿子还住在原处，于是我便去山坡下找他，他当时正准备重建棚屋呢。"

梅米特的父亲是靠贩卖毛呢发家的，最初只是个小贩，后来去哈尔滨做零售批发生意，这才结识了林辉南的父亲。林父给梅米特父亲提供了进货及销售渠道，就连梅米特一家远渡日本也多亏了林父的帮助，所以对梅米特一家而言林父是他们的大恩人。梅米特接手了他父亲的生意，也是以销售服饰为主。

"小南回来了。"梅米特唤了林辉南的乳名。他早就从母亲那里听说了林辉南回来的消息，所以一点儿也不意外。

梅米特重建房屋花了三个月的时间，听说这期间艾明母子租用了老乡的房间暂住，这个老乡正是哈利露。新家建成，梅米特邀请林辉南来共庆乔迁之喜，林辉南就是在那时第一次目睹了哈利露的芳容。按理说，在战前哈利露也时常会来梅米特家串门，林辉南应该是与她见过面的，但林辉南对此毫无印象。他摇摇头说："绝对是初见，如此佳人，倘若此前有过一面之缘，我必定不会忘却。"

林辉南回忆说："我当时只顾着欣赏哈利露的美貌，哪里还顾得上人家对此做何反应。我当时不过是个十八岁的少年，青春的血液在身体里奔腾躁动。"

"我完全无从想象林先生十八岁时的样子。"在奈美的印象里，林辉南是成熟稳重、满头花白的绅士，是那日在托普卡帕博物馆里初次邂逅时的模样。

林辉南苦笑道："谁还没个年轻的时候，不都是从襁褓中的婴孩慢慢长大的，我也不例外，哪儿能生来就白了头啊！"

哈利露的倩影照亮了林辉南的青春。不久后，纳西尔少尉就出现了，林辉南为了帮梅米特击退这个情敌，在暗地里帮衬了不少。此时两人之间早已不是兄长与幼弟的关系了。

年少的林辉南作为旁观者，看着梅米特做生意，有种恨铁不成钢的感觉。

"我最初根本不信他会经商，但是转念一想，他那根本就谈不上是在做生意。"诚然如林辉南所说，梅米特的确不是做商人的材料。梅米特本人比起赚钱，好像更喜欢画画或是做工艺品。尤其是在新家建好后，梅米特更是无心照顾生意。林辉南去他家做客，常常见他面对着大学校园的方向作画。梅米特当初修建新家只是为了母亲与哈利露能有个落脚的地方，现在家也有了，估计就没了赚钱的动力。虽然不清楚梅米特之前到底赚了多少，但多少能察觉到他资金充裕，二十出头就能盖得起那样豪宅的人可不多。可惜好景不长，梅米特的母亲还没享几天福就病倒了。当年青霉素和链霉素这类药品还属于管制品，只在黑市上流通，要想买得找关系从占领军医院偷偷运出来，或者从香港走私。梅米特赚的钱全都砸在了这些昂贵的药品上，然而花钱如流水，却没有药到病除，梅米特的母亲最终在病痛中离世。梅米特为了给母亲治病而负债累累，就在此时，北原和也走进了他的世界。

梅米特的黄金时代悄然离去，人生因负债而跌到低谷。那时他常挂在嘴边的一句话就是："医药费真的能把一个家压垮。"北原也就是瞄准了梅米特急需用钱这一点，才有机会在他身上下手的。

"我认为梅米特债台高筑，并不全是因为他母亲的医药费。起初这话梅米特也只是像玩笑般讲讲，我猜负债的金额并没有他说的那么可怕。反而是北原接近他后，欠债才如滚雪球般越积越多。我估计他是被北原教唆着去炒股了，要不然就是出资走私，结果被人坑了。具体如何我当时不好多问，现在事过多年，我也不想再去翻这些旧账了。北原和也最开始或许没想骗他，但不得不承认梅米特确实被利用了。"

按林辉南的推论，北原给梅米特找来了一个大项目让他投资。如果投资成功，他们二人五五分，倘若失败，那只能让梅米特自认倒霉了。林辉南还是愿意把北原往好了想，但谁知道北原葫芦里卖的什么药，说不定北原一开始就是冲着让梅米特破产来的。

随着交往的深入，北原了解到梅米特有一项"特殊才能"。据林辉南调查发现，北原有伪造珠宝的前科，他曾在交易前把真货迅速替换成赝品蒙骗顾客，但是他的诡计却从未被当场戳穿。只可叹梅米特时运不济，被这等小人盯上。

当时，梅米特出于学习的目的，正好在临摹印象派画家的作品。他这人爱钻研，喜欢把东西吃透。他也时不时地照着范本用黏土制作雕塑。除了黏土，他还捣鼓青铜工艺品，雕刻金属，有兴趣的基本都摸了个遍。

林辉南脑海里浮现出如下对话。

北原在梅米特耳畔吹风："没事儿，这点债不算什么，我有法子让你一下子还清。"

梅米特问："什么法子？"

"就是你成天爱折腾的那点儿东西，能成笔好买卖呢！"

"什么东西啊？"

"你的作品完全能够以假乱真了，那些美国佬是最好骗的。我们把东西卖给他们，如果被识破了，就说自己以为是真迹才进的货，这样他们也拿我们没辙。如此稳赚不赔的买卖上哪儿找去！"北原和也巧舌如簧，善于逐步诱导，让人心甘情愿地走上贼船。梅米特最想要的无非是能干自己喜欢的事情，北原就瞄准了这一点出击："爱好、赚钱两不误，何乐而不为呢？"只此一句话，梅米特就找不着北了。

事实大概与林辉南的猜想不会有太大出入。梅米特事后向林辉南坦白，自己当时迫切需要资金，除了还债以外，还因为与哈利露的婚期将至，需要钱来置办婚礼。

终于，物资匮乏的年代宣告结束，"有货就是老大"的经营模式已经行不通了，像梅米特这样不具备经商头脑的人显然会被时代淘汰。无意从商的梅米特对此并不感到沮丧，只是可惜断了一条收入来源。随着朝鲜战争的开始，日本市场上物资逐渐充裕，各种舶来品也涌入市场，日本本国生产的商品不论质量如何，单看产量可以称得上飞跃。美国占领军高层内部就日本消费市场的现状展开了探讨，内部人员各持己见，有人说要打压日本的生产力，也有人称应该任其自由发展，还有人提出应当鼓励生产。朝鲜战争爆发的第二年，即1951年，麦克阿瑟将军发出声明，日本的军备需要尽快进行重新武装。同年，讲和条约签订，日本终于宣告独立。

林辉南解说道："我那时候还在念书，有时会跟着父亲做出口贸易。之前，出口商品的包装箱上印刷的都是'美领日本制'的字样，如果写成'日本制'是不能通关的。讲和条约生效后，'日本制'总算可以堂堂正正地印在包装上了。日本独立后，许多方面一改往常，这些变化对于梅米特而言无异于雪上加霜。"

时间回到1945年2月，就在日本宣布投降的半年前，土耳其共和国赶上了联合国的末班车，对日宣战。土耳其作为战胜国，梅米特身为土耳其国民，在日本做生意或多或少都倚仗了战胜国的特权。然而，日本宣告独立，这些特权也随即失效了。

林辉南谈道："其实所谓的特权根本就形同虚设，在占领军的小卖部里购物跟购买走私物品本质上没有太大差别。日本独立后，在商场上经受了千锤百炼的日本商人这回有了出头之日，小打小闹做点儿服装生意的梅米特哪里是这些人的对手。"

梅米特借着时代的东风赚了一笔，最后又被时代的浪潮拍死在沙滩上。可是一波未平一波又起，母亲病重，梅米特在医药费上投入了大部分积蓄，后来北原又乘虚而入卷走了他所剩无几的家当。梅米特想要靠做生意东山再起是不可能了，但好在他还有别的才能。为钱所困的梅米特一时也迷失了前进的方向，狡诈的北原看穿了他的心思，将梅米特拉进了深渊。梅米特事后向林辉南坦言："北原递来的毒苹果上抹着我最爱的蜜糖。"

梅米特的造假生涯是从婚前开始的。虽然先前有纳西尔这等情敌出现，但两人依旧如愿喜结连理，婚后也可称得上是模范夫妻。妻子哈利露也爱作画，所以夫妻二人又多了一层精神上的共鸣。

林辉南说道："其实吧，我上大学那会儿正好主修美术史。"

奈美不禁疑惑："林先生不是学法律的吗？"

奈美回忆起之前闲聊时，她提到自己恢复娘家姓氏一事，林辉南详细地列出了需办的各项手续，奈美惊讶于他怎会如此清楚，林辉南回答道："我大学时学的是法律专业。"

林辉南笑道："我确实是法学毕业的，但后来又重读选择了美术史。一方面是因为我喜欢美术，另一方面是因为我有必要继续维持学生的身份。"

停战后，日本对出入境管理条款进行了调整，对滞留资格做了新的规定。林父取得的是商业签证，而林辉南则是学生签证。一旦离开日本，要想回来就得重新获取签证，而更改签证的手续又十分烦琐，所以林辉南决定保留学生签证，在大学里取得双学位。这样既能学习美术陶冶情操，同时作为学士入学课业不多，又能帮衬父亲的生意，一举三得。

林辉南与梅米特本就要好，多了艺术这项调味剂，两人的友谊越加深厚了。当年他们聊起艺术，林辉南时常觉得梅米特的用语有些不自然。两人平时多半是用日语交流，偶尔掺杂几句英语，但每当谈起艺术，梅米特说英语的频率就会增多。起初林辉南以为梅米特不知道美术领域的专业术语该如何用日语表达，但事实并非如此。想必是梅米特自己觉得心虚，所以想尽量避开这类话题吧。

林辉南讲道："我当时只觉得有些古怪，北原常去梅米特家，我也是看在眼里的，但不承想北原对哈利露也心生爱慕。哈利露这等佳人我见犹怜，北原的心思我可以理解，只不过北原看起来跟这些情情爱爱完全不沾边，这样的情感在他身上体现出来总觉得不协调。不过既然他都那么说了，我想他也犯不着特意在这件事儿上诓骗你吧。"

即便是丧尽天良的大恶人，在内心深处或许都尚存一丝人性，而北原不过是个奸诈小人，爱美之心又怎会没有呢？

奈美反驳道："三十年前的北原只是个年轻小伙，有喜欢的姑娘有什么奇怪的，怎么就不协调了？"

林辉南当即回答道："这个说法我不赞同。北原现在上了年纪，你或许会觉得他像个慈祥的老爷爷，但此人年轻时可称不上面善。"

"是吗？"奈美对这话还是不能信服。

林辉南有些恼火："方才你不是说，完全无从想象我年轻时的样貌吗？现在请你想象一下，能不能还原出我三十年前是什么样子。"

奈美摇摇头。

"看吧，就是这么个道理。北原和也年轻时什么样，你照样也是想象不到的。三十年前的我跟现在的我怎么可能会一样呢？换成三十年前的我，跟窈窕淑女共处一室，怎么可能还傻傻坐得住一个小时，扯这些有的没的。"

奈美有些窘迫："那……三十年前的你是什么样的？"

"我现在有点儿找回三十年前的状态了……血气方刚，情绪都挂在脸上，还老爱喘气……你能想象得到吗？"

"不能。"

"那我就演示给你看好了，请把眼睛闭上。"

奈美照做了，其实她心里早就料想到接下来会如何发展。奈美感到一个男子正朝自己靠近，行动灵活得完全不像五十岁的人。男子把手搭在奈美肩头，他的气息轻抚在她的发丝上，她的睫毛间，最后温润了她的唇。

第二十章 秋月春风

春风一度悄然过，这场狂热的缠绵，对于三十六岁的奈美而言，如同初尝禁果般甘甜。终于，奈美感到乏了，那男子的嘴唇感受到了她眼睑下的悸动，轻轻掀开了不知不觉间为她盖上的毯子。奈美滑到床边，起身走向浴室，那姿态像是要走进梦境一般。

奈美的脸颊上还存着余热，她静静地坐在浴缸里，让汗珠悄然融于水中。她的身体上还留着云雨后的感觉，她不忍心将它洗净，所以既没有冲澡，也没有用香皂。待到汗水都跑掉，她从浴缸里跨了出来。

奈美回到床上，钻进了林辉南的怀里。她在林辉南耳畔低语："说点儿什么吧。"这是缠绵后她说的第一句话。

一小时的沉默被打破，奈美往林辉南身上靠近了些，思忖良多。她本以为林辉南会说些造作的情话，甚至都想好了要用哪些意味深长的言语回应，以此来作为他们新的开始。就在奈美决定放空思绪时，谁知林辉南竟毫无征兆地从嘴里蹦出一个人名："话说有位三岛伴太郎……"

林辉南温热的气息吹拂在奈美的耳旁。

"他是谁呀？"奈美问。

"爱美之人。"

"爱美之心人皆有之啊。"

"也是，那三岛算是痴迷美好事物的人吧。"

奈美愣了一下，说："你这样说太含糊了。"

"哎呀，这可不好形容了。这么跟你说吧，三岛是属于那种对美好的事物痴迷到病态的人。"

"意思说他执着于对美的追求，甚至到变态的程度？"

"这个跟通常意义上的变态又有点儿差别。"

"好吧，我懂了，简而言之他就是个怪人呗。怎么想起他了？"

"三岛是我上大学的时候认识的。"

"在京都吗？"

"没错，而且是在我复读大学时。"

"这么说，是学艺术的时候了？"

"是的。"

"你们是同学吗？"

"不是。"

"那他是你学长？"

"也不是。"

"好了，你就别卖关子了。"

"他不是学生，当时他已经是个五十岁的中年大叔了。"

"那他要是还活着，岁数可是不小了。"

林辉南回答道："老爷子还健在呢。"

"敢问高寿啊？"

"八十几了吧。"

"这人可不一般啊。"奈美此话并非是在感叹三岛的年纪。她与林辉南的关系更进了一步后，林辉南对她讲的第一句话竟然是这个人名，可见此人对林辉南而言也是非同小可的存在。

"的确不是一般人啊。"

"你接着说吧，我听着呢。"

林辉南接着讲起来："我当时在京都租了一间房子。那时候虽然是走读，但万一有事儿耽搁晚了，回神户就很不方便。而且学校每周有一天是早课，前一日我都会住在京都的出租屋里。那地方很小，一室一厅，仅仅是用来睡觉也足够了，所以相应的房租也特别便宜。有次梅米特来做客，觉得我当时的居住环境实在是惨不忍睹，还劝我换个干净点儿的住处。但我倒是蛮中意那地方，我家境殷实，只是觉得一个小窝正好符合我的学生身份，环境差点儿不打紧，权当体验生活了，不过……"

奈美问道："不过？"

"不过我没在那里住太长时间。学校附近有很多房间更多、面积更大的优质公寓可供租借，我还是选择了租学生公寓。"

"说到底还是想当一当穷书生。"

"没错，并且我租的地方比市面上同类型的大部分公寓条件都要差些。"

"你又不是每天住。"

"嗯，一周住个一两天吧。我那会儿估计看起来很寒酸吧，旁人见了都觉得心疼呢。"

"你总不能连衣服也破破烂烂的吧？"奈美一副难以置信的表情，她印象中的林辉南属于特别讲究的人，即便日子过得紧巴巴，也会把自己打扮得优雅得体。

"你还真说对了，我就是故意把破衣烂衫往身上套。我跟着父亲做贸易生意，见客户只能穿得规规矩矩的。但在京都不一样啊，我只当自己是个穷学生，蓬头垢面，怎么邋遢怎么来，装模作样玩得不亦乐乎。"

"想不到林先生还有这样一面。"奈美笑了笑。

"我当时伪装得很好，跟我住同一公寓的大叔还跑来问我，要不要做点儿兼职赚外快。"

"你租的不是学生公寓吗，怎么会有大叔？"

"有学生，也有已经进入社会的普通人。不过，我住的地方可能就他一个人不是学生吧。"

奈美问："普通人是指工薪族吗？"

"我刚说的普通人吗？"

"这就不记得了？"

"那我更正一下，确切来讲是失业人员。"

"环境是够糟糕的。"虽然林辉南没有明确描述学生公寓的模样，但奈美也大概能够想象得出来。无非是破旧的日式老宅，用木材搭建成的简易房子，年久失修，到处都透光。京都没遭受过空袭，说不定还保留着旧时那种旅客带米自炊的小旅店，这公寓保不齐就是那种旅店改造的。

"要给我介绍兼职的那位大叔，你知道是谁了吧？"林辉南的指尖轻抚着奈美的发丝。

"他不是失业了吗，怎么还能给你介绍兼职？"

"不，口误，他那不叫失业。打从一开始他就没上过班，确切地说他是个无业游民。"

"他要给你介绍什么活儿啊？帮他打杂？"

"没错。"

"又没个正经营生，帮他做什么呢？难不成他自己在做兼职赚口饭吃，手头上还有点儿富余的活计，于是想着让你也分一杯羹？"

"那倒不是，他手上没有现成的活儿可干。"

"到底是什么？"

"你知道我是在说三岛伴太郎吧？"

"啊？我这才反应过来……"奈美认不认识三岛不打紧，不过这名字今夜可是如雷贯耳了。

"三岛之所以对我感兴趣，是因为知道我专攻美术史。"

"他要让你做的事情与美术有关？"奈美猜测，三岛痴迷的美，多半与什么艺术作品相关。

"正是，三岛此前的人生都在跟艺术打交道。他完全沉浸在自我世界里，优秀的艺术作品就是他的精神养料。"

"精神上富足的人幸福感是很高的。"

"诚然如你所说，他是幸运的，但那也是过去式了。"

"此话怎讲？"奈美隐约觉得林辉南变得有些激动。

"他对美的理解已经走火入魔了。他还特别憎恶战争……"

"谁喜欢战争啊，白白葬送那么多人的性命。"

"三岛根本不在乎谁死谁活，他憎恨的是战争夺走了他心爱的作品。"

"都被战火烧干净了吧？"

"不全是，还有一部分无迹可寻。当时有个流行语叫'没落贵族'，这些人靠着变卖身边的物品度日。战时战后都有不少人这样勉强维持生计，日子过得如剥笋衣，世道艰难也无可奈何。"

"即便是变卖了，今后有条件了照样可以赎回来呀，又不是被毁掉了。"

"不，对于三岛来说，他心中的那份美好已经被玷污了。一旦出售，那些艺术品便不再洁净，三岛就只当它们都被毁了。你说抱有如此执念之人能有幸福感吗？"

"执念？"奈美晃了晃脑袋，"这种执念类似于精神洁癖吧，照理说我也有，也不见得我不幸福啊？"

林辉南摸了摸她的头说："这个问题很复杂。"

"那我换个问题，三岛具体让你帮忙做什么？"

林辉南笑道："终于言归正传了。"他的手指从奈美的发间滑落。

"这样聊天真好，话题说着说着跑偏了，然后又给圆回来，好像永远也聊不完。"

"要是刻意往这路子走我倒不会了。"

"那你就讲慢点儿吧，越慢越好。"

"听你的。"林辉南轻轻拧了拧她的耳朵。

"三岛始终放不下他那些被毁掉的艺术品，于是想凭着印象把它们挨个儿复刻出来。三岛家从江户时代起就非常富裕，明治以后借着时代的东风也一路顺遂，因此三岛伴太郎的前半生是泡在蜜罐里过的。他十六岁到十九岁期间，还在英国接受了绅士教育。"林辉南的声音把她拉回了现实。

听到"英国"的字眼，奈美想起自己在伦敦时的经历。她脑海里浮现出在史密斯医生家会客厅的场景，那些画面是那样遥不可及，而现在拥她入怀的是林辉南。从前的事情已是过眼云烟，到底该散了。

以前有位相熟的人总把自己战前去伦敦留学这事儿挂在嘴边炫耀，听得奈美耳朵都起茧子了，所以一谈到这个话题，她就条件反射似的附和对方："在战前，留学是一般人家想都不敢想的啊。"

"三岛参加旧时的高中入学考试屡战屡败，他自己都丧失信心了……"

"现在的学生依然面临着入学考试这道难关。"

"他不爱学习，偏爱绘画，家人索性就成全他，把他送去伦敦接受系统的艺术教育。想必三岛就是从那时候开始痴迷艺术的。"

听着林辉南的描述，奈美觉得自己也如三岛一般，似乎在某种情结里越陷越深。恍惚间，奈美听到林辉南提及"爱国之心"四个字，感到不明所以。

三岛在伦敦接触到不少从日本传来的艺术作品，这些向外输出的文化遗产，不仅有大英博物馆的藏品，还有很大一部分来自私人收藏。年少的三岛伴太郎竟妄想将这些作品买回去。三岛家家底厚，但也经不起这么挥霍，他家人自然不会应允。于是三岛暗自发誓，等将来由自己支配财产的时候，他一定要把所有钱都用于投资艺术。当然，三岛的想法只是痴人说梦罢了。

三岛在英国待了十年有余，接受着各类艺术的熏陶。渐渐地，他的眼光不再局限于日本的艺术作品，大英博物馆里海量的中国艺术品逐步成了他的心头挚爱。

1936年，中国故宫文物在伦敦展出引起了轰动。这场"中国古代艺术展"具有划时代的意义，至今仍为人津津乐道。奈美研究瓷器时，曾在文献中看到关于此展的描述。据说，当时中国国内有言论称，政府是要变卖老祖宗的文化遗产，为此还引起不小的骚动。后来，文物在被装船运回中国前，国民政府承诺会让国宝回家并且会在国内再开展会，谣言不攻自破，这才平息了这场风波。1936年正是日本全面侵华战争爆发的前一年，国民政府虽然没有兑现在国内展出文物的诺言，但总归是把老祖宗的宝贝都带回了家，唯独留下一尊石佛赠予大英博物馆作为纪念。如今大英博物馆里依旧陈列着这尊隋朝年间的巨型石佛，并且特别注明了此物是来自中方的馈赠，用以区别于其他掠夺而来的古董珍品。

众多有幸欣赏过此展的人都被古老的中国艺术所折服，三岛伴太郎也不例外。与此同时，三岛家开始走下坡路，三岛的好日子也快到头了。三岛的父亲因为投资失败而背负巨额欠款，已经无力再负担三岛留学的开销。三岛被断了经济来源之后才知道家道中落，无奈之下只好回国。后来在战乱中，三岛家的事业有了些许起色，三岛伴太郎虽然不能像从前那样大手大脚地花钱，但好歹也可以逍遥度日，不为生计所困。即便是兵荒马乱的年代，三岛伴太郎仍然可以云游全国，继续寻找美的旅程。三岛家的社会知名度颇高，他自报家门之后，收藏家们大多不会让他吃闭门羹。在征得对方同意的情况下，三岛还会拿起相机对藏品进行拍照留念。日本国内有名的藏品，他基本上都鉴赏过了，并且哪件藏品是谁收藏的，他都如数家珍。而后，三岛父亲过世，三岛伴太郎成了一家之主。

林辉南评论道："他从未体验过缺衣短食的苦，所以那游戏人间的性子一点儿也没变。"

"我看起来是否为生计所困呢？"

"怎么可能。"林辉南苦笑道。

三岛的父亲投资失败，变卖了相当数量的祖产，而剩下的不动产都是卖不出去的。一生只追求精神享受的三岛，明智地将遗产原封不动地保留了下来，若是像父亲一样拿一部分去投资，说不定会血本无归。后来地价飞涨，三岛家的不动产也跟着水涨船高。1955年，三岛伴太郎已身家过亿，但此时他依然没有出售不动产的打算。他将一部分土地租给大型企业，靠收租潇洒度日。不过物质上的充裕并不能弥补精神上的空虚，三岛终日郁郁寡欢，他想把曾经属于他的美好之物全数找回来，于是找到了林辉南，让他参与进自己的艺术品复原工作中。

三岛问他："既然你是研究艺术史的，那应该认识不少画师吧？有没有擅长临摹的人给我介绍一个，我想要复原被烧毁的名画。临摹名家作品非同小可，你是学艺术史的，应该知道这其中的分量吧。有一次，我请人临摹名画，结果还没画好，原作就被一把火给烧了，那幅临摹的法隆寺壁画可是精品，我还指着它流芳百世呢，所以这事儿十万火急，你明白吗？"

林辉南一听这话，立马想到了梅米特。

三岛严肃地说："人一上年纪就健忘，趁我还记得原作的样子，赶紧把这件事完成了。你把画师给我找来，钱不是问题。"那股子较真的劲儿已然到了近乎癫狂的程度。

林辉南当时还不清楚三岛的身份，他觉得一个挤在廉价学生公寓的中年大叔竟有如此大的口气，莫非他是个隐藏的富豪？林辉南只觉得这人有趣，他想知道三岛这般偏执的念想到底从何而来，于是开口稳住他说："给我点儿时间，你要的画师我应该能找到。"

第二周，林辉南回公寓时，三岛就抱着大把资料跟他进屋了。这堆资料里有图鉴，也有照片，图鉴大多是黑白的，偶尔能瞧见几张彩图。

林辉南对三岛说："有彩图可供参考，复原工作也会轻松些吧。"

三岛一听，摇摇头一本正经地说："并不是，恰恰就是不能参照彩图来着色，现在的艺术如此，古董就更加马虎不得。"

林辉南不解地问："那要参照什么呢？要临摹总不能凭空想象吧？"

三岛指了指双目回答："还要什么参考，凭我火眼金睛，哪儿不对我一看便知。"

三岛带来的资料中，夹杂着大量照片，且大部分是由他自己拍摄的，几乎清一色的黑白调，几张彩图还都是自己用颜料上的色。三岛解释说："颜料随着时间流逝总会褪色，我上色权当做个记号，至于东西本来的颜色我是过目不忘的。"

林辉南试探性地问:"三岛先生言下之意是,画师得在你的指导下临摹了?"

三岛理所当然地答道:"正是。"

"每画一笔,都得听人指点,这对画师来说可是个苦差事啊。"

"所以我才说只要你能找着人,多少钱都不是问题嘛。"

林辉南一周就在公寓住个一两天,这些邻居姓甚名谁他都摸不太清,只不过三岛是学生公寓里唯一的中年人,林辉南才勉强对他留有印象。人家上来打招呼,他也能叫得出姓。其实像三岛这样不外出工作的人并不罕见,当时许多人做掮客,看着像赋闲在家,实则做着赚钱的买卖。林辉南听小道消息称,三岛就是干掮客的,他自己也是这么以为的。后来为了探三岛的底,林辉南咨询了房东大婶,一打听才知道,这三岛是大婶兄长公司的总经理给介绍来的。

大婶透露:"总经理说,有位客人准备在京都待上一年半载,问有没有空余的房间,他来做担保人。说实在的,哪儿还用得着总经理亲自担保,三岛先生一来就预付了一年的房租,是个爽快人。虽然他看着不修边幅,但我感觉得出来这人出身大户。有次我在附近的寺庙里看见他跟美军交谈,那英语也说得可好了。"大婶的语气里满是敬意。

这回林辉南知道了三岛是有经济实力的人,但他没料到的是三岛的财力远远超出了自己的想象。

三岛想要复原的名作并不只中日两国的,还包括一部分西洋画。三岛表示:"西方名画要是毁在日本人手里,那简直是一个民族的耻辱。"

林辉南向三岛举荐了一位友人,说他是临摹油画的高手,且对中日两国的绘画艺术都有涉猎,应该能够胜任这份工作。三岛连忙说要见见此人,林辉南告诉他,这位朋友是土耳其人。

三岛有些意外,顿了顿说:"不打紧,哪国人都不重要,林先生是新加坡人,我们不照样谈得好好的。用英语交流我也没问题的。"

"语言上你不用担心,我那位朋友会日语。"

"那倒是省事儿了。"

如此,这兼职的差事就算成了。

林辉南对奈美讲道："本来让梅米特来京都也行，但是我想让三岛先看看作品，实地观摩下梅米特作画的过程，也好让他心里有个谱，于是就领着三岛去神户了。可是，在半道上我心里突然七上八下的，总感觉事情哪里有些不妙。"

"既然心里打鼓，那为什么不就此作罢？"奈美抚了抚林辉男的脸颊。

"我也没想那么多。预感这种东西不都是后知后觉的吗？"

"后知后觉那就不叫预感了。当时顶多能说你觉察出了不好的苗头。"

"也是。其实人都有个第六感之类的，我年轻时老觉得自己像是有预见能力似的。"

"那你说说看都预见到什么了？"

"梅米特跟三岛着实太像了，两人对于美的追求都同样执着。"

"两人志趣相投不是很好吗？"

"也好，也坏。"

奈美歪着头问："是吗？"其实她或多或少能明白林辉南的言下之意，太相像的两人未必能合得来。

"像不像的这点倒还好说，关键是这事儿如果有北原掺和进来，那成分就复杂了。我当时年纪虽轻，但好歹还算是个明眼人，这利害关系我还是懂的。"

"事实证明你的担心不是多余的，对吧？"

"是福不是祸，是祸躲不过啊。"

"我知道了，三岛只是想传承经典，而北原却在合计怎么靠这些仿制品赚钱。"

"没错，同样的东西，若是被心怀不轨的人拿去利用，那就沦为了赚钱的工具。"

"人心的天平倾斜不得，踏错一步便是深渊。"

"况且那时候梅米特正为钱所困，我真的怕他一个不小心就被拖下水。"林辉南说着抱紧了奈美，像是怕眼前的人儿也一不留神就丢了。

梅米特应三岛的要求，埋头把不见踪迹的名作，以及三岛认为不存于世的名画都一一复制，三岛给他的报酬自然不低，但于梅米特而言是远远不够的。复刻名画本身并无过错，但把复刻的东西当真迹售卖便是犯罪。北原趁机向梅米特提议，他来负责销售，梅米特只管专心出成品，钱就会大把大把地送上门来。梅米特被北原诱导,就这样一步步走上贼船,从复刻的天才变为造假的名人。

这世上有众多艺术品难辨其真伪,甚至经过权威专家鉴定,由国家出资收藏于国立博物馆中的作品里竟然也掺杂了赝品,据说此事当时闹得沸沸扬扬。在书画古董界,不管是商人还是收藏家似乎都有个共识:赝品谁买了谁倒霉。大家都默认一条行规,就是东西出手,概不退换。所以许多买家就算鉴定出所买之物是赝品,也只能哑巴吃黄连,生怕被人知道是自己不识货,根本不敢声张要退货。

梅米特的画作都是通过北原代为销售,唯独有一次,买画的美国人直接找上了梅米特本人。那个美国人声称,他知道画都是出自梅米特之手,况且梅米特的英语比北原强多了,于是他跳过北原这个中间人,直接来找梅米特交易。北原又没说过梅米特不能碰销售,因此梅米特便自作主张接了这一单生意,结果刚开张就出了事,原来那美国人把梅米特造假的事告诉了警察。

林辉南解释道:"这话可能说出来不体面,我就想着把此事暗中了结,为了不让梅米特获罪,我可没少费心思。"

欺诈罪的定义是,通过欺诈行为使他人蒙受物质上的损失。这个案件的突破点在于,梅米特到底有没有过欺诈行为。林辉南提议让梅米特录口供时这样说:"我复刻艺术品,同时也对外售卖,我的作品大多都是被三岛伴太郎收走了,北原也是买家之一,从北原处买画的美国人自然也清楚这是怎么一回事儿。"

林辉南将法律知识学以致用,让梅米特坚持说自己卖的就是复刻品,而非以假乱真蓄意欺诈,是那美国人自己错把复刻品当成真迹。这官司真是"公说公有理,婆说婆有理",而且并没有证据可以证明梅米特有欺诈之实,是北原在中间口口声声说那些作品都是真迹。美国人把梅米特往法庭上一告,北原便假借出差之名,第一时间溜去美国了。骗人的是北原,买家一上钩,他便拍拍屁股走人了,剩下的烂摊子全落在了梅米特一人身上。

最终梅米特无罪释放,表面上是轻松赢了官司,可若没有林辉南在背后动用大笔资金请对方撤诉,事情绝不可能那么容易就摆平。事后,梅米特听从林辉南的建议,带着妻子哈利露回了土耳其。

沉默持续了良久。

奈美勉强挤出一句话:"这就是你和梅米特的故事对吧……"她觉得自己的声音听上去像是在梦呓。

"是啊,不过我现在不想聊那些了。"林辉南的嗓子有些沙哑。

奈美迷迷糊糊地问:"为什么?"

"我只是想找点儿话说。今天别的东西我都不想管了,只想专心抱着我的枕边人。"

第二十一章 浮标

两日后,林辉南将奈美约到了位于芦屋的相思青花。秋日的阳光轻抚着庭院里的草坪,正午的太阳高悬头顶,光照却是温和得很。

奈美与京都春秋馆的北原有约在先,日子一晃也到了交易的这一天,不过北原倒是未曾笃定这笔生意,来不来都随奈美的意。

林辉南对奈美说:"咱们填填肚子,准备上路吧。"

"我自己去就行。"奈美本打算上午见了林辉南,下午便独自去京都,可是看样子林辉南执意要与奈美同行了。

"你是坐电车去吗?"

"是啊,电车最方便。"

"平日里也就罢了,今天既然有我在,肯定是要开车送你的。"

"为什么?"

"你今天可是携带了重金啊,一个人走多危险。"

"瞧你说得,哪儿有多少钱啊……"

奈美为了买下红瓷枕,随身带了五百万日元现金。平时用的小手提包肯定是装不下了,因此特意提了个大袋子。

林辉南笑着打趣她:"看来这点儿数目的钱,不过是奈美小姐挥挥衣袖的事儿。"

"你就别开我玩笑了。这钱不算少了,只不过对于现在的我而言确实不足挂齿。"

"这是什么意思?"

"我现在孑然一身,这五百万全凭我一人使用,毫无顾忌,就算是被抢了,刀架在脖子上威胁我,也不过是我一人之事,碍不着旁人。如此想来五百万日元确实也是不值一提的。"

"不论怎么说，那毕竟是真金白银。人为财死，鸟为食亡。世人皆视金钱为宝贝，还是谨慎些为好。"林辉南站起身来，他的影子印在了奈美的脸上。

"行，一起去吧。但春秋馆只能我一人进去，这点我不能让步。"奈美最后还是依了林辉南，让他同行，两人相伴更有乐趣。

"可有什么理由？"

"我是不想被人觉得我买东西还带来一个保镖。"

林辉南苦苦地笑道："好吧，我明白了。那你们交易时，我就把车停在近处，待在车里等你。"

奈美与林辉南用过午饭后，驱车前往京都。高速路上一路畅通，京都市内就尤为堵了，不愧是旅游旺季。林辉南依奈美的意思把车停在了大路上，春秋馆位于小巷内约五十米处。林辉南站在巷子口往里看，有些不放心地歪头问道："你一个人去行吗？"

奈美笑着回应："怎么，还怕我被吃了不成。"

"你手提着五百万，怎么能不留个心眼儿。"

"这事儿只有你知我知，怕什么！"

"不对吧，春秋馆那老头子也是知道的。"

"好了好了，你快回车里等我吧，等会儿被巡警逮着了，可是要被贴罚单的。"说着，奈美把林辉南往车子的方向推。她转进小巷子前，还伸了伸懒腰，清了清嗓子。

奈美来到春秋馆店门口，再次呆住了。两日前，她意外地发现了红瓷枕，今天来一看，橱窗里的红瓷枕竟然不见了踪影。她还记得北原说过红瓷枕是店里的招牌，望着空空如也的橱窗，奈美不禁纳闷儿，店铺既然还开着，哪有把招牌拿掉的道理，难道是知道她要来买，所以提前取出包好了？不过看前天北原的反应，好像不到店铺关张那天，他是不打算出售的，北原的态度似乎在告诫奈美切莫异想天开。北原既没有收预订金，对这笔买卖也是未置可否，只让奈美考虑清楚，若是反悔也可就此作罢。这哪里是要做生意的样子？所以北原是万不可能殷勤地提前包好的。

奈美推开格子玻璃门，进到店内。一如前日，店里空无一人，奈美问道："有人在吗？"

话音刚落，店主北原立马从里屋走出来应道："哎哟，您来了！"

奈美取下挂在肩头的包，抱在怀里说："我把钱带来了。"

北原不客气地讲："您刚进来没见着吗？那东西已经没了呀！"

奈美脱口而出："你怎么不讲信用！"

"我前日压根儿就没笃定要做这桩生意，才过两日您不会不记得了吧。"北原说着点点头，那模样不像是在劝服对方，反倒像是在说服自己。

"你也太欺负人了！"奈美意识到自己态度之强硬。

北原一屁股坐在小桌子前，理论道："这话我可担不起，我既没有答应卖给您，那这东西还是归我所有的，何来欺负人一说？"

奈美努力地组织语言，想要反驳坐在桌子旁边抄着手的北原和也，却无奈难以找出一句能奏效的话来。奈美气得满脸通红，她腾出一只手来冰了冰脸，想是血液都往头上涌了。奈美愈发地急躁。

北原冷眼旁观，对奈美说道："夫人少安毋躁。"

要说奈美为什么想要红瓷枕，甚至是非要不可的理由说来就话长了，奈美琢磨了半天也不知道该如何简洁明了地解释。北原晾了她许久，奈美越想越迷糊，自己到底为什么非要这红瓷枕呢？她搞不清楚自己追查这些瓷器究竟是为了什么，一时只好不明所以地在原地徘徊。

突然，奈美开口道："我带钱来了。"原本普通的一句话，在此时显得尤为突兀。此话一出，奈美自己都察觉到不合时宜，于是更加烦躁了。

北原镇定地回应："辛苦了。"

"我真的很想要那瓷枕。"奈美也没别的话可讲了。

"我也想要啊。这么说吧，咱们俩好比是天平的两端，现在东西在我手上，天平是朝着我方倾斜的，你没有东西可以加码，明白吗？最终花落谁家是显而易见的。"北原详尽易懂地同奈美解释了一遍。

"话虽如此，但我是诚心想要的。"奈美又重复了一遍方才的说辞。

"我解释半天，合着您还是没听懂啊？"

"我记得您说过，我想买这物件不过是一时兴起，只因为突然而至的好奇心。"

"不错，好奇心可失不得。夫人，您觉得这世上什么样的人最了不起？依我看，是那些始终保持好奇的人。所以这份好奇之心得好好珍惜，我现在也是一时兴起想要这瓷器，您能理解吗？"

"我不理解！"奈美的声音带着哭腔。

"您这样我很难办啊。"北原话是这么说，可脸上丝毫没有为难的神情。

"您之前说那瓷枕是招牌所以不卖，后来又给标了价，我提着钱来买了，您又把东西藏起来了，这不是把人当猴耍吗？"奈美的话语脱口而出，声调近乎歇斯底里。

北原依旧抄着手，回答道："我本来是打算把瓷枕送朋友的，哪儿是什么招牌呀。"北原语速正常，但在奈美听来他就是故意放慢了语调，来羞辱自己的。

奈美丢下一句："满嘴胡话！"随即夺门而出。奈美认为自己性子沉着冷静，遇事不会轻易动摇，就连得知丈夫去世的消息时，她表现出的镇定都是让旁人佩服的。然而今天竟然为了这桩事乱了阵脚，奈美跑出门后自己都觉得不可思议。也不知道是怎么跑到林辉南的车前的，奈美回过神来，发现自己正不停地拍打着车门。

"这是怎么了？"林辉南打开车门，把奈美领到副驾驶座上。

奈美再次叫喊道："欺人太甚！"

林辉南轻拍着奈美的肩膀问："怎么回事儿啊？那么激动。"

"我就没见过如此阴险的小人！"奈美开始抽搭起来，终于泪水湿润了眼眶。

"怎么哭了？"

"我不甘心。"

"北原到底怎么阴险了？"

奈美目视前方，透过挡风玻璃看着京都的街景，一口气说出了原委。此时距离她跑出店门不过几分钟时间，所发生的事奈美基本一字不漏地讲给了林辉南听，那语气更像是在控诉。奈美全然不知身旁的林辉南是何反应，眼下也没心思管了，奈美只想一吐心中不快。

奈美讲完了，林辉南用手指敲着方向盘问道："何必气成这样啊？"

"你说何必？"奈美看向林辉南的脸，他的侧脸上浮现出笑容，"是啊……何必如此。"奈美听着林辉南这话，逐渐恢复了理智。

"你想想，是不是给你省钱了？五百万拿来买什么不好，那瓷枕至多就值几十万日元，顶破天算一百万吧，买了才亏呢。"

"不过这也不是钱的事儿，你是知道的啊！"

"我是知道，可是你并没有非买不可的理由啊。"

"话是没错……"奈美现在一人生活,有钱也不该乱花,况且五百万日元不是小数目,从长远看来还是得理性消费。

林辉南提议:"难得来京都,我们去岚山走走吧,这时节观赏红叶最好,就当散散心。"

"好啊!"奈美立马答应了,她觉得自己从未如此迫切地需要转换心情。

"你要是还憋着,倒不如现在全部宣泄出来。"

"宣泄什么?"

"泪珠子啊!"

"已经都流干净了。"奈美意识到自己竟忘了擦眼泪。置于膝盖上的手提包里有手帕,奈美伸手去摸,不可避免地碰到了那一捆捆现金,一阵不甘涌上心头,她赶紧抽出手帕合上手提包,擦拭起眼角。

林辉南握着方向盘说道:"向岚山出发咯!"

秋日的岚山人头攒动,天气晴朗时尤甚,今天还是工作日,要在节假日,都不知道是人看树还是树看人了。

林辉南对奈美说:"我们下来走走吧。"

"我想去人少点儿的地方。"

"这个我同意。"

二人去停车场泊了车,便开始徒步登山。刚下车时,林辉南打趣道:"现在就像跟谁大战了一回合似的。"

"确实,而且一看就是打了败仗,连喘息的机会都没有。"奈美抱着大大的手提袋走下车。

"我来拿吧。"说着林辉南伸手将手提袋接了过来。

渡月桥附近人来人往,热闹非凡,沿着保津川往坡上走,就只有稀稀散散的游客了。林辉南与奈美朝着千光寺方向行进,目的地是哪儿并不打紧,主要是图个清静。奈美心里早已不把林辉南当外人了,并且暗自坚信林辉南也是拿她当知己的。

林辉南边走边说:"怎么样,好点儿了吧?"

"这会儿总算是缓过劲儿了,还是你有办法。"

"那我就放心了。你看那边!"说着林辉南停下了脚步。

"哪里啊?"奈美朝林辉南手指着的方向望去,只见一条河流,便问:"这条河有什么特别之处吗?"

"你看上面漂着的东西。"

"哦，瞧见了。"

不知道是谁撒了网，河面上漂着两三个浮标。

"水下的东西我们看不见，但水面上的漂浮物却是看得分明。我们遇事的时候，也可从表面显露的东西对其本质窥探一二，莫如说事事如此，事物的本质不会浮于表面，我们得自己会意揣摩。"林辉南又迈开了步子。

奈美听不懂林辉南的言下之意，只附和道："的确，人心隔肚皮嘛。"

"所以，单凭表象就意气用事是不可取的。"

"单凭表象……"奈美嘴里重复着林辉南的话，立马明白了林辉南说的正是从春秋馆哭着跑回来的自己。奈美听了北原的一面之词，便气得夺门而出，显然是没有抓住问题的本质。

林辉南问她："你说说看，这北原是什么样的人？"

"绝非善类，让人憎恶，阴险小人……"说着说着，方才的经历涌上心头，奈美似乎又要抽泣起来。

"不错，他确实坏，但是他当了几十年的恶人了，怎么着也该腻了吧。"

"当坏人还能当腻了？"这言论甚是有趣。奈美突然想起自己读过的哲学随笔集，里面有一篇文章名为"做人做腻了"。

林辉南解释道："北原他即便是改邪归正了，但毕竟当了那么多年的恶人，行事风格也不可能一下子就变得良善可亲。"

"你的意思是，北原现在变好了，只是做派还是恶人那一套，所以他的行为模式不能以常理度之？"

"依我看，就是这么回事儿。"

"得了吧，他把我耍得团团转，倒还成好人了？"

"我们往回走吧。"林辉南说着又停了下来。

"可是……"此时两人距离千光寺只剩两百米左右的路程，虽说也不是非进去不可，但走到跟前，林辉南又突然要折返，奈美猜测他不过是想转移话题罢了。

"我们回神户吃饭吧，在京都用餐太没劲了。"

"怎么会没劲啊？"

"我开车来的，不能饮酒，吃京都料理不能配酒多没意思。如此，还不如回神户吃去。"

"依你依你。"

二人就此折返了。他们向右拐了个弯后，林辉南开口第一句话便对奈美说："跟我打个赌怎么样？"

"赌注是什么？"

"就赌今天的晚餐。"

"中午都是你请的，晚餐理应由我来付。"

"那就赌明天的晚餐。"

"那我们要赌什么呢？"

林辉南苦笑道："赌我的推测是否正确，如果验证了我的想法是对的，则是我赢，反之就是你赢。"

"明白了，把你的想法说来听听。"

"就是北原那件事吧，我觉得他表现出来的态度、言行，其实都是表象……"随后，林辉南沉默着走了十步，终于开口道，"我认为北原是打算把那只红瓷枕送给你。"

"送给我？"

"对。"

"他不是说了，那枕头不做招牌，是要送给朋友的吗？言下之意这朋友就是你咯。"

"但是看他那样是不准备给我的啊！"

"当时肯定不能给啊，小姐你可是备了五百万日元来势汹汹啊！"

"有那么夸张吗？还来势汹汹……"

"一点儿不夸张，说不定你进去的时候眼睛里都充血了呢！"

"那也太狰狞了。"

"可不嘛，他见你那样，就算想给也给不了了。哎呀，莫非你前天去春秋馆见着那瓷枕时，神情就不对劲儿了？北原定是觉着这可不行，所以才出此下策，当了回恶人。"

"方才一直提到恶人做派，我挺好奇恶人到底是个什么样的行事风格。"

"我不清楚北原是怎么把那瓷枕弄到手的，假设说那只枕头值五十万日元，北原他再贪得无厌，也不至于敢出价五百万卖出，这不相当于抢钱嘛。于是他会出价五十万硬塞给买家，然后再让你出六七十万从那人手上买回来，这种方式你觉得怎么样？"

"这是恶人做派？我感觉还挺绅士的呢。"

"小人与君子不是云泥之别，只在一念之差。"

"你还真是把北原往好了想。那北原把东西卖出去了，我要怎样才能买回来呢？那买家有可能又转手卖给别人了啊，难不成北原还事先给那人交代了，指名道姓让他卖给我？我当时只告诉了北原我姓甚名谁，但没讲住处，北原说不需要，结果连个凭条也没留。"

"有千叶这个姓就够了，其他的信息确实不重要。"

"是吗？"

"其实我觉得北原并不是将那瓷枕硬塞给谁了，而是真的如他所说赠予了朋友，获赠的朋友又会把瓷枕转送给你，最终你如愿以偿地得到了红瓷枕。"

奈美听着林辉南的推测，回头望向保津川，河上的浮标依旧清晰可见。"对了，我当时提到了艾明先生，但是没直接说名字。"

"我记得你曾对北原说过，会带土耳其朋友来他店里不是？"

"没错，北原就凭这句话便猜到了？"

"那是自然，你也不想想北原是什么人，你既然对他讲，你的土耳其朋友下榻在神户的酒店，依他的做派肯定会挨个儿去查的，有外国人住的酒店不多，问一下立马就联系上了。恐怕，北原昨天已经查好了。更甚，你前天一踏出春秋馆，他就致电了神户的各个酒店。"

奈美叹气道："哎，诸事皆有可能。"

林辉南一面看着手表，一面将另一只手搭在奈美肩头上说："我们要回神户还是趁早的好，这时段高速路应该还不堵车。"

"那行，现在就动身吧。"奈美如今想想，倒是挺希望赌输的。方才怒火中烧，不过若是把北原往好的方向揣摩，晓得他恶狠狠的皮囊只是表象，她心中的怒火也就平息了。

林辉南问道："艾明夫妇今日也是自由活动吗？"

"对，昨天也是他们自己游览，我陪着反倒多余了。"

诚然，于艾明夫妇而言，奈美夹在中间也是多有不便的。人家夫妇日语交流没有障碍，纵使街道变化再大，整体的方向感还是有的，人又不会走丢，老夫妻二人自由活动自然更惬意。奈美当日对北原说，过后带钱来付款，会顺道领土耳其朋友来坐坐，这话可不是信口雌黄，她当真邀请艾明夫妇去京都的话，想必夫妻俩也不会拒绝。

"总之,先去神户的酒店看看再说。"上车之前,林辉南抱了抱奈美的肩头。

高速路上一路畅通,约莫一小时后,他们便到了神户人工岛的酒店门口了。

艾明夫妻二人均在房间里,林辉南在酒店大堂致电询问:"我跟奈美现在上去找你们,方便吗?"不一会儿,林辉南点点头,面向奈美做了一个OK的手势。

奈美抱着那装有五百万的大包,调整了下姿势说:"他们难得来一趟,怎么都不出门转转呢。"

"他们方才在电话里还说走累了呢,想必是刚从外面回来吧。他俩也确实老了,体力可不比当年咯。"说着二人朝着电梯的方向走去。

奈美嬉笑道:"你还说人家,我看彼此彼此吧。"奈美感觉从春秋馆出来后自己就没笑过,这下脸上终于有笑意了,她现在只期盼着输掉与林辉南的赌局。

来到艾明夫妇房间前的走廊,奈美向林辉南确认:"我们进去只需要问,北原有没有给他们来电话,就知道这个赌局到底谁输谁赢了吧?"

"没错。"

不过,事实上根本不需要他们开口问,一进房间,他们便瞧见了桌上的红瓷枕。

奈美啊地一下叫出来,她注视着红瓷枕,见者皆知她惊讶的理由。

梅米特走到桌子跟前,摩挲着红瓷枕说道:"这物件是……"

"是北原拿来的吧?"林辉南接话道。

"没错。"

"他专程拿到神户来的?"

"是啊,他突然拨电话来,我都怔住了。"

"猜到了。"林辉南说着偷偷瞄了一眼奈美,接着问,"电话是昨天打过来的?"

"不,是前天傍晚的时候。我问他怎么知道我们来日本了,并且连我们住哪儿都知道,他只说等他来神户再细说。"

"果不其然。"林辉南再次回过头瞅了瞅奈美。

这北原做起古董生意,看似过上了安闲的隐居生活,实际上还是猴精着呢，闻到风声就立马调查求证了，办事利落得很。

梅米特笑道："他昨天来过了。"

"多年不见，甚是想念吧？"

梅米特说道："自然自然，越是这样的交情，越是令人怀念，我们话匣子一打开，就聊个没完……你们别在那儿杵着了，进来坐啊。"

林辉南问："想必那红瓷枕的事儿你们也听说了吧？"

梅米特看着红瓷枕回答道："听说了，吓我一身汗呢，没想到奈美小姐还真提着五百万去买他的瓷枕了。北原自己也不清楚这瓷枕的来路，他只是听奈美小姐提到土耳其朋友，就联想到了我们，他说自己淘到这宝贝也没花多少钱，便拿来送我们了。我告诉他奈美帮了我们不少忙，他让我把这宝贝给奈美，说奈美肯定高兴。"

哈利露慢慢地走到桌子边上，抱起红瓷枕，伸长了双臂递到奈美跟前。

第二十二章　复原图

　　艾明夫妇此次日本之行可不仅仅是为游赏秋景，奈美整日领着老夫妻四下转悠，也是后来才得知他们还有生意要谈。奈美本以为梅米特是个悠闲的商人，只窝在土耳其的市集小店里等客人上门，然而经过这次接触，奈美不得不对梅米特改变了看法。讲得夸张点儿，梅米特假意低调行事隐于人群中，开那家小店也是为掩人耳目，摆在店里的东西不过是迎合市场装装样子罢了。梅米特真正的客户是欧美的收藏家以及美术馆，这些可不是什么小买卖，按林辉南的话来说："梅米特的生意是高级会员制的，只跟买手俱乐部的会员进行交易，客户都是固定的。"

　　奥斯曼土耳其帝国的政权已经持续了六百年之久，即便是从压制了伊斯坦布尔后开始算起，这片土地也被奥斯曼帝王统治了近五百年。奥斯曼帝国是世界罕有的长寿王朝，奥斯曼帝王在这片土地上拥有至高无上的权力，多年来收藏了数量惊人的艺术品，藏于托普卡帕博物馆内的艺术品只是其中一部分。

　　无独有偶，在清朝历时二百六十年的统治下，外来进贡加上宫中购入的艺术品将故宫变成了庞大的艺术品博物馆，但亦有不少藏品被带出了紫禁城，其中包括皇帝赐予宠臣的，还有赠予外国使节的，或是宫里当差的人偷偷运出去的。更有甚者仿制了赝品，瞄准时机"狸猫换太子"，把正品给换了出去。诸如此类事例，奥斯曼帝国的宫殿里应当也曾发生。

　　一个王朝持续得再久，那些通过各种途径获得艺术品的富豪及社会名流，终究是绕不开荣枯盛衰的结局，他们手里的艺术品不断地经历颠沛流离，或许某日就落到了一个不识货的人手上，把本该供人欣赏的珍品当作日常的餐食用具使用。行家若是肯费心费时寻找，肯定能挖出不少宝贝。

梅米特是个内行，他回国后让众多珍宝重新回到了人们的视线中。梅米特曾说过："我去人家那儿淘宝贝，他们大多是乐意出售的，当然不排除有贪婪之人把自己低价收来的玩意儿高价卖给我，但是不打紧，我会出更高的价收购，这个价格比他们的心理价位高出许多，自然让他们乐开了花，他们立马就会爽快答应。"梅米特此举为的就是把高价收购的名声打出去，这样一传十，十传百，就会有人陆续拿着自家的宝贝来出售，这其中有价值的物件还不占少数，要是遇到一等的珍品，可就赚了，因此梅米特才在集市开了一个古董店方便交易，就算有人拿来的真是个破烂儿，他也不吝钱财一并抬高价位收购。梅米特全指着这高价收购的口碑，若是拒收破烂儿，怕是会砸了口碑，所以买下这些无价值的东西权当是交出去的宣传费。梅米特会把收来的宝贝以高出收购价几倍甚至几十倍的价格售卖出去，但是从来没有人为此找过他麻烦，原因很简单，梅米特的客户都远在国外。

进了几杯酒后，梅米特开始侃侃而谈："叫那些人眼红去吧！他们要有本事，也自己做买卖去啊，没本事就哪儿凉快哪儿待着去！"这话倒真不是梅米特自视甚高，实话实说，在土耳其像他这般眼尖的内行着实不多见。

梅米特的客户主要集中在欧美，此次是为了开拓日本市场而来。如今日本的经济腾飞，建立了不逊色于欧美的艺术品交易市场。再加上日本算是梅米特的故乡，在故乡施展拳脚也没有那么多的顾忌。即便没有林辉南建议他来日本发展事业，梅米特也在老早以前就有此计划了。不过，夫妻俩毕竟离开日本多年，若不前来探探路，总归是心里没底儿的，所以才促成了这趟日本之行。

奈美收下了北原兜圈子送来的红瓷枕。数日后，终于意识到梅米特此行的真正目的。他们一行人在附近的一家餐厅里用餐，林辉南对梅米特说："差不多该着手生意上的事儿了。"

哈利露转头看向丈夫，笑着回应道："是啊，整天这样游手好闲的，脑袋都快不好使了。"

梅米特接过话头："我这假也放够了，自从见了北原后，我就突然想赶紧开始工作。"

艾明夫妇与日本阔别二十年，这趟来算是回家了，就在回家的那股兴奋劲儿差不多快要冷却之时，北原来了。虽然不知道北原跟艾明夫妻俩聊了些什么，但话题定是与工作和艺术品交易有关的，由此梅米特才忽然想起被自己一时间抛在脑后的正事。

林辉南问:"你见了北原后,对今后的发展可有什么想法?"

梅米特回答道:"我跟北原也没聊什么,他无非问了问我的近况。说到红瓷枕时,他倒是问了我从事的行业,我只说自己在伊斯坦布尔做贸易生意,多余的话一概没讲。并且我告诉他,我这次也只是来旅游的。"

林辉南听后点点头:"警惕些是好事儿。"

"北原现在面目和善了许多,要不是我们从前就认识,我也会认为他就是个和蔼的老头子。以前的事情虽然说出来不光彩,但还是让我感怀的。"梅米特品了一口红酒,他脸上沉醉的表情,仿佛陷入了回忆里无法自拔。

林辉南劝诫说:"你可小心一点儿,别被利用了,北原的厉害你是见识过的,再说他是不是真的金盆洗手了还不一定呢,别他说什么就信什么。"

梅米特看向奈美问道:"你去了北原店里对吧。哎,他的店叫个什么名字来着?"

"春秋馆。"

梅米特说:"北原自称过起了隐居生活,闲着也是闲着,不如做点自己喜欢的工作,高兴了就把店门一关出去溜达。他上次来见我们就是这样说的,听起来自在得很。"

林辉南继续告诫道:"就算他本意是退隐江湖,却也难保他不会油然而生争斗之心啊。北原是个损人利己的小人,他光是贪婪也就罢了,但如果他的侧重点在于损人那就太可怕了,说不定他的人生乐趣就在于欺人损人。总之,他不是省油的灯,交往之中多长个心眼儿绝对没错。只可惜他来找你们时我不在场,真想看看这老家伙到底有多善良可亲。"

奈美觉得林辉南的言下之意是,他若在场定会当场撕下北原伪装的面具。其实奈美也对当日北原来访的过程饶有兴趣,不过,她的关注点与林辉南不同。三十年前的北原到底是个什么样貌、什么性格,奈美不曾见过,她只能通过前天眼见的北原本人在脑子里想象还原。即便三十年前的北原是副凶神恶煞的嘴脸,但在那时,北原心中无疑是暗恋哈利露的,一个心中有情的人面相能坏到哪儿去呢?因此在奈美的想象里北原的形象至少是有几分讨喜的。

北原与曾经暗自倾慕的对象一别就是三十年,奈美的出现恰好给了北原一个见哈利露的由头。奈美收了北原的礼物,心中满怀感谢,觉着得回礼才行，但转念一想，自己既然给北原透露了哈利露来日本的消息，又给了他一个见哈利露的借口，这瓷枕也不算白拿的。奈美幻想，当日北原来神户，必定好生捯饬了下自己，来见曾经的暗恋对象，总不能跟在自家店里时那般不修边幅。想着想着，奈美自己都觉得滑稽，只是不知北原的内心到底是何种模样，奈美的兄长早就说了，北原曾是个臭名昭著的恶棍，这点任谁也无可辩白，可这北原如今依旧还是那副恶人的做派吗？奈美觉着不像，她不愿承认自己没有看人的眼光，奈美认为人是会变的，北原曾经作恶，现今已然改邪归正了。想必北原开个古玩店，也是因为喜欢艺术品，虽说不能武断地判定懂得欣赏美的人都心地善良，但爱美惜美之人至少不会是穷凶极恶的。从前的北原背叛雇主，把人逼入绝境，那是因为他还不曾见识过美的力量。后来北原与梅米特联手，梅米特做出赝品，北原就拿去四处售卖，在这个过程中，北原接触到美术作品，兴许就逐步感受到了美的真谛，随之北原的人性得以重塑。奈美知道自己的想法天真如少女，多半与事实不符，但而后发生的事情，却让她愈发确信自己的看法是正确的。

茶饭之余，大家还在为北原是否仍在作恶各持己见。

林辉南说道："我还是觉得北原不会那么轻易就金盆洗手，兜售赝品卖去海外多赚钱啊，他能放着大钱不赚？像他那种人怎么可能会安安分分地在京都守着他那个小破店。"

梅米特笑道："也是，别说他了，换成我，我也不甘心只窝在伊斯坦布尔的集市里做个小小的古董商。"

"江山易改，本性难移。"

梅米特补充说："不过，北原就算有那贼心，也没那条件了，如今这买卖不好做，技术也在不断革新，没那么容易蒙混过关了。"梅米特自己就在做欧美市场的艺术品出口生意，在这点上他很有话语权，现在鉴宝的方法比起过去必定是有显著进步的。

"这些都不打紧，北原有销售渠道，即便赝品买卖不好做，他也可以像你那样，四处收罗宝贝出口啊。"

"有道理。"

"若果真如此，那北原就是你的竞争对手了。看吧，所以我说不要跟他扯上关系为妙。"

"你还有什么门道？"

"对了,可以去见一个老头子。"

"谁?"梅米特问。

"三岛伴太郎。"

"哦,他啊……"

三岛这人梅米特跟林辉南都认识,考虑到三岛早已年过八十,而且也不可能还有精力再折腾古玩了,梅米特犹豫了。

林辉南说道:"他现在肯定是没精力收藏古董了,但门路还是有的,谁家有什么宝贝,谁在收集哪类古玩,问他准没错。他这辈子就光做这一件事了,没有人能比他更清楚。"

"也对。"梅米特点点头。

"我们也算是他的旧相识了,想来他应该会同意见上一面的,闲聊之中兴许会得到些线索呢。"

"老头子脑袋还灵光吧?"

"这点不用担心,我问了近来见过三岛的人,他们都说老头子脑子清楚得很。再说,像他那般只对一事抱有执念的人,大脑恐怕是不容易退化的。"

"那行,我与三岛也是好些年没见了,趁此机会去会会他。他现在住哪儿?"

"他在宝冢,离这儿很近,要不我们明天一起去?"

"行啊。"

就这样林辉南与梅米特约好了明日去拜访三岛,林辉南打算今晚联系三岛,等确认好人家是否方便,再给梅米特回信。

男人们专注于工作的话题,把奈美晾在一边。奈美时而默默地动着刀叉,时而将红酒杯拿在手中,倒也没觉得自己受到了冷落。奈美心里很清楚,他们有他们的要紧事,自己也不是无事可做,但若是他们邀请自己同去,她也不会拒绝。奈美想看看这个三岛究竟有多怪异,此前听林辉南描述,奈美曾在脑海里勾勒出三岛的形象,她非常想知道,三岛本尊与自己的想象到底有多大的出入。然而,等到服务员都端上来餐后的咖啡了,林辉南等人仍然没有向奈美发出邀请。奈美心想,此人不见也罢,就让三岛伴太郎的形象留在自己的想象中或许更好。人们通常对被外界称为天才或疯子的人期望过高,但现实往往会令人大失所望吧。

林辉南与梅米特去拜访三岛那天,奈美领着哈利露去了须磨的佐藤夫人家做客，为的就是把哈利露介绍给姐姐芙美还有佐藤老太太认识。佐藤夫人是个好客之人，之前的小感冒应该也都好利索了，奈美带了朋友去她肯定开心。

奈美上次去佐藤夫人家就在一周前，而在此期间，佐藤夫人早已收到了珠璃的第二封来信。

芙美笑着说道："珠璃的信到了，妈就迫不及待地写了回信。"

佐藤夫人解释说："到了我这个年纪，一想到什么就得立马行动，我可等不起啊。最重要的是珍惜每一天。"

奈美问佐藤夫人："珠璃阿姨信上说的可是好消息？"

"自然是好消息。珠璃回中国的日程确定了，快入冬了，中国那边也得冷上一段时日，珠璃决定明年开春回故乡。她打算同要好的朋友结伴而行，到了中国就各自分散，返程时就珠璃一个人来日本，我就是担心到时候没有人接她。"

芙美应道："没事儿，珠璃懂日语，不会走丢的。"

"可是，珠璃比我还年长呢。"

"珠璃阿姨身体可还硬朗？"

"身体是好的，听说她经常出去走走看看，在美国也四处旅游呢……你看，这次的寄信地址是在纽约，她就是去那儿玩儿的。"

"看来珠璃阿姨走哪儿都不忘给您写信呢。"

"我方才也说了，到了我们这个年纪就得及时行动，想做便要付诸行动，更何况珠璃在纽约遇到了那人，自然会想着写信给我。"

芙美问："那人是谁？"她虽跟婆婆同住，却并不知晓珠璃信上的内容。

佐藤夫人倒是笃定自己对芙美讲过此事，回答道："那人不就是井崎吗，你忘了？"

"井崎先生？"奈美不禁倒吸一口凉气。

芙美一脸茫然，对"井崎"这个名字很是陌生。

佐藤夫人摘下眼镜，眨巴眨巴眼睛说道："就是当年跟我相亲那人啊，本来婚事都要成了……"

"哦，是啊，那人是军人对吧？"芙美终于回想起来了。

佐藤夫人一面把玩着眼镜，一面对芙美说："对，他年纪轻轻就是将校了，军衔是陆军大尉。"

"如此说来，井崎大尉当年确实是失踪而不是被杀害了。"奈美终于插上了话。当时，日方怀疑井崎遇害，珠璃的哥哥有杀人嫌疑，因此日本宪兵队对其进行了拘留。

"没错，我也是看了信才知道井崎还活着。那件事之后，'井崎'这个名字就成了禁忌，谁都不敢谈论此事，我原猜想井崎八成在当时就遇害了。现在这个消息来得如此突然，我也是始料未及。"佐藤夫人晃了晃肩膀，一丝不苟地将眼镜架到鼻梁上。

于奈美而言，再次听到"井崎"这个名字亦恍若隔世。井崎活到今日，并且就生活在珠璃的身边，此前缺失的一环似乎被重新连接上了。

奈美对佐藤夫人说道："这样一来，您当年对宪兵说的那些话不都成真的了？"

"井崎大尉对战争的现状抱有疑虑，一番思想斗争之后，决意投身和平运动。"这是佐藤夫人为救黄亮而编的说辞，哪承想竟全是事实。

佐藤夫人点点头回答："没错，除了井崎大尉给我来电那一段是骗人的，其余的大体内容半点儿不假。"

奈美见哈利露一头雾水，觉得不能让新客受到冷落，井崎的事情之后可以慢慢聊，于是换了个话题，对哈利露说："他们俩现在怕是在跟三岛老爷子喝茶吧。"

"也不知三岛老先生如今怎么样了，我们初识他那会儿，他就已经是个老头儿了。"哈利露终于有了说话的机会。

哈利露自然知道三岛曾经来过自己家。她当年对这沉迷艺术的三岛颇感兴趣，却不曾随丈夫一同去造访，毕竟是公事，她不好凑热闹。

奈美有意无意地调整话题走向，好让哈利露能偶尔插上几句。所幸，在场数人都不是争着说话的主动性子，几个人聊得还算愉快。

战前留洋，仅因一次契机，便终生义无反顾地追求世间之美，三岛的活法让奈美由衷地艳羡。若林辉南、梅米特二人和三岛相见，又能擦出怎样的火花呢？虽然年龄、国籍相异，但同样是美之追求者，其邂逅自然不一般。

另外，井崎其人的内心世界，同样让奈美心生崇敬。究竟是何等的觉悟，能让这位精英军人公开反对侵略战争？彼时日本社会里不乏反对战争、憧憬和平的人，但能堂堂正正地振臂高呼者，又有几人，更何况他还是站在最前线的军人。

"三岛先生都是老爷子了,井崎先生不知今年高寿啊?"奈美问道。

"他比我还年长六岁,如今应该已七旬过半了吧。"佐藤夫人毫不顾忌地答道,看来她并不是纠结于年龄的女性。

芙美插嘴道:"如今的人,年过七旬还生龙活虎得很,哪里像老人?"

奈美也就着姐姐的话奉承道:"对呀,阿姨这样风姿绰约,哪里像上了年纪的人。"

佐藤夫人还是很吃这套的,微笑道:"别胡说,我都是个老太太了。"

"阿姨,您说句心里话……"奈美尽量让这疑问不突兀,字斟句酌道,"您这几十年,就再没有想起过井崎先生?"

"呵呵……"佐藤夫人优雅地掩嘴笑道,"解释倒显得虚伪了,这么说吧……我虽嫁作人妇,毕竟还是感性的女人,时不时也会想象,若是当年嫁了其他男人,命运会如何……做这种幻想时,难免要联想到井崎大尉……没法子,谁让我当年险些就入了他家门。再说了,我对这男人曾有几分好感。"

"理解,理解。"奈美赶忙附和。

"呵呵,这喜欢异想天开的怪毛病,我这辈子就没治好过。"一瞬间,佐藤夫人回到了自己的少女岁月。

芙美直言不讳道:"如此说来,妈至今仍对这井崎大尉难以忘怀?"

"是啊。我虽然老了,但回忆里的那人,仍是当年的英伟青年。我之前一直以为他已故去了,便没有太多心理负担。但眼下突然得知他尚且健在,说实话,还真有几分尴尬。"

"完全能理解。"奈美重复道。

佐藤夫人双颊泛上微微的红晕,羞赧道:"这种思绪,真是说不清道不明。"

"珠璃夫人自那之后一直和井崎先生有书信往来?"奈美总算是问及关键。

"应该是有。但日本宪兵虎视眈眈,他俩之间的联系只能秘密进行,写信只敢三言两语,下次和珠璃见面,我可要仔细问清楚。我知道,井崎大尉肯定有自己的家庭,但我就是好奇他过得好不好。说起来,我或许知道他何时迁居去美国的。"

"您怎么知道的?"奈美好奇道。

"记不清是1954年还是1955年初,我遇上了一件怪事儿。虽说怪事儿年年有，但像这般莫名其妙，让人记忆犹新的，还算少数。"

"到底是什么怪事儿？"

"那年，我收到了一件从美国寄来的包裹，其实就是一个鼓鼓囊囊的信封，里头却只装着一条尼龙丝袜。我当时就纳闷了，这是谁送给我的礼物？我的确有数名朋友在美国，但这可不像是他们送得出手的礼物，脑子里当即便冒出井崎大尉的面容，但立马让我否定了。现在想来，这倒并非不可能。"

"就只有那一回？"芙美问道。

"不，之后每隔两周就收到一件，总共有三回。"

"三回都没有书信？"

"嗯，信封上的住址全是机打，而且没有寄件人信息。想想便知道这不是我那些美国朋友寄来的东西。"

"您和他们确认过了？问都没问，您就能这样笃定了？"

"不用问，我那些相识，可都对日本的现状了然于胸。尼龙丝袜在战后数年的日本确实是奇货可居的物件，但我收到包裹的那阵子，尼龙丝袜早就沦为街边货了，所以我能断定，送礼者一点儿都不了解日本的行情，至少他肯定不了解近况，这样想来符合条件的就没剩几个人了。"

"您当时就怀疑上了井崎先生？"

"对，想到有可能是他，但并不确定。"佐藤夫人摇摇头，"毕竟在我心里，他已经不在人世了。即便假设他还在世，在我脑海里，也没法儿把帝国陆军大尉和美利坚联系在一起。"

"那现在呢？现在，您有几成肯定送出这神秘礼物的人是井崎先生？"奈美问道。

"十成……可能太武断了些，至少有九成吧。"

"这就相当于确信了呀！"芙美瞪大了眼珠子道。

"就是确信了，毕竟珠璃来信说她在纽约常和井崎大尉见面，她还说自己费了许多功夫总算找到我的地址，没想到井崎早就知道，他从一开始就知道！"

佐藤夫人言罢，直视奈美，眼神很笃定，这让奈美不由自主地点了点头。珠璃夫人不会说谎，井崎大尉更不可能信口胡说。

照佐藤夫人的推测，井崎大尉很可能在战争结束后，就立即迁居美国了，而那时尼龙丝袜在日本还是稀罕货。不难猜测，井崎在中国组织了某次反战运动，之后便直奔美国而去了。其后日本战败，顾不上治井崎逃兵之罪，但井崎是心存武士道的日本军人，或许一生都无法原谅临阵脱逃的自己，无颜面对战败的祖国。然而，即便身在美利坚，他还是片刻不忘祖国。

井崎自少年起就一直生活在灰暗的军校里，仅存的色彩和温暖，就只有和佐藤辉子相处的时光了。甚至可以说，他对故乡的思念，就凝聚在佐藤辉子一人身上。可以想象，井崎当年是如何费尽周章查到佐藤的住址，并匿名寄去尼龙丝袜，一解思乡思人之苦。

想到这里，奈美不禁有些动容，"这样说来，井崎先生从始至终就没忘记过您。"

"是吗？或许，他只是想弥补当年悔婚的过失。"

"有弥补之意不假，但更真切的是他对您的思慕之情。"

"这就是一生难以忘怀的女人。"芙美感动道。

"过了过了，越说越不像话。"佐藤夫人嗔道。

"感情这种东西，真让人看不透……你们说，哪样的男人会对哪样的女人一见钟情，并把她珍藏在心里一辈子？"奈美说完，转而问哈利露："哈利露小姐，在日本不就有一名男人对你这般痴心以付吗？"

哈利露晓得对方指的是北原和也，慌忙否认道："哎呀，你可别拿我开玩笑。"

井崎身上的疑团，待珠璃赴日自然就能水落石出。眼下看来，井崎的不辞而别和珠璃不无瓜葛。从那之后，他们二人是从事了同样的工作，还是有其他接触？据珠璃信上的语气，她吃惊于和井崎在纽约的偶遇，却仿佛已料想到对方会出现在美国一般。

"待明年开春，面对面问珠璃就是了。"佐藤夫人道。

奈美告辞了佐藤家，决定先把哈利露送回酒店。在前往酒店的车里，哈利露望着窗外的街景道："我这趟真大开眼界了。"

"怎么了？"奈美问道。

"日本这几年的变化，真是翻天覆地。"哈利露回土耳其之时，恰巧是日本经济腾飞的前夕。

久居海外的奈美同样没经历过故乡经济腾飞的这数年，完全能领会哈利露的惊讶，她调侃道："怎么，不想回国了？"

哈利露摇头，笑道："呵呵，那倒算了。"

"何不再待上一阵子？若能习惯日本的节奏，还是挺安逸的。"

"哪有你说的这样轻巧，我已彻底和伊斯坦布尔融作一体了。"

"也对。"奈美能理解，扎根何处，和地方富裕水平无关，还得看能否融得进去。人和世俗之间隔着一道隐形的保护膜，倘若这薄膜不适应当下环境，就会失去功效。

奈美只身回到公寓，刚要进屋，就瞧见门旁的邮箱里塞了一封信件。看邮票，就知道信件来自英国，寄信人是伦敦的史密斯夫人。她迫不及待地拆开信封，若不出意料，困扰自己已久的疑团马上就要解开了。

果然如此。陶艺研究家格林先生来去匆匆，没打招呼就回了伦敦，数日后就到史密斯夫人府上去造访了。他将壶与盘的复原图交予史密斯夫人，夫人复印了一份，给奈美寄来。

奈美还没读信件，就预感到那张同在信封里的资料是复原图。她强忍心中的冲动，先仔细把信件读过，再小心翼翼地摊开复原图。

据复原图所示，这套壶与盘在出炉之后，表面部分涂上了高黏度的蓝色涂料。按理说，这类瓷器和高山宗治收藏的大陶板一样，涂料面积越大，越难免出现剥落。但史密斯和今川的藏品体积不大，且保存妥当，除非是专家仔细观察，否则剥落的地方几乎肉眼不可见。这格林先生就是专家，同样是蓝色，他就能分辨出是出炉前上色，还是出炉后上色。

瓷器一经化学试剂洗浸，花纹颜色会立马产生变化。但毕竟是他人收藏，格林不敢肆意妄为，便仔细在纸上临摹，再从中剔除出炉后的效果，完成了这张复原图。

仔细看复原图，能发现壶上有眼睛图案，而盘上有一道弧线，好似耳朵……这早在奈美的意料之中了，但她仍忍不住讶异。

奈美坐立不安，想立即给林辉南拨电话。当她把哈利露送回酒店时，在大堂给梅米特的客房拨了电话，没人接。林辉南和梅米特在一起，肯定还没回家……奈美感觉到心跳如孩童一般雀跃，不由得坐在镜子前，对着自己苦笑连连。

奈美先后拨了三次电话，话筒对面终于传来林辉南那熟悉的嗓音。她迫不及待地问道："你终于接电话了。三岛先生那边如何了？"她把自己这头的好消息压下，先问对方的调查进展。

"了不得，他还是老样子，和上次见面没多大变化！"

奈美能感受到对方语气里的震惊，便随着这话茬儿问道："你们上次见面是什么时候的事儿了？"

"掐指一算，有七年了吧……他这阵子刚过了八十大寿，竟比七年前更矍铄了几分。返老还童？这老爷子，果然不是泛泛之辈！"

"聊及心爱之物，总会多几分精神的。就说我们今川家有一位八十岁的老爷爷，平日里死气沉沉，一提起棒球，就仿佛变了个人。"

"棒球？"

"这老人家在中学时可是正经的棒球选手，只可惜没能闯进'甲子园'，但还是进了'六大学'。你只要在他面前一提神宫球场，他立马就恨不得能当场挥上几棒。"

"三岛伴太郎先生又何尝不是如此，其他不说，我俩时隔七年，再一次重逢，单这点就足够让他雀跃了。三岛先生当年托我调查之时，正值他执着追求美的巅峰时期。和我的见面，让他仿佛回到了人生的黄金年华。"

"那便再好不过了。那他见到梅米特呢？"

"老爷子见着了我，都能乐得合不拢嘴，更别提梅米特了。"

"说来听听？"

"三岛先生追求美，不愿以艺术品牟利。再说了，优渥的生活环境更不会让他萌生这种俗念。然而，追溯某件艺术品之前世今生的过程里难免会产生交易，这倒有些倾向牟利行为了。其实，三岛先生这辈子几度兴起入古董行的念头，但一眨眼就步入晚年了，他很懊悔惋惜。"

"入古董行？做古董商人吗？他成天和古董商来往，现在入行也不迟呀。"奈美对入行看得轻巧，就看三岛先生能否迈出那第一步。

"他坚信美只能远观，不能亵玩，看着艺术品在市面上四处流转，便心生不悦。所以，他才会不遗余力地追寻居无定所的艺术品。但在此过程中，他的心境发生转变：美或许就应该在世间流转。"

"怎么突然就想通了？"

"怎么解释呢……举例说，三岛先生想瞻仰某真迹，费尽了心血却查不到其行踪，越是寻不到，心里对这真迹的憧憬便越不可收拾。而就在此时，某古董商将此真迹呈献，三岛先生心里的喜悦可想而知，美的价值得到最大体现。所以说，他恨不能年轻十岁，从事这行当。我把梅米特带到他面前，他当然喜不自胜了。"

"谁说上了年纪的人,就该古井不波。你往井里丢了块石头,它立马就活泛了。"奈美想给这话题画上句号,但林辉南越说越来劲儿。

"互利双赢,三岛先生开心了,梅米特更是获得了详尽的清单。有了它,就相当于是掌握了珍品的'户籍'。"

"哇,这么说来,梅米特这回可有得赚了。"

"未必,梅米特不见得多激动……他捣鼓的都是二流品,真有一流珍品放在眼前,怕也没那资本去收购,但掌握了珍品的'户籍',总没坏处。"

"看来,这次造访是大获成功了。恭喜。"

"承你吉言了。"

"该说说我这边了。伦敦来信了。"

"史密斯夫人寄的?"两人算是互相知根知底了,一听伦敦,林辉南立马就联想到史密斯夫人。

"嗯。"即便对方看不见,奈美还是不自觉地点点头。

"这么说,格林先生已经回国了?"

"嗯。"奈美重复道。

"我猜猜,他寄来了复原图?"

"对。"奈美换了种答复。

"不着急说,容我再猜猜。"

"猜什么?"

"猜复原图里的内容。"

"你这都能猜到?"

"八九不离十吧!"

"你都这样笃定了,还说'八九不离十吧'。"

"看来你我推测到一块儿去了。"

"你话可别说得太早。"奈美嘴上不服输,心里何尝不承认对方的说法。自从在伊斯坦布尔邂逅起,这波澜纹路的瓷器就始终是这对男女之间的羁绊。没有它,就没有两人的相知、相识、相爱。

初衷一致,路径一致,终点自然相差无几。若结果同途殊归,奈美心里就难以接受了。话筒那头的林辉南沉默了,不知道是在犹豫,还是在沉思。

"我现在过去找你,方便吗?"

"方便，你来吧。"

"好，我尽量在一小时之内到。"

林辉南的语气里带了分严肃，奈美相应地僵硬地回答道："恭候大驾。"

通话结束四十分钟后，林辉南现身奈美的公寓。奈美刚给开了门，林辉南便自然而然地搂住她的肩膀，在她的樱唇上啄了一下。这一连串亲昵举动，可再感觉不出僵硬了。

"我的猜测画纸上了，瞧瞧有没有猜对。"林辉南从裤兜里取出一张纸，递给奈美。

"丝毫不差。"奈美丝毫不吃惊。壶上有眼，盘上有耳……她不禁强调道："一模一样！"

第二十三章 兰友的厢房

一百三十年前的上海张府中,有一间宅邸上下不得靠近的厢房,据传,相思青花就珍藏其中。那日在相思青花庄园,奈美从林辉南口中得知此典故,震惊之余,还夹杂着几分动容。就凭林辉南和张家间的血缘关系,这段故事绝非虚构。这故事里洋溢的阵阵温和,仿佛寄托在了林辉南身上。

"把格林先生的复原图拿出来对照一下吧。"林辉南催道。

"嗯,我这就去拿。真的一模一样。"信件在卧室里,奈美转身去取,林辉南可等不及,不避讳地跟了上去。奈美不吭声,她料想对方会跟上来,毕竟两人的关系到这份儿上了。

奈美从书架里取出复原图,在床沿边坐下,摊开复原图。林辉南自然而然地坐到她身旁,搂住了她。奈美没拒绝对方的亲昵,自顾自地感叹道:"哇,你怎么就能猜得这么像?"

"就那几笔线条勾勒,只要知道是眼睛耳朵,谁都能蒙出七八分来。"

奈美不信服,秀眉微蹙道:"不对,即便同是眼睛,神态也有千万种,瞧这复原图上的眼睛,眼角微微上扬的丹凤眼。这倨傲的神韵,让你给完美地再现了。"

"怎么,想不通?"林辉南搂着奈美的手紧了紧。

"想不通。单是凭想象,能把瞳孔稍右的细节都模仿出来?你不会也拿去洗了吧?"

"我倒是想洗,手头上也没东西呀。这壶和盘,今川和史密斯各占了一对,还能上哪儿弄去?"

"所以说,我想不通。"

"我给你答疑解惑吧。"林辉南收回手,从怀里取出一信封,"我家收藏了几封莫达和尚的画作,其中就有他给妻子画的肖像。我斗胆猜测相思青花上的画像,会不会就是这兰友夫人。"言罢,他摊开了信封里的肖像画。

"哎呀!"奈美不由惊叹。这是一幅半身画,清雅的线条色彩,难掩画中人的栩栩如生。尤其是那对倨傲的丹凤眼,瞳孔微微靠右,和壶上那眼睛如出一辙。然而,奈美这声惊叹并非由于这双眼眸。兰友夫人的长相,竟和自己有七八分相似!甚至说画中人是奈美,都没人会怀疑。

"看出端倪了吧?吃惊吗?"林辉南似笑非笑道。

奈美微微点头,皱眉道:"吃惊……让人不舒服的吃惊。"

"能体会,我当时甚至以为自己眼花了。自我孩童时起,这幅画就在我家里挂着了,原本是挂卷。上回和你分别,我回到新加坡,雇裱画师把画给取了下来,反正迟早要换框的。然后,我就一直把这幅画随身携带,思念你时,就拿出来看看。"

"哦……"奈美略羞赧,一时无言以对。

"怎么样,这情话像不像情窦初开的高中生?"

"不像,你就这不正经的德行,我习惯了。"

林辉南将三十厘米见方的肖像画摊开,小心翼翼地搁在大腿上。奈美全神贯注地直视画中人,朦朦胧胧中,仿佛附身在了对方身上。兰友夫人究竟是位什么样的女性?据林辉南的说法,身为人妇的兰友敢于抛弃家庭,毅然投身革命事业,可谓巾帼。论容貌,奈美和兰友确有神似,但在性格上却大相径庭。

"兰友夫人到底是什么样的人呢?"奈美这语气,才像是涉世未深的高中女生。

"一言以蔽之,她这辈子是真幸福,了无遗憾的幸福。"林辉南回答。能毅然决然地抛却一切,投身事业,即便受挫归乡,专情的丈夫仍愿意向她敞开怀抱,这不就是身为女人至高无上的幸福吗?

"看来,她是性情中人。"奈美陷入深思,回过神来,方才察觉到自己在林辉南怀里,而肖像画早已被林辉南收回口袋里了。

"对,她就是爱憎分明的性情中人。"林辉南答道。

"但是,真亏她……还敢回家。"奈美险些将"觍着脸"三字说出口。

"我猜你此刻的心思,和我一样。"林辉南促狭笑道。

又是一样……这是今天第几次"一样"?壶和盘上的眼睛耳朵,两人的猜测一样，兰友和奈美的容貌一样，甚至对兰友的腹诽都一样。

"我猜猜，你是不是在想兰友抛弃家庭在先，革命受挫后还敢恬不知耻地回来？"

林辉南毫不客气地用了"恬不知耻"一词。这说法虽然过激了些，但事实确实如此。

"就算丈夫肯不计前嫌，但凭兰友那刚烈忠贞的性子，革命失败了，她更像会以身殉国。"

"我就是想不通这点，所以才尽力搜罗相关史料。"莫达和尚不是历史名人，唯一算得上可供考证的史料，只有《莫达和尚事略》。所幸，林辉南还从父亲搬到新加坡的一堆旧玩意儿里，找到了几封莫达和尚的信件。他托裱画师将这些破碎的纸片尽量修复，仔仔细细地研究其中的字字句句。

信件之中，有三封的署名是单字"谷"，内容分别是收礼后给对方的感谢信、作画赠予对方的附信、请对方同去伯年处游玩的邀约信。其中，感谢信里这样说道：

> 兄台之意，嫂夫人已转达鄙人。鄙人之所为不过举手之劳，怎敢收兄台之报答？正如兄台之言，其中确有几分凶险，但鄙人义不容辞……

单凭这没头没尾的几句话，根本不知所云。谷的身份更是不明，但此人曾作画赠予莫达和尚，想来是其画友。

"唯一的线索，只有信上提到的伯年了。据查，此人是甲午战争时期著名的上海画师。他姓任，责任的任，叫任伯年。我专程把信交给美国波士顿博物馆的友人研究，他帮忙查到了写信的人物……"林辉南说到这里，两手一使劲儿，让奈美坐在了自己的腿上。

奈美轻轻扭了扭，就不挣扎了，催促道："你查到这谷的身份了？"

"是的。他本姓朱，雅号'虚谷'，直白的意思就是'虚无的山谷'。出于谨慎，我还让那友人查明了笔迹，写信之人确是他无疑。"

据林辉南所言，这虚谷生卒年不明，和任伯年、胡远等清末上海一流画师相交甚密，足见其画工之精湛。然而，他总是过着隐士的生活，不愿抛头露面。谁能想到，这样一名大师竟曾是太平天国的一员，而且身居高位。他料到太平天国运动不能长久，便提前隐退，剃度为僧，过上了与青灯古佛相伴的日子。

这样一来，虚谷不仅洗去了乱党的罪名，更给他的作品平添了一份独特的世外风情。

"在我看来，虚谷是诚心诚意地遁入空门，并非单纯为了避罪。这点是他为数不多的画作告知我的。"林辉南这样总结道。

"遁入空门，这点倒是和莫达大师一样。"奈美说完，发觉"一样"再次出现。

"所以，他俩能结为莫逆之交。别忘了，还有投身太平天国这点。"

"但投身太平天国的是莫达大师的妻子兰友呀！"

"我起初也是这样想的，但看了那封邀约信之后，突然涌现起一种猜测。虚谷在信里邀莫达一同去拜访任伯年，三人再结伴去静安寺游玩。重点是信上的日期——戊辰五月。戊辰指1868年，就是日本发起明治维新那年。这是天京沦陷，1864年太平天国运动失败的四年后。信里有这样一句：'上回结伴去静安寺还是壬子年，掐指算来，我二人有十六年未相聚了……'"

说到这里，林辉南瞧了眼怀里的爱人，柔声问道："一下说了这么多，是不是听累了？"

奈美轻轻摇了摇头："不累，倒是你，腿不酸吗？"

"哪里会，你轻得很。"

"我颇享受呢，你继续说下去。这时间点有什么不对劲儿？我不是很明白。"奈美扭了扭身子，换了个舒坦的坐姿。

"追究起来可能有些枯燥，做好心理准备。"

"还行，我觉得挺引人入胜的。"

"那就好，方才说到哪儿了……对，据信上所说，莫达和虚谷二人于壬子年，就是1852年见过面，这时间点可有些耐人寻味了。太平天国运动起始于1851年，两年后的1853年，太平军攻陷南京。虚谷是广东人士，不太可能从运动起始便参与其中。然而，1852年，太平军尚在湖北地域苦战，虚谷和莫达就结伴游上海了……"

"我还是听得云里雾里。"奈美直言道。

"听我说完。我仔细理过时间线，这两人早在南京沦陷之前就相识了，兰友是在南京沦陷之后才投身革命的，虚谷投身革命的时间则不明，但南京沦陷之前，他一直在上海，可见没参与过之前的战争……"

"然后呢？"奈美竭力去整理林辉南的说明。

"综上所述，我得出了两个假设。其一，南京沦陷后，身处上海的虚谷才投身太平军。其二，广东人士虚谷从始至终就是太平天国一员，有使命在身，才赶来上海。耐人寻味的就是这第二个假设。"林辉南言罢，双手又紧了紧，恨不得将奈美融入自己怀里。

"你调查到是什么使命了吗？"奈美问道。

"这只是我的猜测，现如今已找不到佐证了。但无论如何，太平军占领南京之后，虚谷和莫达之妻兰友十之八九去过南京城。"

"莫非是结伴同行的？"奈美问道。

"这我就不敢断言了，但虚谷与莫达既然是好友，和好友之妻的南京之行想来不无瓜葛。容我斗胆推测，莫达和太平天国会不会关系匪浅？兰友的南京之行，莫非是代替丈夫而来？而她要在上海碰头之人，是否就是虚谷？"

"若是如此，莫达和兰友何止是恩爱夫妻，更是生死相交的同人志士。"

"是不是忽然拨云见日了？若两人间真有这层关系，种种不自然就说得通了。"

"有道理，若果真如此，兰友之归来，和莫达的既往不咎，就全都有理可循了。"

"谁晓得呢。谁能说兰友的国色之姿没在其中发挥些作用？"

"世态变迁，人心亘古。"

"我俩的相知相爱，不正是如此吗？"

"看来，莫达大师非但不怪罪妻子，反倒是对她牵肠挂肚了？"

"正如此时的林某人一般……"林辉南起立，但环抱着奈美的手没有松开。

奈美的心底忽然涌起一阵酸痒感，动情道："我想放声大哭一场……"不待她说完，林辉南的热吻堵住了奈美接下来的话语。

片刻之后，林辉南松开嘴，凑近爱人耳鬓道："像兰友那样恸哭吗？"

据说，兰友从南京返回上海，刚迈入家门，便哭得撕心裂肺。是何物，让这样一位刚烈的女子望之落泪？其答案很明显了。若没猜错，兰友一开门，便看见了"自己"。只见一块形似面部轮廓的白色陶板伫立在房间中央，上头还没有后添上的波涛纹路。现存奈良高山家的那块陶板只要经过化学试剂洗浸，必然会复原原本美貌的样子。

两道眉毛之下的双眸，就是两盏壶的摆放位置了。收藏在梅米特店铺里的瓶子是鼻子，而陶板两侧还搁置摆放了耳朵形状的盘。至于嘴，不用说，就是红色的枕头。

就是这不可思议的"面对面"，让兰友感极而泣。莫达和尚这创作，或许只是闲暇嬉戏。但这般惊世骇俗的创作灵感，只有对远方心爱之人的思念才能激发。

"我可没兰友夫人那福分。"奈美动容道。

"怎么说？"

"没那样传奇的经历，怎么学得来？"

"呵呵，怪我，没本事学莫达大师那样，给心爱之人献上世间独一无二之物。"

"得了吧，就这样平平淡淡，挺好。"

"论痴情，我真连莫达大师的脚趾都比不上，他真给我上了一课，我得反省了。"林辉南和奈美耳鬓厮磨。下一瞬间，奈美忽感失重，而后扑腾一声倒在了软绵绵的床上。

奈美闭着眼没吭声，即便隔着眼皮，她也能感受到对方炽热的视线。

"睁眼看我。"林辉南在爱人耳边怂恿。

"不，就这样……我要做梦。"

"做梦？"

"嗯，美梦。现实世界是我的房间，很无趣的。"

"那梦境里，你身处何处？"

"兰友的厢房。"奈美静静地在脑海里描绘出了兰友那坚毅的娇颜，下一秒，娇颜化成了一块洁白无瑕的陶板。鼻间飘过阵阵幽香，奈美不禁心醉其中。

"梦醒了？"天边传来一句轻唤，试图将奈美叫醒。奈美摇摇头，她不想离开兰友的房间。

"梦里的故事，讲到哪里了？"林辉南问道。

"你说，这对恋人久别重逢那晚，会聊些什么？"奈美仍紧闭双眸。

"这还用问，最先聊起的，自然是这套瓷器了。"

"但兰友一见它们就忍不住落泪不是吗？我觉得，莫达大师那晚应该会把这套瓷器收起来。"

"很有道理，所以莫达之后还给瓷器添上了蓝色纹路。问题是，他是怎样将瓷器回炉再造的？据《莫达和尚事略》记载，莫达曾援助过景德镇的落魄工匠，他或许就将这些陶器交于这些工匠们处理了。"

"景德镇的工匠何曾落魄过了？他们的手艺可是千金不换的呀。"

"你有所不知，太平军攻占景德镇前夕，撤退的清军把全城的烧窑都给砸了。"

"真狠毒。他们为什么要这样做？"

"还能为什么？无非是怕太平军凭制陶致富。就算景德镇工匠的手艺冠绝天下，没了烧窑，只能干瞪眼。"

"这么说来，莫达大师给工匠们重建了烧窑？"

"八九不离十了，至于是不是建在景德镇，就不得而知了。太平军占领景德镇后，曾打算重建烧窑，但战事紧急，就耽搁了。莫达很有可能把新窑修建在其他太平之地。"

"重建……这可是大手笔。"

"据我猜测，莫达此举的目的，绝非牟利，而是把景德镇的陶瓷工艺保护、延续下去。"

"若如你所言，莫达大师真是人品高节的人物。"

"那是自然。烧制这样巨大的陶板，可不是容易的活儿，若不顺利，几十次回炉都是正常的。莫达之所以这般强人所难，一来是为了磨炼工匠技术，传承手艺，二来则是出于对兰友的痴心思慕。若非如此，怎么会创作出这样惊世骇俗的艺术品？"

奈美幽幽道："在这点上，林先生倒是继承了几分莫达大师的风范，不愧有血缘关系。"先前提过，林辉南的曾祖母正是莫达大师的胞妹。

"继承了什么？认死理，爱干傻事儿的性子？"

"林先生干傻事儿？没看出来……"

"我这辈子干过的傻事儿可多了。当然了，我的傻和莫达大师一样，都不是白给的。"

"这话又怎么说？"

"吃一堑，长一智，最终能抱得奈美这样的美人归。"

"贫嘴。"

"来，睁开眼吧！"林辉南撑起上半身，奈美终于愿意睁眼。

"梦该醒了,人呀,不能总活在梦境里。"奈美叹道,她早就清醒了。

"偶尔做一做梦,总好过无所事事。"

"对呀,偶尔犯一犯傻,也强过无所事事。"

"跑题了,怎么突然讨论起哲学了?说正事儿,景德镇的工匠没了烧窑,就没了吃饭的家伙,只能贫困潦倒。但即便如此,他们还是坚持搭起了太平窑。此举在现代人眼里,不就是认死理的蠢事吗?"

"太平窑?那是什么?"奈美好奇道。

林辉南也学着奈美之前的样子,微微合上眼,娓娓道来。

1853年9月8日,即旧历八月六日,镇守景德镇的清军难敌太平军攻势,弃城而逃。凑巧九日后就是中国民间仅次于正月春节的节日——中秋。

八百名兵卒和城外敌军里应外合最后引得城池告急。这些策反的兵卒正是被逼入伍的当地陶工,故而,清军毁坏烧窑,带有一层打击报复的色彩。景德镇陶工的思想觉悟自古以来就走在时代前端,在清朝,就爆发过多次罢工运动。尤其是官窑里的陶工备受强权压榨,与生俱来就有"反骨"。

不过,即便罢工常有发生,陶工们对这门手艺的热爱是不容置疑的。不能施展手艺,对他们而言就是煎熬。清军撤退后,城内遍地是烧窑的断瓦残垣。中秋之夜,陶工们四处搜集破碎的渣饼子、窑砖,将其堆成宝塔状的窑,里头塞满干柴,点火燃烧。自那以后,这就成了景德镇每逢中秋的习俗,俗称太平窑。

陶工们此举没有任何意义,但燃起一团篝火,总胜过躲在角落里暗自神伤。太平窑表达了陶工们对手艺的倾其一生的热情,这和莫达的示爱之举有何不同?

"天上明月,地下篝火。真想亲眼见识一番。"奈美憧憬道。

景德镇是在南京沦陷半年之后失守的,至于兰友的南京之行是在其之前还是之后,已无从考证。莫达重建烧窑的时间、地点,更是不得而知了。

"在佛家看来,这叫人世的'业报'。"

"业报……这词语,让人不寒而栗。"奈美背脊一凉。

"世事就是如此,太过纯粹,反倒让人不安。"林辉南总结道。

"兰友归家后,和丈夫过上太平日子了?"

"不清楚,事略里没半字提及。或许,夫妻俩此后就相濡以沫、平平淡淡地走过其后的岁月。兰友成了寻常妻子,再没记录的价值了。"

"他俩就再没闹过矛盾?"

"天晓得。说没有,我不信。人非圣贤,哪对夫妻没矛盾?难得我就碰上这样一位和兰友夫人神似的奇女子,只希望她能永远真性情,别成了不食人间烟火的菩萨娘娘。"

林辉南这番话,让奈美心里涌起一道激流,险些要喷薄而出。林辉南似有感知,问道:"你怎么了?"

"我好像被兰友夫人附身了。"奈美的语气百感交集。

第二十四章　井崎大尉

11月末，林辉南随艾明夫妇同乘飞机离开日本。三人先在新加坡停留了十日，处理完公务，艾明夫妇回国，林辉南则赶赴美国。

奈美到伊丹机场给三人送行，不由心生感慨。这道波涛真是来得汹涌，走得宁静。在候机厅，林辉南凑到奈美耳边低语道："樱花盛开之日，便是我们重逢之时。"

樱花季距今不过数月，但在奈美眼里，仿佛远在天边。届时就算能和林辉南重逢，梅米特和哈利露呢？他们还会来吗？

"林、奈美，感谢你们这一路的陪伴。我夫妻俩在此地已没有遗憾了。"哈利露这话，隐隐有些后会无期的意思。

"别这样说，有空常来日本旅游呀！"奈美搂住哈利露，能清晰看见对方眼眸里的泪花。

"说得和永别似的。日本的古董市场这么活跃，搞不好我们下个月就要回来！"梅米特就很看得开，看来是有意进军日本了。

离别虽苦，却难掩奈美心中的满足。前来送别者，只有奈美一人，其余和相思青花餐厅有关的人全部没有出现，这恰恰能证明，她在林辉南心里的分量要远超过工作。

三人离开后，奈美的生活回归日常。眨眼到了圣诞，她收到了林辉南从纽约寄来的贺卡。贺卡上是林辉南手绘的纽约街景，落款处用罗马字母拼写了两人的姓名。她突发奇想，轻吻这红色的落款，仿佛此处残存着爱人嘴唇的触感。她深信，对方在盖印前，和自己有同样的举动。

新年伊始，奈美再次收到明信片，只不过这回是从芝加哥寄来的，上头只是两行简单的问候：

  本想像上回那样作画，但工作忙碌，不得闲暇，只盼你能无忧无虑地过每一天！

  圣诞之后，我在纽约和井崎见面了，下一站，打算去旧金山见见珠璃夫人。相信和她接触之后，许多疑问都能水落石出。

  具体情况，我会随时写信给你汇报，期待和你重逢那一天。

2月初，林辉南从新加坡来电了。

"不知怎么的，我一听电话响，就知道是你打来的。"奈美这话不假，她是真感知到了，和林辉南之间的默契让她很欢喜。

"国际长途的铃声和寻常不一样吗？"

"不是的，你的来电就是有种别样的感觉。怎么突然打来电话？"

"没什么正事，就是想听听你的声音……看样子你很精神，我放心了。"

林辉南三天前刚返回新加坡家中，打算处理了公务，下周再飞去美国。

"你这趟去美国，我猜，你想邀请珠璃夫人结伴跑一趟中国。"

珠璃的亡夫王志光是兰友胞妹的曾孙，和林家还是有些亲戚关系的，结伴回乡追溯祖宗再正常不过了。

林辉南苦笑道："你真能未卜先知？往后可不敢和你说谎了。"

3月份，奈美共收到了两张明信片和一通电话。珠璃夫人近期本就计划去中国旅游，她报名了旅行团，打算等旅程结束后，独自走亲访友一番。赶巧林辉南在这时现身，有他做导游，就摆脱了旅行团的桎梏。

两人计划在中国待满一月，就顺道飞来日本。林辉南已预订了机票，他再三嘱咐奈美劝说佐藤夫人不用去接机，这是珠璃唯一的请求。

"珠璃夫人不想把姐妹俩久别重逢之地放在嘈杂的机场。说白了，她怕自己在众目睽睽之下情难自已。"

这哪里是请求，分明就是死要求，容不得拒绝的。奈美直接致电给佐藤夫人，表明了对方的意思。所幸，佐藤夫人想到一块儿去了，干脆地同意了。

按原计划，见面那日，林辉南和珠璃一落地，立马乘车赶往须磨的佐藤宅。芙美届时会在公寓楼下恭候，领珠璃进客厅歇息，上茶，然后回避。最后，佐藤夫人会独自来到客厅，和珠璃相会，全程没有外人打扰。

珠璃有自己的打算，她计划在佐藤家叨扰几日，就住进外头的酒店。其后，她想到东京重拾曾经的留学回忆。佐藤夫人得知了姐妹的计划，自告奋勇要陪其去东京游玩。但这都是后话，一切等珠璃到了再做定夺。

诸事按照计划顺利进行，唯独没写进计划的，就只有前来接机的那位中年男人了。奈美好像在相思青花餐厅里见过他。

这是奈美和珠璃的首次会面，眼前这位妇人丝毫没有年过七旬的老态。顺滑光亮的银丝，衬上大大的眼睛，尽显端庄和优雅。

不待林辉南介绍，珠璃夫人就友善地和奈美握手道："这位……应该就是奈美小姐了？"

"千叶奈美，请您多指教。"奈美毕恭毕敬道。

"我可立马就认出您来了，这一路上，林先生可没少给我看您的照片。"珠璃夫人眼神暧昧地瞧向副驾座的林辉南。奈美只觉得一阵炽热通过对方的指尖，直逼自己手掌心。这或许就是激荡人生所残存的余热了。

车子抵达佐藤家楼下，奈美目送珠璃随芙美上了电梯，回到车上时，发现司机不见了。林辉南坐在了驾驶席上，解释道："司机家就住在附近，我让他提前下班了。"

"你开车？不要紧吧，刚下飞机不累吗？"奈美坐上副驾驶席，一切是那样自然而然，分别仿佛就在昨日一般。

"飞了四个钟头，再加一个钟头的时差，说不累是假的。"嘴上这样说，林辉南还是踩下了油门儿。车照原路离开须磨，驶入高速，林辉南忽然小声说道："我连酒店都没来得及预约。"

"住我家吧。"奈美脱口而出。

"也好。"林辉南的答复干净利落，不带丝毫犹豫。

"这个阿姨，性子好像很稳重。"奈美指的自然是珠璃夫人。从机场到须磨的一路上，珠璃夫人大概是乏了，和奈美聊了几句桂林山水，就闭目养神了。谈话间，夫人会热情地攥住身旁奈美的手，传递她的"余热"。

"是呀。"林辉南点头，注意力还是放在驾驶上。

"但我总觉得这份稳重下，隐隐有几分刚烈。可能是佐藤阿姨的描述先让我有了印象吧。"

"你的感觉非常准确，我和她相处了有一个月，和你有同感。"

"她这样的传奇女子，不可一言以蔽之。"奈美言罢，就不吭声了，省得打扰林辉南开车。

车子临近高速路出口，林辉南主动搭话道："你知道吗？我给珠璃夫人看你的照片，可不只是单纯在介绍你，还在暗中观察她的反应。"

"反应？她有什么反应？"

"正如我所料，她震惊得说不出话。"

"怎么会？我的长相有什么问题吗？"

"她死死地注视着照片上的你，嘴里嘟囔着：一模一样，怎么会这么相像？"

"她指的是谁？谁和我一模一样？"

"她亡夫的小妹。说小，其实也有六旬上下了，现今在北京从医。我这趟去中国，有幸和她见了面。珠璃夫人说得对，你就是她年轻三十岁的模样。"

"真的假的，夸张……"

"一点儿不夸张，她身上可流着兰友的血。"

先前提过，珠璃的亡夫是兰友胞妹的曾孙，奈美和兰友神似，与其姐妹焉有不像之理？而林辉南是莫达胞妹之曾孙，虽然与兰友没血缘，但却继承了莫达对妻子的专情。想通此节，奈美不由得点头表示赞同。

"莫达、兰友，唉……"林辉南显然和奈美想到了同处。

两人抵达了奈美的公寓，刚进门，便如卸下了桎梏一般，紧紧拥抱在一起，不吭声，任由相思之情在空气里流淌。良久，奈美终于道出了准备已久的开场白："这一别，有五个月了吧？"

"是不是觉得度日如年？"林辉南问道。

"嗯。你满世界地飞来飞去，充实得很，应该没这种感觉吧？"

"有没有呢？都过去了。"

"你说，那两位阿姨此刻会不会正喜极而泣？"奈美换话题道。

"单单喜极而泣，没法诠释她们二人的牵绊。四十年前，她们可做好了共赴黄泉的准备。"林辉南的脑海里浮现起四十年前，珠璃托佐藤辉子给自己做证时说的话：

只要你不嫌弃，无论天堂，还是地狱，我都陪你去！

这是佐藤夫人的传奇经历里，最让人动容的片段。这份生死相随的姐妹情谊，让奈美艳羡不已，她直言道："真想要一位这样的知己。"

奈美顿了一会儿问道："肚子饿了吗？要不要吃晚餐？"

"还没到吃饭的时间吧？我吃了不少飞机餐，不饿。你呢？"

"我不饿。那我们休息会儿再做饭。"奈美依偎在林辉南肩头，问道，"你这趟去美国，一定和井崎大尉见面了吧？"

林辉南微微点头，奈美无不羡慕道："那你岂不是把这段故事彻底弄清楚了？"

"算是知根知底了。佐藤夫人的过往自然不必多说，还有重庆那段不为人知的历史，你想听吗？"

"那还用说？做梦都想知道。"

"好奇心作祟？"

"不是的。"奈美摇头否认，"那段历史绝非题外话，同样和我们有千丝万缕的联系，我们就身处其中，怎可能视而不见……"

奈美顿了顿，问道："你对这次见面做何感想？"

"这井崎大尉嘛，和我们的想象还是有些许出入的。此人在我的想象里一直是刚正不阿的军人模样，谁承想本尊竟生得白皙修长，有种文人气质。但面对面交流了，方能领会到此人的非凡之处。"

"怎么个非凡？"

"唔……我用个中文词，不屈不挠。"

"意志坚强？"

"嗯，而且是非同凡人的强。"林辉南将和井崎见面的过程娓娓道来。

首先，从中引荐者自然是珠璃，井崎和珠璃之间的关联，真不是三言两语能说清道明的。珠璃的兄长黄亮本名白明和，参与地下抗日运动的他不想连累亲族，就改姓了黄，而且国难当头难言"和"，"明"有"亮"之意，便有了这"黄亮"的化名。战后，他改回白姓，但井崎仍称呼他黄亮。彼时上海抗日组织的宿敌，就是井崎大尉。

相比前任大尉的无能，井崎的手腕高超，凭一己之力覆灭了众多抗日组织。黄亮是独行侠，不属于任何组织，但其挚友多死于井崎之手，故而他与这日本大尉可谓不共戴天。

彼时，地下战争极其惨烈，井崎和黄亮相互追踪、相互狙击。不共戴天的仇敌之间，竟萌生出了惺惺相惜之情。两人皆被对方的才华、执着所吸引，井崎坦言，不知从何时起，他已不忍心取黄亮的性命。

1940年末，井崎一度从被捕的地下工作者口中获得了黄亮的行踪。他向当局隐瞒了此情报，易容便装，只身追寻到了黄亮的踪迹。两人在街角擦肩而过，井崎低声道："黄兄且慢，鄙人有话相商。"

黄亮身子一颤，立即反应过来道："井崎大尉，别来无恙。"

这次相遇，其后被两人津津乐道。至于黄亮那时怎么就能认出对方是井崎，他本人都说不出个所以然。或许，是宿敌之间的默契使然。

井崎见自己立马就被拆穿了身份，有些慌神，但还是冷静道："要和你碰头的A，不会来了。"

"落你们手头上了？"

"对。此处隔墙有耳，能否借一步说话？"

不等黄亮答应，井崎自顾自地走开，只听脚步声，就知对方跟上来了。井崎的身份已暴露，黄亮若愿意，随时能从背后开枪取他性命，但他选择信任自己的宿敌——应该说，他选择相信自己的眼光。

井崎向林辉南坦言过当时的心理："说实话，我那时已开始对祖国的侵略之举心存怀疑了，但军令不可违。说来可笑，我心里产生了一个幼稚的想法，何不争取说服敌方的人才归顺呢？"

故而，井崎选择救黄亮一命，坚信只要能让对方理解日本的初衷，就能避免不必要的流血。然而，井崎本人就不能苟同这所谓的初衷，自己又是侵略方，他没信心能说服对方。晚年的井崎回忆起当年的自己，反省道："年轻，幼稚！在那种大环境之下，我竟幼稚地奢望自己的理想和热忱能让旁人欣然接受，甚至影响时局。"

见黄亮默默地跟了上来，井崎满心认为其愿意响应自己的热忱，然而不出所料，其后的劝降工作大败而终。

在井崎提前准备的藏身处，两人整整议论了三小时，黄亮建议道："争也争累了，要不要换个地方喝杯茶？"

喝茶的地点，自然要轮到黄亮来选了。

两人并肩走在街巷之中，井崎主动要求道："我闭上眼，你走前面带路。"

黄亮选择的地点有可能是地下组织的藏身处，井崎顾虑到这点，想闭眼自证清白。然而，黄亮露出了让井崎这辈子都难以忘怀的笑容："没那必要。"

两人迈进一条不算深的小巷，拐过两道弯，抵达一栋寻常民宅。彼时日本的文化住宅已引入不同辈分住不同楼层的概念，但上海的普通民众仍习惯一大家子混居在一块儿。

两人登上民宅二楼，黄亮不客气地推开门。天还亮着，但阳光被近在咫尺的隔壁民宅遮挡了大半，以至于眼前的房间很昏暗。黄亮熟门熟路地往墙上一摸，悬吊在房梁上的白炽灯啪地散发出光芒。屋内摆放着一张破旧的桌椅，黄亮让井崎稍坐片刻，自己进了里屋。

井崎等候了有一刻钟，木制墙板隔不住里屋的对话声，但具体说了些什么就听不清了。即便能听清，对于不懂上海话的井崎而言也没有什么用处。

两人刚唇枪舌剑地激辩了三个小时，彼此可谓是推心置腹，知根知底了。井崎把黄亮视作亦敌亦友的知己，并坚信对方不会有负于自己。再说，黄亮并未加害过自己，反倒是自己害了黄亮许多同僚的性命，即便对方要报仇，那是理所应当。故而，井崎虽身处"敌境"，他仍能泰然自若。

回忆起那时的情形，几十年后的井崎苦笑连连："我当时满脑子都是先前的辩论，哪里还有闲心顾安危……"

犹记得在辩论的尾声，两人言辞激动地据理力争：

"你知道，你我二人在此多费一分钟的唇舌，就有多少中国将士，甚至你们日本将士在前线丧命吗？"

"正因如此，我们不更应该致力于平息战火，向相同的理想而奋进？"

"你口中的'平息战火'，无非就是劝我国人投降！这是赤裸裸的侵略战争，我国人若是投降，那就叫亡国亡种，还谈何理想？多说无用，你我二人迟早要在战场上兵戎相见！"

故事回到民宅二楼。黄亮终于从里屋现身了，手里捧着一水壶、两茶杯，叹道："歇会儿吧，说再多都是在兜圈子。"

"未必，多兜几圈，或许就兜出去了呢。"

"我没说争辩没意义，来，喝茶。"

听这开场白的语气，两人是没打算速战速决了。黄亮从怀里取出茶包，在鼻端晃了晃，将茶叶直接撒入茶杯，注入开水，茶香四溢，典型的中国茶。安静的品茗时间持续了半小时，黄亮邀请道："天色不早，大尉想必已腹中饥饿了，留在此处用餐如何？"

"那鄙人就恭敬不如从命了。"

难得能这样和宿敌面对面交谈，井崎还对劝降工作心存希冀，不打算草率离去。这次行动纯属井崎擅作主张，没向上级汇报。迄今，当局的劝降总是和利益收买挂钩，动辄就要耗费巨额"工作费"，却收效甚微，井崎早就想要转换方针了。此次劝降就是首次试水，不需要工作费，故而没必要牵扯上级。

林辉南问井崎是否曾用利益收买黄亮，对方立刻义愤填膺，严词否认："在黄亮面前谈钱，无异于在侮辱他！"

井崎并非单方面地自作多情，黄亮肯只身跟随井崎，并邀其到藏身处做客，恰能说明他无条件信任井崎的为人。

就餐前，井崎主动表示自己的诚意。

"明天之内，当局会释放 A 先生。"

井崎有权决定 A 的死活，不用征得上级同意。再说了，A 不过是区区线人，不能影响大局。但谨慎起见，井崎还是把 A 扣押了数日。

两人一面品茗，一面协商对 A 的处置。黄亮许诺道："黄某感激不尽。我保证，他今后不会再迈入上海半步。"

离开上海地界，井崎自然不会再过问。

"如此甚好，我绝不会跟踪 A，但其他机关，我就不敢保证了。"

彼时活跃在地下的，除了日本宪兵和特务机构，还有汪兆铭旗下的秘密警察组织。

"这你大可放心，'七十六号'不会对我们的人下手。"

"七十六号"是汪伪政权特务机构本部的别称，其位于上海极司菲尔路76号。

"开饭了，开饭了。"

这时，身后响起女性的声音，说的竟然是日语，井崎回过头，不由得瞠目结舌。眼前的女子竟然是汪伪政权司法部门高层孔学章之女孔淑贞！孔学章年轻时留日学习法律，和日本女子结缘，故而这孔淑贞是在日本长大的中日混血儿。

孔学章前些年患病入院，便趁机辞职隐退了。他早年就体弱多病，多由女儿淑珍代自己出席社交活动。这女孩刚过二十岁，能言巧辩，又操着一口流利的日语，深得日本当局喜爱。井崎和她在公众活动里有过数面之缘，只觉得这女孩儿没继承法学家父亲的谨慎寡言，反而很懂得待人接物。

孔淑贞端着两碟油香扑鼻的炒饭，俏皮道："怎么这样看着我？吓坏了？"

"淑子小姐，您怎么……在这里？"

日本方面都称呼孔淑贞为淑子，据说她母亲就是这样唤女儿的。

"我很早以前就认识黄大哥了。"

"原来如此，怪不得，怪不得……"

井崎恍然大悟。这孔小姐隔三岔五就会以她父亲的名义在局里露脸，并表示："诸位是否有话要我捎给父亲？他虽卧榻不起，但整日心系公务，时刻关心着局势，我和母亲根本劝不住他。"

井崎是日方高官，偶尔会到"七十六号"出席重要会议，遇见这女孩儿可不止两三次。他还知道这姑娘孝顺，整日给父亲跑腿，当局人士更是对她赞扬有佳。至少，井崎手头的黑名单上，可没这女孩儿的名字。汪伪政权的秘密情报常常外泄，只要是稍有可疑的人物，会立刻出现在日方的黑名单上。

井崎的职责就是和机密打交道，嗅觉极其敏感。在黄亮藏身处见到孔淑贞的一瞬，便看穿了七八分。这孔家小姐，无疑是地下抗日组织的一员！可笑的是，整个日本当局，包括最谨慎的井崎在内，迄今为止都对她百般信任，竟忘了她身上流着一半的中国血脉。

没错，孔学章做了日本女婿，是不折不扣的亲日派，但这不代表他认同这场侵略战争。他虽任职于汪伪政权的司法机构，但他信奉的是法律秩序，而非日本政府。

据孔淑贞所言，父亲最热衷于处理抢劫、杀人案件，视之为除暴安良之举。国民政府迁都重庆之时，孔学章权衡利弊，考虑到自身健康和妻子国籍的原因，决定留在上海，并计划离开法院，从事律师行业。他亲近日本，却不愿给傀儡政权服务。故而，因病隐退多半是借口。然而，孔学章递上了辞呈，却迟迟不退位，舆论评价他"优柔寡断，遇事不决"。

如今看来，孔学章的意图已昭然若揭了。他无非是故意拖延，利用职务之便为大局谋求利益。所谓利益，正是其女淑贞通过频繁出入当局，窃取而来的情报。

孔淑贞把炒饭放下，和两人简单聊了数句，便回避了。

"是你把淑子小姐喊来的？"

"嗯，她就住这附近，我故意让她现身的。"

"为何这样做？"

"聊表诚意罢了。大尉愿意释放我方同志A，我自然要奉上其他地下工作者了。"

"你指的是淑子小姐？"

"正是。"

"你有何证据能检举她是地下党？"

"我黄某能让她随叫随到，还不足以证明？"

"今日我二人会面，本就是机密，故而你这说辞没法作为检举证据……但黄兄的诚意，鄙人就收下了。"

"哈哈，来，尝尝孔大小姐的手艺。今晚我们还得秉烛长谈！"

两人暂且休战，将盘中饭食一扫而光，再度开战。不出所料，井崎落了下风。这和双方的口才无关，井崎站在侵略者一方，本身就理亏半分。井崎见自己愈发理屈词穷，便主动鸣金收兵："今日就聊到这儿，来日再约。"

"也好，大尉若有意邀约，可托淑贞小姐传话。"

两名爱国者的相知相识就拉开了序幕，至于辩论的具体内容，井崎不可能一字不差地告知林辉南。但从结果上看，两人的辩论完美诠释了什么叫"偷鸡不成反蚀把米"。一言以蔽之，试图说服对方的井崎，反倒被对方洗脑。

数十年后，纽约某家咖啡厅里，年迈的井崎大尉用指尖轻点桌面，苦笑道："话题本应是我单方面劝降，但不知不觉被黄亮兜到了'世界和平'上去。其结论，自然是'世界和平，人人有责'。双方有了一致理想，剩下的就是齐心协力去努力实现了。"

为了实现这理想，井崎要迈出的第一步，便是脱离军方。井崎刚不辞而别，黄亮便遭到宪兵检举。井崎坚信宪兵不可能发现自己和黄亮的私下往来，黄亮遭检举一定另有缘由。

井崎掌权期间，一直暗中庇护黄亮，日本当局的诸多势力都参与了上海的地下情报战争，但总有井崎力所不及之处。

宪兵检举黄亮的罪名就是谋害井崎大尉。井崎为了掩盖自己与黄亮的关系，故意添油加醋地向上级汇报地下斗争之你死我活，和黄亮之间的不共戴天。故而，井崎莫名失踪，宪兵和特务机构立刻把矛头指向了他的死敌黄亮。

黄亮入狱之后，凭宪兵讯问的内容，得知自己的嫌疑是谋害井崎，和井崎之间的关系并未泄露。其实，他之所以能沉冤得雪，除了得益于佐藤辉子的证词，还有其他铁证。井崎不想害佐藤辉子牵连其中，在临走前，亲手制造了许多证据。佐藤辉子的证词不过是辅助罢了。

　　言至此，林辉南叹道："井崎至今仍没法原谅自己对佐藤夫人犯下的罪过，良心备受苛责，自觉无颜回来与她相见。"

　　"罪过？"奈美问道。

　　"逃婚呗。"

　　"这些陈年旧事还去提它干吗？再说，佐藤夫人早就嫁作人妇，这辈子过得幸福美满。这两人之间根本没正式交往过吧？他们甚至没约会过几次不是吗？"

　　"井崎大尉是恪守传统的性子，我们没法儿理解他的底线，不奇怪。"

　　"真是这道理？"奈美不敢苟同。

　　"我还能把他绑回来不成？就看他自己能否想开了，况且……"林辉南说到这里，忽然有些含糊其词，见奈美没催促，他斟酌再三，开口道，"井崎大尉突然决定投身反战运动，其理由除了黄亮的洗脑，恐怕还有其他……"

　　"哦？还有什么诱因？"

　　"不提也罢，这只是我的推测，没真凭实据的。"

　　林辉南言罢，反手把奈美搂入怀里，想结束这话题，但奈美如醍醐灌顶道："噢，我明白你在琢磨什么了。"

　　"说来听听？"

　　"你是想说那混血儿小姐，就是你刚才提及的那法官千金。"

　　"哇，你这第六感，真了不得了！"

　　"对吧？我自己都想不通，在你身边的时候，我的第六感怎么会这样精准。"

　　井崎的不辞而别，自然源于思想上的变化。造成这变化的，无疑是来自黄亮的影响，但谁能说孔淑贞在其中没发挥一些作用？自两位爱国者首次碰面后，这孔家千金便成了两人之间的"接线员"。就此，无论在明还是在暗，井崎和孔淑贞都结下了不解之缘，怎么就不能萌生一些男女之间的情愫？

　　"这就是情人间的心有灵犀？"林辉南笑道。

　　"大概吧。"奈美没否认。

"呵呵，我可没用第六感，而是用这双眼睛，亲眼看见了。"

"你看见什么了？"奈美好奇道。

"我在纽约的咖啡屋见的，可不只井崎大尉一人，还有他的夫人，大尉唤她'yoshiko[1]'。"

"那可真是板上钉钉了。"

"井崎大尉追溯过往，夫人在旁一口一个'这都是过去的事儿了''你连这都还记得呀'。怎么形容呢，感觉像因为年轻时的冲动、幼稚而害臊。"

"这对夫妻可以算是战友了。"

"嗯，孔学章久卧病榻，孔淑贞始终在上海陪伴父亲。井崎大佐说是销声匿迹，其实一直藏身上海，投身地下活动。战后，这对男女理所应当地结缘。当然了，这只是我的猜测，别人的私事，我不好刨根问底。"

"那他们是何时迁居美国的？"

"没猜错的话，应该是在孔父过世之后，就是战后一年。彼时的美国同样是反战运动的前线，井崎是逃兵，怎能回祖国？倒不如去美国闯一闯。"

"不惜抛弃身份、意中人，用毕生幸福致力于和平，和平降临之时，竟落得有家不能回的下场……可怜。"

"既然选择了这条艰险的道路，就没有后悔的说法……至少，我不后悔。"

"真巧，我也是！"奈美动情地回应，紧紧抱住对方。

---

[1] yoshiko 是"淑子"的日语发音。

第二十五章　涟漪

惊涛拍岸、洪波涌起的时代始终要迎来落幕之时。历史分分合合、起起伏伏，身处其中的人心却始终如一，亘古不曾变化。

"四十年没见，你还是老样子……"

"没想到，我们姐妹俩那一别，就是四十年……"

佐藤辉子和珠璃久别重逢，自有千言万语要互相倾诉。事后，佐藤夫人轻描淡写地概述了谈话的内容，但只是"骨架"，奈美只能凭想象赋予其"血肉"。但是其中，最让奈美上心的，自然是红瓷枕的话题了。

据佐藤夫人所述，珠璃将这副瓷枕托付给了远在故乡的叔父。这位叔父叫作白新基，是专做外国人生意的古董商。白家祖上经营酿酒厂，其分家遍布各个行业，可谓是上海近郊颇具威望的地主家族。别看珠璃家只是区区杂货商，在那年代，有能力送珠璃兄妹俩赴日留学，可见财力非同小可。单论财力，从事当铺的分家不亚于本家，但本家的酿酒已足以让族人衣食无忧了。然而，白新基舍弃了祖上的酿酒营生，在商贸业里赚了盆满钵满，他的理由单纯至极："我不嗜酒，酒量差，做不了酿酒的营生。"

白新基自年少起就坚信这一点。其实，酿酒和好酒是两回事儿。再说了，酿酒人本就不该好酒。说到底，还是喜恶的问题，白新基打小闻到酒味就犯恶心，对这玩意儿避之不及。故而，贯穿白新基青年时代的一大课题，就是离了这祖传酒厂，要怎样赚大钱。最终，他选择了古董商这条道路，理由很简单，白母身边有位古董商朋友，时常登门造访。白父挺欣赏此人，便拜托他说："我儿新基成年了，能否让他跟你几年，学些处世之道？"

白父的初衷是让儿子在外磨炼几年，怎知白新基一心转行，把古董贸易视作终生行当，苦心向这位友人讨教学习，短短数年，就能独当一面了。

珠璃的兄长黄亮特意将这红瓷枕带去给叔父白新基鉴宝，毕竟是准备赠予恩人的礼物，不能疏忽。谁知白新基一看这玩意儿，眼色就变了，劝黄亮道："你要把这玩意儿送人做礼？我看不合适。不如这样，你不妨把它交给我，我会替你妥善保存。至于礼物，你不是写得一手好字吗？"

这建议很理智中肯，不愧是出于商人之口。珠璃兄妹俩无条件地信任这位远亲叔父，坚信对方不会诓骗自己，二话不说就将这珍品锁进了分家当铺的仓库。结果，白新基的确没辜负两人的信赖，他那经营当铺的堂兄也没打这宝贝的主意。

然而，分家的子孙辈，可就没父辈那般正直了。白新基的分家堂兄逝世后，一家陷入家产之争，具体细节珠璃就不知晓了，说白些，就是兄弟姐妹争遗产。那时正值"二战"结束，日本战败撤出中国，国民政府从重庆回归南京，可以说是百废待兴的混乱时期。

社会动荡，争不到家产的分家子弟索性趁乱明抢。那阵子，白新基凑巧骨折住院，只听说分家兄弟不睦，当铺仓库里又没多少贵重物，就没当回事儿。谁知出院去当铺一看，仓库竟然被洗劫一空，自己的寄存之物一件没剩下。

"我的寄存物就不计较了，就当是孝敬了你们这帮祖宗。但那红瓷枕是别人寄存在我这儿的，你们无论如何要给我找到！"

他找外甥们算账，对方却相互推诿责任，最后只能不了了之了。他主动联系上珠璃，表示愿意全额赔偿。他是做古董生意的，比谁都清楚这瓷枕的价值，也不会说谎。但这瓷枕并没有具体的市面价，白新基不知这是珠璃丈夫的家传之物，意义远超价值。

没就没了吧，得之我幸，失之我命。珠璃兄妹只能认命，这样的混乱时代，国宝尚且不保，这区区传家之物又何足挂齿呢？话虽如此，珠璃兄妹俩还是深感自责的。

自那以后，珠璃就再没打听到红瓷枕的下落。所幸林辉南跟紧了春秋馆北原和也这条线索，得知瓷枕有可能流传到了日本。据说，厦门有一名郑姓富商热衷于收藏各类瓷枕，当地古董商们若入手了稀罕的瓷枕，第一个念头便是"送去给郑老板瞧瞧"。红瓷枕多半落到了此人之手。

幸运的是，这郑家的后人可不似白家那般不地道。郑富商故去后，其长子顺利继承家产。然而，这长子的兴趣和其父不一样，只专情于西洋钟表。

面对父亲留下的瓷枕海洋，他恨不得把它们全部换成钟表。很不凑巧，那时有一名居住在香港的英国人，正在出售自己的钟表藏品。

郑家长子和这英国人同是钟表收藏家，一直在暗自较劲，得知了对方待售的藏品，恨不得将它们全部据为己有。

这洋人纯粹是厌弃了钟表爱好，想出手止损。厌弃的理由很简单，他生性不服输，但偏偏在钟表收藏上，赢不过一名印度富豪，久而久之就厌弃了。

这批钟表可谓是天价，郑家虽富甲一方，但资金都在生意里流转。筹措现金的唯一方法，便是处理堆积在仓库里的瓷枕藏品。

这两人都算是圈子里小有名气的人物了，这样的大买卖，让古董商们无不摩拳擦掌。郑氏就几度咨询古董商，瓷枕和钟表能否以物易物。这趟交易的利润不可估量，古董商自然积极地促成此事。钟表收藏的价值略高于瓷枕，郑氏用美金补齐差价，交易成功。

就这样，红瓷枕从厦门辗转到了香港。古董商先将瓷枕转卖给了某船务公司的老板，再凑上郑氏补价的那数万美元，从英国人那儿收购了所有钟表收藏，交于郑氏。

"二战"结束后的第三年，国共内战步入尾声，红军南下直逼厦门，当地的地主豪强闻声纷纷逃亡至香港、台湾避难。郑氏早就看出局势不对，提前将部分家产转移至香港，其中就包括这些钟表藏品。至于那之后的故事，就没人知晓了。但郑氏既然把财产转移去了香港，怕是自己不久后也跟了过去。

那么，最关键的瓷枕下落呢？其实，瓷枕也罢，钟表也罢，作为中介的古董商并没有将商品一件不落地交于买家，而是保留了数件，作为自己的利润。洋人的钟表收藏里，古董商要了几件郑氏已有的藏品。至于瓷枕，古董商提前在给买家的列表里剔除了几样，巧的是，红瓷枕就在剔除的数样藏品之中。

这倒算不幸中的万幸了。若瓷枕成了船务公司老板的私人收藏，怕是再不能重见天日。正因古董商把它陈列在了店铺里，北原和也才能看见。

据林辉南所言，数年前，北原在日本摊上了麻烦事儿，才不得不暂时移居香港。说白了，就是避难。他偶然间在附近的古董店里瞧见了这瓷枕，心生喜爱，便买下收藏起来。北原自然不知这瓷枕的前世今生，但奈美突然造访春秋馆，扬言要花五百万日元买下，想必这不是简单物件。北原至今仍不知究竟，更没兴趣去知晓。

北原当年之所以买下这瓷枕，除了看中它造型奇特之外，更因其价格公道。在他眼里，这瓷枕就不是值钱的宝贝，故而才能这般干脆地赠予奈美。

珠璃时隔多年重归故土，先后拜访了娘家白家和夫家王家，游览庐山的同时，还顺道到湖口造访了王家的远房亲戚杨家。湖口地处庐山山麓区域，因邻接鄱阳湖而得名。

"若我没猜错，那块陶板就是诞生在此地。"

佐藤夫人的猜测，让林辉南深以为然。林辉南和珠璃虽无血缘，却有姻亲。珠璃在日本的这段日子，林辉南隔三岔五便造访，从她口中得知了一个新的线索——湖口杨家的先祖曾迎娶兰友的胞妹。

林辉南儿时隐约听说过兰友不是独生女，还有两名姐妹。其中，兰友是长女，王志光的曾祖母次之，湖口杨家的媳妇年纪最小。兰友临终之前，很有可能将相思青花分给两位妹妹，只有那陶板太过巨大，不方便平分，就自己留下了。

据珠璃所言，湖口杨家的祖先曾是景德镇监陶官手下的文书先生。

"接下来，说说我的推测吧……"林辉南将自己的想法娓娓道来。

正如先前所言，莫达和尚怕景德镇的陶瓷工艺毁于战乱，独自出资重建了烧窑，其地点不得而知，但想来离景德镇不会太远。这样想来，他很有可能求助于妻子的妹婿一族，也就是湖口杨家。杨家世代在景德镇监陶官手下办事，对这行当自然再熟悉不过了。

又或者说，莫达并未求助，而是那杨氏主动伸出援手，莫达观其人品贵重，便从中做媒，将妻妹许配给杨氏。无论如何，陶板传至杨家，是情理之中的事。

杨家的少东家比珠璃年轻十来岁，如今已过六旬。他清晰记得儿时曾去过上海王家游玩，更对日本军人从父亲手中买走陶板之事记忆犹新。佐藤夫人和珠璃，甚至连亲历此事的杨氏，都不知那日本军人是羽田将军。

林辉南对这湖口杨家的事迹略知一二。辛亥革命期间，杨家曾向"二次革命"的领导者李烈钧施以援手。虽然都是远亲，但在林辉南眼里，曾祖母的胞妹嫁入的王家，比起她小姑子嫁入的林家，还是要亲近几分的。

"说得通了，所有线索都连上了。"林辉南整理了思路，不由得感慨。

盘、壶、瓶、枕、陶板，乍看毫无关联的几件瓷器，竟神奇地融成了一体。除了红瓷枕，其余皆被描绘上了波涛纹路。莫达府上有一间任何人都不得靠近的神秘厢房，里头珍藏的不是珍珠玛瑙，更非银票地契，而是爱妻的"娇颜"。

莫达难忍相思之苦，亲自用画笔将妻子兰友的面庞呈现在温润洁白的陶瓷之上。然而，归家的兰友见之怆然，求丈夫将其破坏。莫达于心不忍，想出折中之法，在瓷器上添加了一层波涛纹路，挡住原本的五官。

这段先祖的传奇逸事，在亲眷家族里代代流传，最终传到了林辉南这辈，至于王志光是否知晓，就不得而知了。至少，他没和妻子珠璃提起过此事。或许，王志光听说过这段故事，但接受了近代教育的他打心底不屑于这种半真半假的传闻，更不可能在妻子面前卖弄此事。眼下王志光已逝，多说无益了。

壶和盘有两对，其中一对在伦敦的阿诺鲁多·史密斯医生手中，另一对则由日本的今川家收藏。今川家那对是佐藤家赠予的，珠璃访日期间，又回到了佐藤家。红瓷枕在机缘巧合下落入奈美手中，瓷瓶从伊斯坦布尔的集市飞到了新加坡的林辉南宅里，陶板则一直在奈良的高山宗治家中。

数十年前，珠璃将自己珍藏的壶与盘赠予佐藤夫人，以报救兄之恩情。红瓷枕是王家之物，珠璃本想一同赠予佐藤夫人，但最终寄放在了白姓叔父处。如此说来，珠璃和这套相思青花渊源最深，令人汗颜的是，她本人竟对此懵然不知。直至奈美和林辉南告知了她其中因缘，她才如梦方醒，惭愧道："这套瓷器的背后，竟隐藏了这般传奇的故事，可笑我只当它们是夫妻恩爱的定情之物。"

珠璃想到东京重拾少女回忆，佐藤夫人坚持要作陪，芙美自然不放心，只能跟去照料。

"这倒好，我都要成这对老姐妹的贴身保姆了。"

芙美嘴上的抱怨，掩盖不住神色里的期待，她可好久没去东京游玩了，佐藤夫人也是，自东京奥运会之后，就再没去过东京。

三人的东京之行非常尽兴，但回到神户，就必须面对离别了。珠璃不日就要返程回美国了，林辉南在尚未开张的相思青花里，给她举办了一场送别会。

"这是离别之会，更是'涟漪'之会。"林辉南的开场白，大家都能理解。正所谓惊澜过后，仅余涟漪。

这日赶巧是周末，芙美的丈夫佐藤欣也抽空出席了。相思青花的露天庭院里春意浓浓，迟到的樱花在翠绿的草坪上撒下了点点粉红。此情此景之下，宾客们畅谈甚欢，话题主要围绕日本这数十年的巨变。每条街道，每条小巷，其中的变迁怕是三天三夜都聊不完。加上长达一周的东京之旅，佐藤夫人和珠璃这趟起码朝夕相处半月了，话匣子仍合不上。

然而，唯独有一人，珠璃在姐妹面前尽量避之不谈。没错，就是井崎。珠璃对此确实太过较真儿了些，但那井崎逃婚在前，和孔淑贞坠入爱河在后，这不就是赤裸裸的背叛？这话题有可能伤及姐妹的自尊，尽量避开总是妥当些。再说了，比起这悲伤往事，埋藏于相思青花里的那百年前的爱情故事，更适合眼下的氛围。

那幅《迷桥图》还是挂在同样位置，只不过它身边多了一名"邻居"——莫达亲笔绘制的爱妻肖像。最先注意到这幅画的是佐藤夫人，她一时认错了画中人，好奇道："奈美，这肖像是哪位大师给你画的？"

奈美不由得向林辉南投以求助的眼神，林辉南笑道："画中美人可不是奈美，她就是莫达的爱妻，兰友夫人。"

"她就是兰友？是啊，她这衣领好像是中国的旗袍，而且……"佐藤夫人的视线完全被这幅画卷吸引了。

"她和我女儿还真有几分相似。血缘使然吗？"珠璃对丈夫曾祖母的这位胞妹也颇感兴趣。

在场众人之中，林辉南和珠璃相处时间最长，故而一直是其代言人。珠璃虽擅长日语，但毕竟年纪大了，脑袋不比往日那般灵光，交谈过程中偶尔会词穷。为了避免其中尴尬，林辉南一瞧珠璃手势增多，总会主动从她那儿接过话茬儿。

林辉南叙述这段故事的过程中，提出疑惑的基本都是佐藤夫人，芙美偶尔会问上两句。珠璃早先在美国就将这故事烂熟于心了，常常会出言补充。《莫达和尚事略》里有言，景德镇的陶工曾投靠莫达。据珠璃推测，这些陶工很有可能是先投奔湖口杨家，再和上海的莫达取得联系的。湖口杨家曾肩负监陶官文书一职，和景德镇有千丝万缕的关系，珠璃的推测多半十中八九。

事略里还提到，莫达夫妇对太平天国运动的理念相悖。这很有可能是清政府捏造，事实上，夫妇两人是生死相交的同志，各自有使命在身罢了。这只是林辉南的推测,但众人无不赞同。

众人畅谈的同时,高档的料理逐一上桌。开胃前菜、燕窝、鱼翅,但每碟子的分量都只有丁点儿。林辉南在宴席前就说了,今天的佳肴不求分量足,只求种类多。

宾客们酒足饭饱,宴席步入了尾声,佐藤夫人冷不丁地叹道:"不知井崎大尉这辈子过得是否顺心。"

珠璃闻之掩嘴偷笑,看样子,这两周相处下来,佐藤夫人终究还是忍不住向珠璃询问了井崎的事。想当年,佐藤夫人根本不知井崎大尉是生是死,只能凭珠璃兄妹的态度,猜测其仍在世,且加入了珠璃兄妹所在的组织。有这层关系,珠璃不可能对井崎的后半生一无所知。

佐藤夫人见珠璃笑得暧昧,自己也忍俊不禁,豁然道:"我们都是半只脚踏入棺材里的人了,再去纠结这辈子过得好不好,没有意义。"

佐藤夫人没追问,答案已写在珠璃的脸上了,她话锋一转道:"太平天国运动距今有百余年,怕是已没有亲临者在世了。"

见话题愈发跑偏,林辉南笑道:"那些陈年旧事还提它做什么?还不如继续聊一聊莫达夫妇俩的传奇人生。"

芙美接过林辉南的话茬儿,感慨道:"这画中的兰友夫人,和奈美真是一个模子里刻出来的。怎么会这样相像呢?"

"你们可别忘了,我们这是在给珠璃开送别会。虽说如今交通很便捷,但总不能隔三岔五就在两国间飞来飞去。此番一别,真不知何日才能重逢了,还不多让她说两句?"佐藤夫人尽量把话题往珠璃身上引。

"别,大家随便聊就好。"珠璃嘴上拒绝,但还是娓娓谈起了自己的经历。

"唉,人生在世,谁没点儿过往。"听了珠璃的故事,少言寡语的佐藤欣忍不住感叹,仿佛在给这段故事的话题画上圆满的句号。在场宾客之中,只有他可以说是相思青花这段故事的局外人。据芙美的说法,其丈夫迄今根本不知道井崎大尉这号人物,故而,他此刻的震惊和感慨不亚于在场任何人。

宴席的最后,女侍应给宾客们送上了林辉南专程从中国带来的特级龙井。这类清明前采摘的新茶,在市面上奇货可居,寻常渠道根本买不到。

茶酒入喉,唇齿留香,少了繁复的茶桌礼仪,反倒让人流连不已。一言以蔽之,这幽幽茶香让众人百感交集的心神得以平复。佐藤夫人放下茶杯,赞叹道："佳肴、美酒、香茶……林先生，不知这家餐厅何时能开业？"

"还没有确定。不怕您笑话，我还不太敢确定自己能否把它经营好。"

"个人拙见，你这栋建筑结构有些太奢侈了，许多土地空间都没利用上。"佐藤欣给出了务实的建议。

"你有所不知，这栋宅子的原主是我前妻的亲戚，她入了邪教，听信那神棍'洗天师'的教诲，把原有的和式住宅拆了，盖了这么一栋奇形怪状的四不像。我正考虑要不要把这儿彻底翻新一遍。"林辉南苦笑。

佐藤欣走到窗旁，一览庭院景致："这里的地理环境真不错，很适合改建成高级公寓。"

"我已决定把一楼打造成中餐厅，店名就叫相思青花。"林辉南道。

佐藤夫人憧憬道："真好。若真改建成公寓，别忘了给我留一套，我想在这里安度晚年。"

芙美发表意见道："'相思青花'这名字是不是长了些？现在给店铺取名都流行简单易懂。"

"有道理……"林辉南略做思量，继续道，"听到这店名，会让人不由联想到青花瓷。我在想，是不是直接叫'波'[1]就好了。反正，店名和今后的经营路线，我会和奈美仔细商榷。"

一阵暧昧的沉默。林辉南这话似乎别有深意，但本人没说破，众人不敢妄自揣测。

果然，敢于第一个打破沉默的，还是直性子的芙美："哎哟，奈美，我们是不是该向你道一句恭喜？"

奈美莞尔，没作答。她想羞赧地垂下脑袋，但心里某种莫名的冲动，鼓励她挺起胸膛。这算是默认了，芙美打心底替妹妹高兴，调侃道："还叫什么'波'，直接叫'奈美'不就好了？"

珠璃返程后的第三日，林辉南登上了返回新加坡的飞机，打算处理了那头的公务，再重返日本。正如临别时所言——这一切，终于告一段落了。

百年前的画师莫达、奈美的"前世"兰友，四十年前，身处乱世的青年男女，战后的视财如命之人和视美如命之人……数不清的人与物，推动着这

---

[1] 日语发音为 Nami，与"奈美"发音相同。

道汹涌的历史波澜。而此时此刻,波澜已停歇,仅余阵阵涟漪。

这一切,真就这样落幕了吗?

奈美强压下心里的百味陈杂,前往东京,造访亡夫的安歇之处。千叶康夫,这仿佛远在天边却触手可及的名字,就是常驻奈美心里的那片朦胧寂静的涟漪。

视线捕捉到丈夫墓碑的一刻,奈美怔住了。崭新的墓碑之前,站着一名穿着粉色上衣、蓝色长裙的女性,新点的线香散发出阵阵青烟。

奈美并没有上前去询问,而是坐到了附近的长凳上。她身边还坐着一名四旬上下的女性,下身穿牛仔裤,上身随意地搭着一件卡其色外套,有种艺术家的懒散气质。

半响,蓝裙女性朝这头走过来,奈美有些慌乱,但身边的中年女性却站起身迎了上去,道:"顺子,弄清楚了?"

"嗯,抱歉,害你久等了。我现在是了无牵挂、浑身轻松了。"

"终于愿意放手了?你这'久等'着实太长了些。"

"真抱歉。我明天就跟你搬到伦敦去。"

两名陌生女性有说有笑地离去了,只留下默然的奈美。看来,在她心里不过是一道涟漪的千叶康夫,在其他女性眼中,却是惊澜波涛。

奈美独自在长凳上深思了将近一小时,站起身,来到亡夫墓前,点上线香,轻声道:"再见。"言罢刚欲离去,却又回头补充了一句,"我会常常来探望你的。"

和煦的春阳洒在墓园路口处的池塘里,绽放出柔和的光芒,仿佛在向奈美道别。

奈美回到酒店,写了两封信。一封要寄给伦敦的史密斯夫人,告诉她自己近期准备再婚。另一封,则是寄给远在新加坡的未婚夫。她斟酌再三,在末尾这样写道:

> 我这数日悟出一个道理。你我二人这辈子怕是没福分拥有自己的孩子了,这并非因力有不逮,要怪就怪上天让我们迟邂逅了十年……